中國學術思想 研究輯刊

三五編
林慶彰 主編

第 9 冊

魏晉品鑑書寫下的文化視域研究

江伊薇 著

花木蘭文化事業有限公司

國家圖書館出版品預行編目資料

魏晉品鑑書寫下的文化視域研究／江伊薇 著 -- 初版 -- 新北
市：花木蘭文化事業有限公司，2022〔民 111〕
目 2+192 面；19×26 公分
（中國學術思想研究輯刊 三五編；第 9 冊）
ISBN 978-986-518-811-5（精裝）
1.CST：六朝文學 2.CST：文學評論
030.8　　　　　　　　　　　　　　　　110022426

ISBN-978-986-518-811-5

9 789865 188115

中國學術思想研究輯刊
三五編　第 九 冊　　　　　ISBN：978-986-518-811-5

魏晉品鑑書寫下的文化視域研究

作　　者　江伊薇
主　　編　林慶彰
總 編 輯　杜潔祥
副總編輯　楊嘉樂
編輯主任　許郁翎
編　　輯　張雅淋、潘玟靜、劉子瑄　美術編輯　陳逸婷
出　　版　花木蘭文化事業有限公司
發 行 人　高小娟
聯絡地址　235 新北市中和區中安街七二號十三樓
　　　　　電話：02-2923-1455／傳真：02-2923-1452
網　　址　http://www.huamulan.tw 信箱 service@huamulans.com
印　　刷　普羅文化出版廣告事業
封面設計　劉開工作室
初　　版　2022 年 3 月
定　　價　三五編 23 冊（精裝）新台幣 62,000 元

魏晉品鑑書寫下的文化視域研究

江伊薇　著

作者簡介

姓名：江伊薇
最高學歷：畢業於國立成功大學中國文學研究所碩士班
目前就讀：國立成功大學中國文學研究所博士班
目前任教：國立台南第二高級中學
近年著作
　論文類
　　　一、第三十八屆南區八校中文系碩博士論文研討會發表
　　　　〈〈離騷〉「水」意象的內涵探析〉
　　　二、第三十五期《雲漢學刊》發表
　　　　〈從《人物志‧流業》論《世說新語》中謝安「觀人」與「被觀」的識鑑活動〉
　　　三、第三十六期《雲漢學刊》發表
　　　　〈從《世說新語》與《文心雕龍》論曹操形象塑造之異同〉
　　　四、2018 年忠義文學獎大專組論文類佳作
　　　　〈從〈離騷〉情緒詞探析屈原寫作筆法與忠義形象〉
　　　五、第三屆群書治要學術研討會發表
　　　　〈《群書治要》編選《抱朴子‧酒誡》意蘊：貞觀時代的飲酒與政治關係〉
　文學獎類
　　　一、第 18 屆桃園縣文藝創作獎散文首獎
　　　二、2016 年教育部文藝創作獎教師組散文特優：〈字跡〉
　　　三、2018 年教育部文藝創作獎教師組散文佳作：〈止痛藥〉
　　　四、2021 年桃城文學獎散文第二名

提　要

　　人物品鑑的文化風尚，在歷史書寫上由來已久，推溯至先秦時期的史傳文本或是諸子思想，都有著對於人物身體形貌、命運發展乃至於言行觀察到內在德性的褒貶評價，從傳統相人的數術文化到諸子識人理論，品鑑文化的發展，透過文本的記載與分析，可以照見人倫識鑑在時代變動中的轉變與人文化的發展，探究曹魏之前的人物品鑑源起，能將品藻文化的視域擴展到心理學與人生價值觀的層次，由小見大，視野更為多元。

　　時代到了漢末魏初，人物品鑑風氣更盛，探究其政治局勢的動盪，人才的需求更為迫切，故朝臣為呼應執政者的用人需求，便提出了許多的觀人法則。在實用的觀點上，人物品鑑的書寫更重視系統性與材質的分類，像是劉劭《人物志》中，即羅列了完整的鑑識人才方法，從九徵、體別到八觀、七謬的人物品鑑流程，加上桓範《世要論》、鍾會《才性四本論》、歐陽建《言不盡意》等曹魏名臣探討人物才能的作品，都應證了此時期觀人面向的調整，在社會局勢的氛圍下，識鑑不再只是紙上談兵，它肩負著政治勢力的壓力與朝政官人的委派，因此，在山濤擔任吏部尚書時書寫的《山公啟事》，亦可以觀察在公文撰寫上的特色與實際任派人員的考量。

　　最後，魏晉時期的代表，則以《世說新語》為核心探索，透過文本中橫跨不同時間與思想觀念，帶出不同人才識鑑的超越與突破，從德性、才性到神韻的人倫識鑑轉換，加之以美學與審美文化的連結，呈現出名士的自我覺醒與精神超越，並透過筆法的整理，突出「時論」的社會意義與評價觀點，特殊的寫作方法，亦呈現《世說新語》在人物言行記載與褒貶結構與敘述視角的不同，在文學與文化的對話中，能綜覽魏晉六朝的思想脈絡與情懷風采，更見品鑑特色精蘊之所在。

目

次

第一章　緒　論

第一節　研究動機、目的與研究範圍

壹、研究動機與目的

　　文學與生活奠基於「人」的基礎上而來，而瞭解「人」、評價「人」的方式，就促使了品鑑活動的產生，觀看人物從早期的吉凶善惡到魏晉時期的風采神韻，其變化涉及時代背景、文化氛圍與思想情感，人物的鑑賞從身體擴展至精神，甚至在評價標準與書寫方式上，隨著時代、目的與立場的不同，也有所改變，此議題面向之大、意涵之深，值得從不同層面做深入的思考與分析。

　　首先，本篇論文的問題意識推導，將從品鑑活動出發，再擴及書寫與思想文化追蹤。在品鑑文化的探討上，最早由感官而生，從人物的形貌著眼，進而涵養轉化為才性與氣韻神采，「觀─被觀」的過程，並不單純如同欣賞景物一般，在人與人的品鑑網絡中，評賞會因為互動而產生連鎖效應，如同瓦來里（Paul Valery）言：

> 注視一旦發生連鎖，就不會再有真正的兩個人，每個人很難保持獨
> 立。這種交換……導致了……兩種觀點的易位，置換和交錯。你把
> 握我的現象，我的影像，我把握你的。你不是我，因為你看見我，
> 我不能看見自己。我未抓住的是你所能看到的「我」，你未抓住的是

　　我所看到的「你」。〔註1〕

識鑑活動建立在觀賞者與被觀賞者之間的互動與交流，品鑑視角的交錯與火花，都影響著鑑賞的內容與結果。以往，人們在討論品鑑文化時，皆只著重於觀看的面向與最終的評價，從先秦時期的術數觀點轉向人文，又從漢末偏重德性、才性，轉向魏晉之崇尚風神，隨著時間洪流的遞嬗，品鑑的視角越發多元，但卻鮮少論及在「注視」之下，人們用文字捕捉的觀點與現象，有著怎樣的轉化，這其中又涵蘊著多少文化思維的變動。故本論文想從品鑑活動的書寫筆法上著眼，藉由書寫者筆下的視域，瞭解當時代對人物評賞的角度與風貌，進而更深刻地連結鑑賞活動與文字書寫上的共性，互相參證，讓「觀與被觀」的文化樣態更顯豐富、鮮明。

　　其次，論及書寫與思想的問題，實則在討論文藝與品鑑的關係，李澤厚曾提及：「文的自覺（形式）和人的主題（內容）同是魏晉的產物。」〔註2〕雖然此處所述，在文的自覺上，著重於文學的新形式與作者在創作上的改變，而人的主題上，則意指對內在精神人格的思索與追求，但若放寬至整個魏晉六朝來檢視，品鑑文化的厚度，正是建立在「文」與「人」的交互作用上，而「文」與「人」也一直是魏晉六朝的時代主題，因此，士人間相互評賞與文字的記錄，其所代表的文化意蘊與視角流動，有著一定程度的指標性。既然「文」與「人」間有著緊密的關聯，文字的書寫形式與方法，自然也反映出當代的品鑑特色，故寫作筆法的審美，亦能觀照當時品鑑文化，此環正是瞭解魏晉風貌的另一重要脈絡，這也是目前學界較少關注的，為讓品鑑文化的研究，能跳脫史學資料與思想脈絡的視角，從不一樣的角度深入分析，期能藉由外在文學形式，深入評賞其價值內涵，拓展出獨特的面向。因此，品評話語的書寫方式、外在形式，亦連結至人的情感與思想，從中能照見品鑑文化的深度與內涵。文學話語中的意蘊，不僅是修辭技巧的高低，更包含著書寫者的社會背景與價值邏輯，甚者還涉及「美」的情感層面。

　　透過品鑑活動、書寫與思想三個面向的連結，能建構出更立體的時代風貌與品鑑特色，讓議題以不同的視角，梳理出更深刻的意蘊，亦希望能裨補

〔註1〕出自〔法〕瓦萊里：《文選》（Analects），此處轉引自詹姆斯・施密特（James, Schmidt）著，尚新建、杜麗燕譯：《梅洛龐蒂》（臺北：桂冠圖書公司，1992年5月），頁124。

〔註2〕李澤厚：《美的歷程》（臺北：三民書局，1996年9月），頁108。

學界在此領域的探討上，難以突破與缺漏之處。

貳、研究範圍

　　當「人」的主題躍居歷史的目光中時，品鑑活動便開始萌芽發展，因此，早在先秦文本中便能找到許多「觀人」的案例，由先秦一路延續至各朝各代，識鑑人物從在現實生活中消逝，甚至日益蓬勃發展，進而改變其內涵。既然品鑑活動在歷史的時間軸上，十分寬廣，因此，本論文在討論意義時，就必須先界定聚焦的範圍；另外，在書寫的主題上，如何擷取與選擇特定的文本，賦予全新的意義，始才能在此議題上，別出心裁，此亦須留意者。故本篇論文在議題處理上的「時間」與「書寫」界定，以及「品鑑」概念的定義，是本節要處理的論述。

一、「時間」的意義與範圍

　　品鑑書寫在時間脈絡上，有著長遠的歷史，隨著不同時代的轉變，人物品鑑著重的面向與思維，亦有所不同，當人物品評的焦點不同時，書寫文本在筆法上的運用，也有著變化，故本論文透過時間的轉換，能夠照見人物品鑑的遞嬗與變化，進而了解不同時代對人物褒貶的標準改變，甚至理解品鑑文本，聚焦在不同的準則時，相應變化出的寫作筆法與格式。

　　本文的時間點從春秋戰國開始，以「相人術」為人物品評的開端，隨著時代的流動，一路衍生至漢代、魏晉六朝的人物品鑑之系統轉變。「時間」的概念，在本論文中，是十分重要的核心，讓不同的時代、文本與人物品鑑焦點，能夠作統整分析，歸納出脈絡，讓品鑑書寫得到全方位的結構梳理。不過，若從人文精神的概念，來反思人物品鑑的議題，魏晉六朝的文人對人生價值的感受與前期迥然不同，故在論文研究的過程中，品鑑議題的時間重點會以魏晉為重心，釐析其前後的品評書寫之變動。

二、「書寫」的文本擷取與範圍

　　在書寫文本的擷取範圍中，依時間線索，去檢索當時代重要的人物品鑑事例，從最早期還沒有完整的人物品評專著，散落在史傳、諸子語錄與作品中，到了曹魏時期，許多名臣提出關於才性、品鑑的想法，甚至也開始出現人才探討的專籍，像劉卲《人物志》、鍾會《才性四本論》、山濤《山公啟事》、袁準《才性論》等，到了南朝宋時，最著名的志人筆記小說《世說新語》中，更有許多人物識鑑的篇章，像是「識鑑」、「賞譽」、「品藻」等篇章，都是與品

評名士相關的記載，而像是人物褒貶，在不同的《世說新語》篇章中，亦有多元的呈現，如偏重德性、才性、神韻等，對女性身分的評價，也與傳統的觀念不同，因此，透過不同文本的探討，剖析其書寫焦點與脈絡，歸納出書寫筆法與層次，能讓人更加了解品鑑書寫的文化視域。

三、「品鑑」的定義與範疇

「品」者，有三個「口」，口即代表人，因此，代表眾庶的概念，從字根再往下延伸，「品」者亦有類別的概念，如魏晉時期在官制上分為九品，品者即是級別，若再往更深的意義去探索，要分出級別，就需有品評優劣高低的過程，故「品」者亦可以視為動詞，透過一套標準，去評判人事物之高下；至於「鑑」者，原有鏡子之意，可做為照明、審視之用，故若將此意義延伸，「鑑」者，即有鑑真的用意，可以做為鑑別人物之方法。

本論文題目旨在探討「品鑑」書寫的文化視域，品鑑一詞的界定即十分重要，既是探索文化活動的變化與遞嬗，在品鑑活動的檢索上，力求完整與多元，故以時代為依據，查考不同時間點中，與人物評判、鑑別高下有關的活動，皆屬筆者想釐析的文化脈絡與書寫觀點，因此，先秦時代與傳統術數相關的「相人術」、諸子散文中對於觀人的描述與見解、漢末曹魏對人才評賞的官人法與兩晉時期注重神采風韻的品藻活動等，隨著時代風氣產生的評判模式，為本論文研究的核心焦點。

第二節　研究成果評述

壹、品鑑相關研究

一、曹魏以前

（一）專書與學位論文

曹魏以前的文獻專書可以分成兩種研究方向，一種是傳統相術的探討，一種是觀人與傳統文化的精神符碼探討，但兩種類型的研究，彼此脈絡分離，也未與人物品鑑的文化意蘊連結，是可以再多深入探討之處。

以傳統相術的探討來論，相關書籍有沈志安《中華相術》、張榮明《方術與中國傳統文化》、陳興仁《神秘的相術——中國古代體相法研究與批判》、鄭同點校《相術》與蕭艾《中國古代相術研究與批判》等專著研究，大抵是對

先秦時期的相術方技有深入探索，如陳興仁在書中以系統性的方式，去探究相人術的發展歷程，將相術的神秘文化與思考特色完整論述，是認識相術重要的著作，但關於相人術的作品，思維大多侷限在方伎與術數領域，並未連結至人物品鑑領域。另一個面向是觀人與傳統文化符碼的部分，相關著作有姚立江、潘春蘭《人文動物——動物符號與中國文化》、林素娟《美好與醜惡的文化論述——先秦兩漢觀人、論相中的禮儀、性別與身體觀》等作品，在這個面向中，探討了觀人與中國傳統文化的連結，從動物符號、身體、性別等角度去思考觀人的意涵，若能與人物品鑑相互連結，便能帶出更深刻的文化脈絡。

（二）單篇論文

在單篇論文的研究上，先秦相關的作品，大多以諸子與相人術的關係為主，其中可以分成史傳類的探討，像是昝風華〈《國語》觀人記述簡論〉、張克明〈中國相術的文化蘊涵試探〉等論文，探討相術的歷史脈絡，也透過史傳文本加以觀察；另亦有依思想學派去探討其中的觀人與相術發展，像是王鳳霞〈儒道兩家對相人術的超越及其文學表現〉、昝風華〈援「道」入「相」：《莊子》相術思想的獨特性〉、陽清〈《論語》人物品評的雙重範式〉等論文，探討了儒家與道家在觀人上的不同，甚至可以透過諸子對於人物的探討與評價，讓先秦以前的人物品鑑進入人文的模式與架構，幫助後續時代人物品鑑書寫的探索。

二、曹魏時期

（一）專書與學位論文

在曹魏時期，除了承接著前一個時期探討相人術的演變，如祝平一的《漢代相人術》外，另有探究時代思想意蘊的作品，如湯用彤《魏晉玄學論稿》中即涉即玄學思潮如何在曹魏與兩晉間流轉，且書中有立一章討論《人物志》的價值與意義，可視為探究人物品鑑活動的重要資料；在人倫品鑑的面向上，如張蓓蓓的《漢晉人物品鑒研究》專著，以及兩篇學位論文：王仁祥《人倫鑒識起源的學術史考察（魏晉以前）》、張嘉純《蜀漢知人群體研究》等，人物品評的學術考察從漢代到曹魏時期，當代名臣對人才的觀點，像是劉劭所撰寫的《人物志》亦有專書討論，如江建俊的《漢末人倫鑒識之總理則——劉劭人物志研究》。但對當代名臣的相關人物品鑑書寫筆法，仍舊缺乏系統性的探討，亦沒有針對思想與文化更深入的探究，此可有深入著墨之空間。

（二）單篇論文

在單篇論文的地方，可見到曹魏時期許多關於人物品鑑的文本探討，像是討論才性四本論的論文：孔毅的〈智德、智能、才性四本——漢魏之際從重智德到尚智能的演變及影響〉、邵小萌的〈曹魏「才性四本論」析解〉，以及安朝輝的〈漢魏之際名臣傅巽述論〉都可見當代對於人物品評的觀點與討論；另外還有王曉毅的〈《人物志》成書、版本及學術價值〉，是關於劉劭《人物志》的外緣探討；江建俊〈山公啟事〉、馬良懷〈山濤——一個停留於正始年代的竹林名士〉、劉苑如的〈從品鑑到借鑑——葉德輝輯刻《山公啟事》與閱讀〉，為關於《山公啟事》的研究。由上可知有許多單篇的文本探討，但缺少通盤的整理與比較，以見曹魏時期的人物品鑑書寫特色。

三、魏晉時期
（一）專書與學位論文

在魏晉時期，關於人物品評的風尚更為興盛，與此相關的研究也更為豐富，像是李清筠《魏晉名士人格研究》、林童照《六朝人才觀與文學》等專論，文本探討的部分，以當時代最重要的志人小說《世說新語》為主，相關的論文研究，尚有方碧玉《魏晉人物品評風——以《世說新語》為例》、寧稼雨的《魏晉士人人格精神——《世說新語》的士人精神史研究》等作品。除了探討論文本外，魏晉時期的文化風氣，亦影響人物品鑑，故亦有相關專著探討，像是鄭毓瑜的《六朝情境美學綜論》、江建俊的《魏晉「神超形越」的文化底蘊》、《魏晉玄理與玄風研究》等，都在抉發時代文化意蘊，較可惜之處是少了關於人物品鑑書寫筆法的探討。

（二）單篇論文

在單篇論文中，魏晉時期的重要文本《世說新語》有著許多的探討，其中關於時代思想的部分有王維玉〈魏晉風流與《世說新語》的門類設置〉、李榮明的〈《世說新語》的德性觀念〉、榮梅的〈《世說新語》審美體驗思想摭論〉等；人物品鑑的部分有李杰〈從《世說新語》看魏晉女性對傳統「婦德」的轉變〉、阮忠勇的〈從《世說新語》看魏晉士人之重才〉、彭昊的〈《世說新語》人物品評的儒學淵源〉、寧稼雨的〈從《世說新語》看人物品藻活動內涵變異〉等，對於人物品鑑風尚的轉變，亦有陳昌明的〈「形—氣—神」——中國人獨特的美學思維〉加以探討，資料可謂相當豐富，然品鑑書寫筆法上的演變，較為缺少。

貳、書寫筆法相關研究

在書寫筆法的研究上，並不侷限在人物品鑑，較多的論文多以探討文本的敘事結構為主，若依時代先後順序，從先秦、曹魏到兩晉時代的重要文本筆法探討，像是《左傳》、《莊子》等筆法分析，如由婧涵〈試論預言在《左傳》敘事中的作用〉、李小嵐〈《莊子》文體特徵與古代文論的批評文體〉、潘新和〈我國先秦時期的寫作觀〉等論文研究；到了魏晉時期亦有許多關於《世說新語》的筆法研究，像是尤雅姿〈《世說新語》之篇章結構與敘事話語研究〉、劉強〈試論《世說新語》文體的戲劇性特徵〉、熊國華〈人物品評與《世說新語》的敘事結構〉、吳冠宏〈玄解以探新——《世說新語》中「時論」之示例的考察與延展〉、梅家玲《世說新語的語言藝術》等作品，對《世說新語》的筆法結構，有所探究，若能加以連結人物品鑑的時代特色與思想性，將能看見品鑑書寫的脈絡與變遷。最後關於一些書寫的學術論文，像是林慶文〈看見書寫的條件〉、周蘭桂〈審美話語與必然話語之間的緊張與默契——兼論文學的審美本質與話語特徵〉等，都能針對話語特徵與書寫模式進行分析探討，幫助本文整合人物品鑑書寫的歷史變遷與軌跡。

第三節　研究步驟與研究方法

筆者以歷史文獻分析法、系統化的文本分析法與跨領域的社會分析法，將先秦到魏晉時期的品鑑文化作全面照察。處理相關資料時，筆者將「品鑑」的面向畫分為縱向與橫向作討論：首先，縱向為歷史沿革，以先秦與兩漢時期，作為「術數」類「相」文化原始面貌，與儒道思想互動為參稽，究「品鑑」文化興起的根源。其次，橫向為社會文化層面，探觀者與被觀者的社會網絡與社會需求，析論「品鑑」文化變革之脈動。最後，結合時代思想、社會脈動，回歸到文本書寫的考察上，透過重要著作為基礎，分析其人物品鑑的聚焦重點與呈現的人物價值，以小見大，通盤掌握魏晉「品鑑」文化承先啟後的發展地位。

在縱向的歷史文獻分析法上，本論文從先秦時期相書、史傳、諸子論述出發，摻和著魏晉時期九品官人術，及《三國志》、《晉書》等史傳，與《全三國文》、《全晉文》、魏晉諸子、文集、輯佚等所存文獻，進行交叉比對、檢視分析，最後採整合之視野，整理「品鑑書寫」的歷史文化變遷，試圖透過縱向

脈絡的觀察，將人物品鑑的時間軸遞嬗，作一通盤整合。

　　回歸文本分析的方法，在本論文的撰寫中，筆者以系統化的方式去統合人才品鑑的文本書寫，故論文中會有流程與表格的整理，試圖透過客觀、質化的整理，分析創作者的邏輯脈絡與筆法特色，歸納與比較出不同文本的意蘊與價值，進而從不同面向去了解人物品鑑的文化視域，達到更多元視角的目的。

　　最後，在跨領域的社會分析上，試著就時代、政治、思想與文藝風尚出發，其中參雜心理學、社會學、美學的邏輯思維，以跨領域的方式去看待人物品鑑活動的產生與改變，甚至照見其對政局、社會文化不可或缺的角色，讓人物品鑑不再只是個人的生命歷程，它勾連著時代的局勢、領導者的政令，甚至是人民面對不安的心理恐懼、名士追求自我價值的覺醒等，具有更深刻的意涵。

　　綜合上面所論，本論文以縱向、橫向的文本探析為主，加之以心理學、社會學、美學的跨域視角，希冀能歸納出魏晉時期「品鑑」文化的精神意蘊，並導出其時代精神、學術流變。

第二章　曹魏以前的品鑑書寫視域

　　品鑑文化的由來已久，透過不同形式的人物觀察面向，以及文本的紀錄書寫筆法，能夠爬梳出時代脈絡下的價值判斷與心理需求，進而產生褒貶的評價方式，這樣的探究能照見從天人關係到人文覺醒的改變，甚至有著從宗教到哲學的思想轉換，本章節從曹魏以前的時間點為起始，孫董霞指出：「伴隨著思想史的巨變，人物品評之風非常興盛出現了中國歷史上第一個人物品評的高峰。」[註1]故從傳統相術的品鑑文化興起背景與心理需求談起，再探討到先秦諸子的人物品評，最後試著分析相術書寫與諸子文本在人物褒貶上的筆法異同，並從筆法的運用上，透過不同的視角分析，去了解人物品鑑背後的文化意蘊與涵養。

第一節　品鑑文化興起的心理需求與時代脈動

　　曹魏以前的品鑑文化以掌管命運的相人術數為主，首先，探究相術文化的發展脈絡與形式，源自於傳統巫術與占卜吉凶的相人方法；其次，就相人的發展與興盛，亦反映當代人民的內心需求與思想情緒，它既是一種傳統通俗文化的表徵，也是內在矛盾與否定的時代風氣。

壹、品鑑的源起與特色

　　中國的品鑑活動是形象思維的文化產物，品鑑發展的第一步，是源自於

[註1] 孫董霞：〈論春秋時期人物品評的天人二元模式〉，《井岡山大學學報（社會科學版）》，2016 年第 6 期，頁 86。

先秦盛行的相人術傳統。咎風華評相人術云：

> 相人術主要是通過形貌特徵觀人，它把人的生理特徵作為人的性
> 格、命運的決定因素，用人的先天因素預測人的後天作為，用自然
> 天性解說社會屬性，其中有很多神秘主義的、牽強附會的東西。文
> 獻記載表明，至遲在春秋時期，相人術已經產生。〔註2〕

按觀看人物面貌的相人術，早在春秋戰國時期已在社會中盛行，它結合先天
相貌與後天的社會心理需求，成了最早的品鑑系統，故本節會先從相人術切
入，追本溯源，探討其源起與特色。

一、相人術的源起

《說文解字》中對於「相」解釋：「相，省視也，從目木。《易》：地可觀
者，莫可觀於木。《詩》曰：相鼠有皮。」〔註3〕由此可知，「相」其實並不是
指泛泛的走馬看花，謹慎細微的審視，才是其含蘊的真諦，若是再從其對相
物來探討，便可以發現整個原始社會立體的風貌，以「從目木」、「莫可觀於
木」可以瞭解「這正是人類誕生之初時，手拿木棒追逐野獸，睜大眼睛審視
千姿百態的樹木、仔細地分辨樹木果實活動的生動寫照。」〔註4〕在這舉目皆
樹的生存環境中，區辨各式各樣的樹種，便成為競爭存活的能力條件之一，
故人們最原始的相術，就是從馳目觀樹而起，並進一步在森林中與群獸有了
生命的搏鬥與交集，細膩觀察的區辨力從樹木擴展至動物身上，沈志安指出：
「待到農業定居生活開始後，相家畜的活動也隨之展開。」〔註5〕所以《詩經》
中「相鼠有皮。」也是在歷史的淵源中產生，故可由上推論「形象思維的定勢
是相術的邏輯基礎。」〔註6〕回歸文本觀察，品鑑活動由外貌而生，亦與形象
思維息息相關，相人術一開始的書寫方式，也多由自然界聯想，以譬喻人之
形體與樣貌。

從相術在春秋時期的發展來看，中國第一部《相馬經》便是出自公元前
七世紀之時，而後相動物再衍生至相人的風氣，此種民俗的擴展符合上述原
始思維的認知特徵，故在《呂氏春秋・觀表篇》即說道：「非獨相馬然，人亦

〔註2〕咎風華：〈《國語》觀人記述簡論〉，《貴州文史叢刊》，2012 年第 2 期，頁 65。
〔註3〕清・段玉裁：《說文解字（標點本）》（臺北：藝文印書館，2007 年），頁 134。
〔註4〕沈志安：《中華相術》（臺北：文津出版社，1995 年 3 月），頁 24。
〔註5〕沈志安：《中華相術》，頁 24。
〔註6〕陳興仁：《神秘的相術——中國古代體相法研究與批判》（北京：廣西人民出
版社，2004 年 1 月），頁 3。

有徵，事與國皆有徵。」〔註7〕「徵」者指所觀對象的稟氣、氣色、吉凶、貴賤與身體狀況等細微察相中所得的跡象，故可見從相畜到相人循歷史軌跡發展的方向。從《左傳・宣公四年》中對於「相」的記載：

> 初，楚司馬子良生子越椒，子文曰：「必殺之。是子也，熊虎之狀而豺狼之聲，弗殺，必滅若敖氏矣。諺曰：『狼子野心。』是乃狼也，其可畜乎？」〔註8〕

文中對人物的品評使用了動物的特性作為比喻，像是「熊虎之狀」、「豺狼之聲」與「狼子野心」，描述被相者從外貌、聲音，一路延伸至內在性格，都是從觀看動物後，經形象化思維再類比到人的特徵上，因此，王育婧、耿紀平云：「古人相術的一個重要特徵就是將人的特徵與動物比擬，將人的特性與動物性相聯繫。」〔註9〕可以相互呼應。相人術是品鑑活動的發端，開啟了以「人」為思考焦點的評賞體系，不過，早期的相術仍著重於神祕主義與附會之說，以術數概念為主，多關注於生理特徵對於命運禍福的連結。

二、相人術的特色

從上述《左傳》的史料記載，可以觀察出先秦相人術的兩個特徵，以下分別敘述：

（一）具原始性邏輯

相術書寫方式的原始性邏輯，原始性意指與自然維繫的密切關係人與動物特性的連結，是早期生存環境下，直觀思維的一種表徵，像是創作時間點，再往後遞進的《史記》，其中對於「相」的描寫亦有著將動物與人類特性相互比擬的現象，如以下三段：

> 范蠡遂去，自齊遺大夫種書曰：「蜚鳥盡，良弓藏；狡兔死，走狗烹。越王為人長頸鳥喙，可與共患難，不可與共樂。子何不去？」（〈越王勾踐世家〉）〔註10〕

〔註7〕秦・呂不韋著、王利器注疏：《呂氏春秋注疏・觀表篇》（成都：巴蜀書社，2002年1月），頁2602。

〔註8〕春秋・左丘明著、楊伯峻編：《春秋左傳注》，魯宣公四年（高雄：復文圖書出版社，1991年9月），頁679。

〔註9〕王育婧，耿紀平：〈《史記》「為人」語式人物品評芻議〉，《樂山師範學院學報》，2016年2月，頁33。

〔註10〕西漢・司馬遷撰：《史記・越王勾踐世家》，卷41（臺北：鼎文書局，1981年，據金陵書局本影印），頁1746。

秦王從其計，見尉繚亢禮，衣服食飲與繚同。繚曰：「秦王為人，蜂准，長目，摯鳥膺，豺聲，少恩而虎狼心，居約易出人下，得志亦輕食人。我布衣，然見我常身自下我。誠使秦王得志於天下，天下皆為虜矣。不可與久遊。」（〈秦始皇本紀〉）〔註11〕

高祖為人，隆准而龍顏，美須髯，左股有七十二黑子。仁而愛人，喜施，意豁如也。（〈高祖本紀〉）〔註12〕

上述三則在評論人物時，皆使用動物的特性為喻，來描繪容貌與聲音，像是以「長頸鳥喙」來描繪越王的外貌，進而帶出其個性樣態；以「蜂准」、「長目」、「摯鳥膺」、「豺聲」來形容秦王的長相，並延伸出對其人格特質的品評；以「隆准而龍顏」來描寫漢高祖的帝王相，透過龍的動物形象來形塑高祖真命天子的容貌。這樣的書寫筆法與傳統相術中，將人類和動物類比的思維息息相關，當然，《史記》中的品評方法，超越相術的侷限，也跳脫了吉凶禍福的框架，除了在人物與動物的形貌相互推演之外，亦帶有司馬遷對於人物性格的延伸與主觀評價，可見其在品評人物上的理性精神，但不可否認的是，透過《史記》中的品鑑書寫，可見相人術發展的軌跡與影響力。

（二）預測吉凶禍福的術數

按傳統相人術的實用目的是來預測吉凶禍福，在《漢書・藝文志・術數略》中列有「形法家」一類，其中班固對此評曰：「形法者，大舉九州之勢以立城郭室舍形，人及六畜骨法之度數、器物之形容以求其聲氣貴賤吉凶。」〔註13〕並載有名為《相人》的著作二十四卷，可知相人術在秦漢時期有著一定的普遍性與重要性，亦有專職的相工出現，除了相工以外，許多人或多或少也懂得一些相法，可見相人術在時代氛圍中扮演的角色與興盛的程度。東漢思想家王充在《論衡》中提出「人命稟於天，則有表候見於體。察表候以知命，猶察斗斛以知容矣。」〔註14〕說明了人的形體可與天命結合，更進一步加強了相術的基礎，其將決定人物吉凶禍福的力量存於上天，且提出了「氣」的概念，認為天地萬物的質性由「氣」所決定，秉氣不同，性亦有不同，命遇

〔註11〕西漢・司馬遷撰：《史記・秦始皇本紀》，卷6，頁230。
〔註12〕西漢・司馬遷撰：《史記・高祖本紀》，卷8，頁342。
〔註13〕東漢・班固撰：《漢書・術數略》（臺北：鼎文書局，1986年，據金陵書局本影印），卷30，頁1775。
〔註14〕東漢・王充：《論衡・骨相》，收錄自林慶彰主編：《民國時期哲學思想叢書》（臺中：文听閣圖書，2010年5月），頁43。

也因此不同。故通過「案骨節之法，察皮膚之相」〔註15〕抓住人的自然肌理，達到審人性命的看相之術。然不管命運的操控者歸屬於誰，透過相術中對於人形貌的觀察與評賞，可見其與運勢發展的連結，進而展現其術數與宿命的邏輯思維。另東漢學者王符亦言：「人身體形貌皆有象類，骨法角肉各有分部，以著性命之期，顯貴賤之表，一人之身，而五行八卦之氣具焉。」〔註16〕由上可知，相術發展至漢代，人們對相術的狂熱已進入第一波高峰期，這是個相術理論初步建立的時期，它以形體特徵為主要依據，慢慢產生了一套較為完善的操作系統，來預測人生的際遇與禍福，既上承春秋戰國時期神秘相術的發展需求，下又啟發了劉邵《人物志》之人物學，逐步發展出中國特有的理論脈絡。

貳、品鑑活動發展的心理需求

　　相人術數的蓬勃與相人心理的連貫相關，也因而促發中國最早的品鑑文化。春秋戰國時期，是個相人風俗蔓延盛行的時期，究其原因實與時代心理需求相關，西方相學家泰勒斯・馬爾所說：「中國的相士們除了認為一個的面貌形狀與位置及其他特徵足以顯示他的性格外，還可以顯示他的命運。」〔註17〕命運其實是種生命狀態的社會學解釋，從《大戴禮》：「堯取人以狀，舜取人以色。」〔註18〕到夏商周時代，在金字塔結構的社會價值標準下，如沈志安云：「中國相術隨著這一民族文化心理定式和社會結構模式的固定化。」〔註19〕因此相人的吉凶禍福、富貴貧賤以作為命運之預測成了逐漸定格的觀念。逮至春秋戰國時期，沈志安又云：「社會流動頻仍，門第更替迅猛，富貴難長駐，人生亦無常之嘆彌漫於王公大臣、諸侯官吏之中。」〔註20〕可知品鑑發展與時代背景有著密切的關係。在本節中將分別從兩個面向去剖析，透過先秦史料的整理，瞭解社會環境與相人術發展的心理動機。

〔註15〕東漢・王充：《論衡・骨相》，收錄自林慶彰主編：《民國時期哲學思想叢書》，頁 45。
〔註16〕東漢・王符：《潛夫論・列相》，收錄自編譯部主編：《百子全書》（臺北：黎明文化事業公司，1996 年），頁 2009。
〔註17〕陳興仁：《神秘的相術：中國古代體相法研究與批判》，頁 6。
〔註18〕西漢・戴德著、方向東集解：《大戴禮記彙校集解・少間》（北京：中華書局，2008 年 7 月），頁 1153。
〔註19〕沈志安：《中華相術》，頁 29。
〔註20〕沈志安：《中華相術》，頁 29。

一、人民對生活的不安心理

先秦時期是個希望與恐懼並存的時代，此時，貴族獨大的系統瓦解，平民教育、布衣卿相、百家爭鳴，動搖著整個社會的舊思維，一時之間，命運不再是天生命定，難以掙脫，透過努力、爭取，生活會有不一樣的可能。但同時對當時的人民來說，未來的發展卻不是絕對的自由，在封建社會中，仍處處有著侷限，加之以春秋戰國時期，政治局勢紛亂，權勢交替動盪，人們對未知惶惶不安，卻又心懷一絲希望，覺得平民有機會晉升的時代裡，有著奮力一搏改造現實的可能，內心期待又怕受傷害的心理變動，正是相人術蓬勃發展的促發因素。

根據《左傳·僖公二十三年》僖負羈的妻子說：「吾觀晉公子從者，皆足以相國，若以相，夫子必反其國，必得志於諸侯，而諸無禮，曹其首也。」〔註21〕從晉公子重耳流亡十九年視之，可知當時政治局勢瞬息萬變的緊張關係，自太子申生被陷害自殺後，晉國王權便風雨飄搖、數度易主，此時相人與被相都成了非常重要的時代產物，擅於相人者，就如同僖負羈的妻子般，可以洞燭機先，瞭解人將來的禍福富貴，因而可以作出對自己最有利的選擇，也因此當晉公子返國後，決心滅曹時，僖負羈一族才得以保全。若從被相者的角度來看，則相術的發展又更趨重要，從以下《左傳》的記載可以看出影響：

> 元年春，王使內史叔服來會葬。公孫敖聞其能相人也，見其二子焉。
> 叔服曰：「穀也食子，難也收子。穀也豐下，必有後於魯國。」〔註22〕（《左傳·文公元年》）

> 初，楚子將以商臣為大子，訪諸令尹子上。子上曰：「君之齒未也，而又多愛，黜乃亂也。楚國之舉，恆在少者。且是人也。蠭目而豺聲，忍人也，不可立也。」〔註23〕（《左傳·文公元年》）

> 初，楚司馬子良生子越椒，子文曰：「必殺之。是子也，熊虎之狀而豺狼之聲，弗殺，必滅若敖氏矣。諺曰：『狼子野心。』是乃狼也，其可畜乎？」〔註24〕（《左傳·宣公四年》）

> 初，王儋季卒，其子括將見王而歎。單公子愆期為靈王御士，過諸

〔註21〕春秋·左丘明著、楊伯峻編：《春秋左傳注》，僖公二十三年，頁407。
〔註22〕春秋·左丘明著、楊伯峻編：《春秋左傳注》，魯文公元年，頁510。
〔註23〕春秋·左丘明著、楊伯峻編：《春秋左傳注》，魯文公元年，頁513～514。
〔註24〕春秋·左丘明著、楊伯峻編：《春秋左傳注》，魯宣公四年，頁679。

廷，聞其歡，而言曰：「烏乎！必有此夫！」入以告王，且曰：「必
殺之！不感而願大，視躁而足高，心在他矣。不殺，必害。」〔註25〕
（《左傳‧襄公三十年》）

對被相者來說，能否生有異相，或是相中帶富貴，都是決定權位的繼承、百
姓之擁戴的重要關鍵，因為品鑑活動，不單純僅是觀察人物相貌，更是具備
天命的一種檢核。以第一則來說，它是善評，因為被相者，臉之下巴豐厚，將
來必有美好晚景，其政權的根基必然穩固許多，「相」活動在此時安慰了許多
因政局而極度恐慌的族人，具有撫慰人心的作用。然而以下三則，其對被相
者的影響更舉足輕重，對商臣、越椒這些人來說，「不可立」、「必殺之」的命
運可說是殘酷至極，然而在當時社會卻普遍盛行以「相」作為人才鑒定的模
式，從它的標準是藉由命運的厚薄來看待可知，相人術興起的社會基礎，是
依附於人們對自我的惶惶不安，無法掌握自己命運，卻又充滿期待的心理需
求，春秋時代破壞早期奴隸社會血緣決定人身分地位、未來方向，給人們決
定自我的一線曙光，就是嫡長子，也可能因相術而遭廢，而平民則有可著機
會晉升統治階級，然而，社會的動盪並沒有從此結束，流動頻繁的結果，使
得大小戰役頻仍，民不聊生，加之以對不安定的恐懼，使得相術在期待與恐
慌的包裝下，於春秋戰國時期產生舉足輕重的影響，除了《左傳》對相術的
記載，能呈現社會心理外，《國語》中也有關於此的例子，如：

　　《鄭語》：「周王惡角犀豐盈，而近頑童窮固。」〔註26〕

　　《周語》：「叔孫僑如上方而下銳，宜其觸冒人。」〔註27〕

第一則記載注云：「角有伏犀，輔頰豐盈，皆賢明之相。」先秦時代的相術多
用於人之於愚賢、貴賤、富貴等預測性的命運觀，若放大到其時代觀看，我
們不難理解，戰國時期政治、社會的改革變法，一方面刺激人們預測命運並
掌握未來的欲求，一方面伴隨宿命論的餘緒，讓人們惶惶不知所措，從荀子
「相人之形狀顏色而知其吉凶妖祥，世俗稱之。」〔註28〕的感嘆，可以體會

〔註25〕春秋‧左丘明著、楊伯峻編：《春秋左傳注》，襄公三十年，頁1173。
〔註26〕春秋‧左丘明、來可泓編輯：〈鄭語‧史伯為桓公論興衰〉，《國語直解》（上
　　　　海：復旦大學出版社，2000年6月），頁746。
〔註27〕春秋‧左丘明、來可泓編輯：〈周語‧王孫請勿賜叔孫僑如〉，《國語直解》，
　　　　頁110。
〔註28〕戰國‧荀況著、王先謙注：《荀子新注‧非相》（臺北：里仁書局，1983年11
　　　　月15日），頁5。

到相術風氣在社會中產生的影響，並以此理解社會對人相貌與性情、命運之間連繫的普遍共識，進而探知人民此時的心理狀態。

到了漢代，是個相術飛躍的年代，西漢設有太學，漢武帝重視人才，連低賤出身的衛青，都能搖身一變為漢朝的大將軍，東漢更有著舉孝廉等仕進的制度，故社會流動力大，這與春秋戰國時期相術興起之本源相似，榮華富貴與落魄貧窮的強烈對比，給了人們思考自身價值的感嘆，在這種時代氛圍之中，命運的厚薄、氣運的順逆便成了人們在觀相中聊以自慰的方式。故在社會環境與春秋戰國時期的心理精神相連結，漢代相術就有了適合成長的溫床，而熱潮的標誌之一，便是理論的建立，因此，相術從西漢發展到東漢末年，就在春秋戰國時期的相人基礎上脫胎換骨，而出現許多相論，又漢末盛行人倫鑒識，是以有歸納人倫鑒識之原理原則的專書，如劉邵《人物志》等「品鑑」文化特色，亦漸進而建立。

二、政治的鉅變與需求

政治與相術的關係複雜，兩者相互牽引，若以心理學的角度來看，一個領導者的外貌，會影響人民對他領導能力的信服，若從術數的視角來看，相術作為一個朝代興盛或衰亡的催化劑，幾乎歷代的皇帝都曾被相士評判，沈治安云：「在未發迹之前，被相工判為有踐祚登基的命，著實是一個激勵。」〔註29〕透過相士的觀測影響了鹿鼎中原的企圖，帝王世家大抵與相士保有緊密的關係，操作得當可以同漢高祖劉邦般，獲得民心的信賴，認為帝王之相乃天命之所歸，然若失之毫釐，則可能產生民心動亂，反而鼓舞起義豪傑共襄盛舉，如第一節中，舉過漢高祖劉邦的異相為例：「高祖為人，隆準而龍顏，美須髯，左股有七十二黑子。」〔註30〕因此，陳正榮云：「相術具有政治作用，常被政客當作造神運動的工具，所以史書對於帝王的描述，總是不離『龍行虎步』、『隆準日角』、『隆準龍顏』。」〔註31〕可見相術中展現的文化政治意識，亦可以看出相士與政治人物緊密的連結，另往外探究，西方觀點中，也重視外貌與政治的關係，如葛紅玉云：

> 西羅多德在《歷史》中更是直接說出了這種身體的政治意味，他認
> 為，強健而多節的身體是統治者的身體，軟弱少節的身體是奴隸的

〔註29〕沈志安：《中華相術》，頁242。
〔註30〕西漢‧司馬遷撰：《史記‧漢高祖本紀》，卷8，頁342。
〔註31〕陳正榮：《奇人異相》（臺北：遠流出版事業股份有限公司，2001年），頁14。

身體，因此，我們可以看得出來，古希臘上述以肌肉為美的身體的
崇拜實際上包含了對統治者的讚美在裏面——這種身體美學它來
源政治的直接需要，它為古希臘的統治提供身體上的說服。〔註32〕

按所言可見身體、外貌與政治的關聯性，能服眾的領導者，需有強健的體魄，展現鶴立雞群的風範，因此相術與政治的關係，可謂其來有自，兩者之間互有關聯，好的外貌，較易說服群眾以登高位，相對地，相者亦可以透過觀看與預言，左右政治的發展。

若從官場的應對進退來看，面對皇上的疑心算計，臣子間的傾陷忌妒，或是團體間的聯合操作，官場就像一場劍拔弩張的戰局，因此，「在處理官場關係上，相術儼然是一只識別器。」〔註33〕這一識別利器幫助釐清君臣關係的分際，讓君王能藉由相術，得善才而用之，也能讓臣子在「相」主上的容顏時，能知曉兩人關係的距離，懂得明哲保身，以第一節中，舉過越王之相為例：「越王為人長頸鳥喙，可與共患難，不可與共樂。」〔註34〕亦說明了官場上，相者與被相者間微妙的關係。人稱越王為「長頸鳥喙」若從相理的意義上看，《人倫大統賦》：「如鳥喙（許穢反，口喙也）者，高人多難共處。」〔註35〕又《水鏡集·卷一》也載：「如鳥喙者，無情好非。如狗齒者，妄談無信。」〔註36〕所以范蠡藉由相術認清他與越王的君臣關係是可同患難，不可同享樂，故馬上知所進退，隱居避禍，相較之下，文種便不具備這種識時務的能力，最後因拿捏不好君臣與官場關係，而被迫自殺。

相術在政治施行上的心理需求，從《孔叢子·執節篇》中也可以見其端倪：

> 魏安釐王問子順曰：「馬回之人，雖少才文耿耿亮，直有大丈夫之節，吾欲以為相，可乎？答曰：『知臣莫若君，何有不可？至於亮直之節，臣未明也。』王曰：『何故？』答曰：『聞諸孫卿云，其為人也，長目而豕視者，必體方而心圓，每以其法相，人千百不失。

〔註32〕葛紅兵：《身體政治：解讀二十世紀的中國文學》（臺北：新銳文創，2013年），頁45。

〔註33〕沈志安：《中華相術》，頁254。

〔註34〕西漢·司馬遷撰：《史記·越王勾踐世家》，卷41，頁1746。

〔註35〕金·張行簡：《人倫大統賦》（臺北：捷幼出版社，1995年），頁232。

〔註36〕清·范文園：《神相水鏡集全編》（臺北：聯經出版社，1996年4月），卷1，頁72～73。

臣見回非不偉其體幹也，然甚疑其目。』王卒用之，三月果以諂得
罪。」〔註37〕

此由動物之相推演至人，又以像豬一般看東西必詭詐，推斷不可任用馬回，
由此看出了形體之相與人格命運的連結，也看見了政治、用人的需求，會促
使「相」活動的發展。

　　如以鬼谷子看相來說明相術與政治的關聯，戰國時著名軍事家孫臏求學
於鬼谷子，一日，鬼谷子忽見孫臏臉上有兇惡之氣說：「黑赤之氣纏於岳瀆，
此為珠玉陷於泥中，主身陷牢獄，而有性命之險。」〔註38〕後果有此劫，此
處可見他以人的形體氣色來推論將來的禍福吉凶，正是源於此時變動不安的
政治時局，孫臏會逢此難，與當時的社會發展密不可分，當時士子庶人常奔
走於各國之間縱橫捭闔，布衣卿相的機會提升，相對地遭逢危難的風險也增
加，一夕間，可能是一個國家的傾頹，一個家族的沒落，也可能是個人的福
祿貴賤，故「相」在此時普遍扮演著先知的角色，一方面藉此得其先機，可以
防患未然，一方面可以給自己徬徨無助的心靈，一個信賴的歸鄉，所以從鬼
谷子與孫臏的這段對話，可以體會到相命風氣在戰國時期的勃興。

　　最後，相術可以作為政治外交的重要手段之一，且非常直接的影響各國
之間外事政策的決定，它成了相者與被相者間相互衡量的天秤，敵友之分藉
由相術的區辨，可以更加信賴的建立同盟，也可以更為明確的畫清界線，以
下舉例從外交的觀點去剖析「相」活動在人物間的合縱連橫，如《世說新語
箋疏・上卷上・言語》引嚴尤《三將敘》載：

　　平原君勸趙孝成王受馮亭，王曰：「受之，秦兵必至，武安君必將，
　　誰能當之者乎？」對曰：「澠池之會，臣察武安君小頭而面銳，瞳子
　　白黑分明，視瞻不轉。小頭而面銳者，敢斷決也；瞳子白黑分明者，
　　見事明也；視瞻不轉者，執志強也。可與持久，難與爭鋒。廉頗為
　　人，勇鷙而愛士，知難而忍恥，與之野戰則不如，持守足以當之。」
　　王從其計。〔註39〕

〔註37〕漢・孔鮒：《孔叢子・執節》，收錄自編譯部主編：《百子全書》（臺北：黎明
　　　　文化出版社，1996 年），頁 662。
〔註38〕王玉德：《中華神秘文化》（湖南：湖南出版社，1993 年），頁 600。
〔註39〕南朝宋・劉義慶編，余嘉錫箋：《世說新語箋疏》（臺北：華正書局，1991 年），
　　　　頁 75。本論文後半部所引用《世說新語》相關資料，皆出於本書，為免繁複，
　　　　僅在其後註明頁數，不再標註。

平原君藉由觀察武安君的面相「小頭而面銳，瞳子白黑分明，視瞻不轉」推斷出他果決的個性，因此說服趙王不可與之正面衝突，藉由相術的判別，相者與被相者尋到了適合彼此關係的應對模式，也連帶影響了兩國的外交策略。

第二節　先秦哲人的品鑑特色

品鑑書寫不止侷限於傳統的相術，先秦時代百家爭鳴的學術思想中，亦有著評賞人物的文化活動，張克明云：「相術雖也導源於中國古代哲學的高層次，並也確實反映了中國古代哲學深層的內部機制。」〔註40〕可見品鑑活動中亦含蘊哲學思考，而在先秦哲人的論述裡，品鑑書寫散落在不同的篇章，為人物品評開啟發端，並且除了單純的象形思維，深化其內在的文化養分與特色。

陳興仁亦言：「相術是從中國古代哲學中流衍而出的一種畸形變種，它隨著中國古代哲學的不斷演進而日臻成熟，並且集中反映了中國古代哲學深層的內部機制與遺傳基因。」〔註41〕若先不論相術與哲學的先後關係，從其言論，可見哲學思想中，亦涵蘊著觀人與品評的活動概念，春秋時期為思想百家爭鳴的時代，既有查考門派弟子的需求，亦要與各國諸侯應對謀劃，因此，在各式學說中對於品鑑人物的書寫皆有著墨，「以貌喻人」是當時代流行的社會活動，若探析諸子思想散文，各家流派中對於觀人多有論述，不過，本節僅選取儒家與道家作為探討對象，主要原因是中國哲學進入秦漢後，九流十家雖論述多元，但影響社會與魏晉風氣深遠的兩大思維，仍舊以儒、道為代表，故以下便以儒家與道家之相人術的交互關係為焦點，去了解相術從形而下的認知到形而上的成長。

壹、儒家思想與相人術的交互關係

儒學傳統對中國文化影響頗深，孔子的觀人品評精神，亦影響了漢末魏初的人物品鑑，在《世說新語》中對於人物的評價，也繼承著儒家人倫識鑒的評判，底下就先秦儒家重點典籍來探析，分成孔、孟、荀與《大戴禮記·文王官人》的文本筆法來梳理。

〔註40〕張克明：〈中國相術的文化蘊涵試探〉，《益陽師專學報》，1994年第3期，頁33。

〔註41〕陳興仁：《神秘的相術——中國古代體相法研究與批判》，頁13。

一、孔、孟、荀的觀人法則

儒家思想早至孔子，便與相術產生連繫，春秋時期鄭國的著名相士姑布子卿就曾替孔子看相，據《史記‧孔子世家》載：

> 孔子適鄭，與弟子相失，孔子獨立郭東門。鄭人或謂子貢曰：「東門有人，其顙似堯，其項類皋陶，其肩類子產，然自要以下不及禹三寸。累累若喪家之狗。」子貢以實告孔子。孔子欣然笑曰：「形狀，末也。而謂似喪家之狗，然哉！然哉！」〔註42〕

此處孔子認為「形狀，末也」，但並沒有否認「相」的價值，並且對於相術中的形而上層面予以贊同。

除了被相者，孔子亦是相人者，《史記‧仲尼弟子列傳》載了兩則孔子「相」弟子的故事：

> 澹臺滅明，武城人，字子羽。少孔子三十九歲。狀貌甚惡。欲事孔子，孔子以為材薄。既已受業，退而脩行，行不由徑，非公事不見卿大夫。南游至江，從弟子三百人，設取予去就，名施乎諸侯。孔子聞之，曰：「吾以言取人，失之宰予；以貌取人，失之子羽。」〔註43〕

> 商瞿年長無子，其母為取室。孔子使之齊，瞿母請之，孔子曰：「無憂，瞿年四十後，當有五丈夫子。」已而果然。〔註44〕

第一則從子羽的故事可知孔子反對傳統相術中「以貌取人」的成份，也可以發現孔子在相人時，從「狀貌甚惡」、「以為材薄」到最後以「行不由徑」來觀看一個人內在涵養，可知儒家哲學的客觀思維與相術神秘的主觀思維相結合，在內涵中有了不同的改變。第二則商瞿的故事，可窺孔子對相術的鑽研，沈志安呼應云：「他是通過相陰騭紋得出的。陰騭紋主要位於兩眼下臥蠶內，主有無子女及子女多少。」〔註45〕也藉由孔子對相術的了解，可以映照相術在春秋時期的盛行。

察知孔子在生活中，時時與「相」發生關連，自然也會將相術的時代行動與其所主張的思想作結合，雖然孔子始終對此保持著懷疑的態度，但不能

〔註42〕西漢‧司馬遷撰：《史記‧孔子世家》，卷47，頁1921。
〔註43〕西漢‧司馬遷撰：《史記‧仲尼弟子列傳》，卷67，頁2205。
〔註44〕西漢‧司馬遷撰：《史記‧仲尼弟子列傳》，卷67，頁2216。
〔註45〕沈志安：《中華相術》，頁278。

否認儒家的哲學宗旨曾與相術產生對話，並使之產生質變。今先從孔子著眼，去追尋其識鑑過程，此中最重要的便是「觀」這個原則，如《論語》中的幾則記載：

> 《論語・為政》：「視其所以，觀其所由，察其所安，人焉廋哉？人焉廋哉？」〔註46〕
>
> 《論語・公冶長》：「始吾於人也，聽其言而信其行；今吾於人也，聽其言而觀其行。於予與改是。」〔註47〕
>
> 《論語・里仁》：「人之過也，各於其黨。觀過，斯知仁矣。」〔註48〕
>
> 《論語・衛靈公》：「眾惡之，必察焉；眾好之，必察焉。」〔註49〕

可以發現孔子重視的「觀」其實與「相」所指的省視類近，也就是仔細的觀察，以第一則來論，從「視」、「觀」到「察」，三字之間的順序，有著深淺程度的不同，其省視的面向越發細微，且並不僅止於外在的形體，更是一種內心的省察。正如錢賓四先生所言：「此章乃由迹以觀心，由事以窺意，未有觀人而可以略其心意於不論者。」〔註50〕孔子將品鑑活動從表象的術數，帶入更多人文層次的觀點，從「心」觀人，更可見其特質與內涵。第二則亦可以呼應前一則的論述，從「聽其言而觀其行」可見孔子在評賞人物上，所重者並不是表徵形貌，而是其行為舉止所代表的內涵意義，可見孔子品鑑人物，更看重精神與道德的層面。第三則、第四則的概念與第二則可以相互呼應，觀人之過、察人之惡與觀其行的意義一樣，透過更深層次的評賞，以更客觀公正的角度，達至識鑑之效。

　　由上述引用《論語》文本可知，傳統術數的「相」文化盛行於春秋時期，對儒家的學術思想同樣有著舉足輕重的影響，然其不同之處，便在於觀察的視角，相術是從人的形體去推測其性格、禍福、貴賤等命運，而儒家文化則

〔註46〕清・阮元審定、盧宣旬校：《論語・為政》，《重刊宋本十三經注疏附校勘記》（臺北：藝文印書館，1965年，據清嘉慶二十年南昌府學刊本影印），頁17。

〔註47〕清・阮元審定、盧宣旬校：《論語・公冶長》，《重刊宋本十三經注疏附校勘記》，頁43。

〔註48〕清・阮元審定、盧宣旬校：《論語・里仁》，《重刊宋本十三經注疏附校勘記》，頁37。

〔註49〕清・阮元審定、盧宣旬校：《論語・里仁》，《重刊宋本十三經注疏附校勘記》，頁140。

〔註50〕錢穆：《論語新解》（臺北：東大圖書公司，2004年），頁47。

體現了「視其所以」、「聽其言而觀其行」、「觀過」、「必察焉」等觀測方式，其重點乃在於人的「行為」而非樣貌，不管是因果、言行、過錯，都可見孔子致力於發展一套客觀評價的鑑賞標準，正如王鳳霞云：

> 他不是僅僅專注於人的形體器官，而是看重人的實踐活動，對人的言語、動作、表情、動機進行全面、綜合的考察。〔註51〕

按所言展現了孔子品鑑考察的全面性，雖然「生死有命，富貴在天」是孔子天命觀的基本思想，但是對於以容貌判定人吉凶禍福的相人術，孔子雖無激烈抨擊，但亦不輕易採信。故儒家品評人物的方法，便在與相人術的交互影響中，產生了「質」的飛躍，在品鑑文化上，更推進一步。

到了孟子，他在觀察人時，比孔子更注重形體器官與人生理、心理的連結，認為相人的首要任務，便是要處理好外表與內心的依存關係。故在《孟子·告子下》載：「有諸內，必形諸外」〔註52〕的基本原則來考察人物，從以下兩則引文，得見其與「相」文化相互呼應之處：

> 《孟子·離婁上》：「存乎人者，莫良於眸子，眸子不能掩其惡。胸中正，則眸子瞭焉；胸中不正，則眸子眊焉。聽其言也，觀其眸子，人焉廋哉？」〔註53〕

> 《孟子·盡心上》：「君子所性，仁義禮智根於心，其生色也睟然。見於面，盎於背，施於四體，四體不言而喻。」〔註54〕

第一則從「聽其言也，觀其眸子」可以發現他與孔子「聽其言而觀其行」的根本性差異，眸子乃形體之一，而孔子所言的「行」則是指行為，故可知孟子的觀人術更貼近於「相」文化的核心；第二則從面→背→四體，從其「四體不言而喻」可以與《神相全編·論四肢》參看：「夫手足者，謂之四肢，以相四時。」〔註55〕故可從四肢見其富貴、貧賤之命運，若再論及孟子所談的「仁義禮智

〔註51〕王鳳霞：〈儒道兩家對相人術的超越及其文學表現〉，《齊魯學刊》，2003年3期，頁106。

〔註52〕清·阮元審定、盧宣旬校：《孟子·告子下》，《重刊宋本十三經注疏附校勘記》，頁213。

〔註53〕清·阮元審定、盧宣旬校：《孟子·離婁上》，《重刊宋本十三經注疏附校勘記》，頁134。

〔註54〕清·阮元審定、盧宣旬校：《孟子·盡心上》，《重刊宋本十三經注疏附校勘記》，頁233。

〔註55〕鄭同點校：《相術》，《古今圖書集成術數叢刊》（北京：華齡出版社，2008年1月），頁202。

根於心」的德行部分，便可以將儒家所推崇的德行與相術連結，在《神相全編·相德》亦言：「形者人之材也，德者人之器也。」〔註56〕徵人之形即為解德之器，所以相取外形而至內理，此精神在孟子的思想中清晰可見。

　　在孟子之後，相人術理論與儒家精義便漸漸地被區分開來，其中以荀子的〈非相〉篇為最主要的核心，他警醒了世人對相人術神祕性的質疑，提出了「相形不如論心，論心不如擇術，形不勝心，心不勝術。」〔註57〕、「故長短、大小、善惡，形相非吉凶也，古之人無有也，學者不道也。」〔註58〕對於相人術原始性的神祕操作提出相左的看法，而荀子之所以會有這樣的論點，與其觀人邏輯與方法有關。在人物品鑑上，荀子雖承繼了孔子與孟子的一些理論基礎，比如荀子認為君子之學可以「布乎四體，形乎動靜」，〔註59〕這與孔子與孟子以行為觀察人物的方式不謀而合，但是除此之外，荀子在品評上有著自己獨特的邏輯，也相互影響了《大戴禮記·文王官人》以及曹魏時劉卲的《人物志》識鑑系統。

　　首先，從「才性」這個詞來論，在先秦兩漢的文獻中，僅見於《荀子·修身》篇中：

　　　彼人之才性之相縣也，豈若跛鼈之與六驥足哉！然而跛鼈致之，六

　　　驥不致，是無它故焉，或為之，或不為爾。〔註60〕

此處的「才性」一詞與魏晉六朝流行的「才性」之意不同，從上文可知，荀子所論之人的才性，並沒有差異性，與魏晉談及人物潛藏於內在的類型質性，概念不同，荀子論才性，把人人放於同一條線上，所差者乃在於後天的努力所積累至的成就位置，故其品鑑人物強調的重點，不在觀其內涵材質，而是重其禮義修為所展現的不同面貌，在〈君道〉中亦可見這樣的思維：「故古之人為之不然。其取之有道，其用人有法。取人之道，參之以禮；用人之法，禁之以等。」〔註61〕可見荀子在觀人上以「道」為核心，透過其思想中的「隆禮」為評鑑準則，並強調「化性起偽」所達至後天的改變，這樣的識鑑視角，

〔註56〕鄭同點校：《相術》，《古今圖書集成術數叢刊》，頁97。

〔註57〕鄭同點校：《相術》，《古今圖書集成術數叢刊》，頁329。

〔註58〕鄭同點校：《相術》，《古今圖書集成術數叢刊》，頁329。

〔註59〕戰國·荀況，王天海校釋：《荀子校釋·勸學》（上海：上海古籍出版社，2005年），頁29。

〔註60〕戰國·荀況，王天海校釋：《荀子校釋·修身》，頁67。

〔註61〕戰國·荀況，王天海校釋：《荀子校釋·君道》，頁551。

即能呼應荀子所提出〈非相〉篇的原因，他不重視先天容貌與原始命運的關聯，反而以後天的人文化成作為審度人物的意義，對荀子來說，人之吉凶，絕不在於先天相貌顏色的變化，而在於後天禮義的實踐，然而荀子之所以特別書寫了〈非相〉一篇，似乎正反映出戰國時期相人術之流行。〔註62〕相人術興盛的意義，某一部分否定了人力的意義，故荀子「相形不如論心，論心不如擇術，形不勝心，心不勝術。」此「術」與道相呼應，正符合其「化性起偽」的後天學習理論。荀子對相人術的反對，使得東漢的王符也有了「骨法雖具，弗策不致」〔註63〕、「天地所不能貴賤，鬼神所不能貧富也」〔註64〕的想法，雖不反對相術，但卻也影響「相」文化質變的面向。故而有王充揉合了宿命觀與自然觀的思想，發展出「人有壽夭之相，亦有貧富貴賤之法，具見於體。故壽命修短，皆稟於天；骨法善惡，皆見於體。」〔註65〕《論衡·骨相》之說，雖仍保有宿命論的餘緒，但是神祕色彩已化為客觀的歸納分析，影響著劉卲《人物志》品鑑系統的提出。

二、《大戴禮記·文王官人》〔註66〕的觀人法則

　　綜合上述孔、孟、荀在觀人論點的相似處，皆含有「察顏觀色」的相關討論，然而卻較無系統與條理，真正對觀人闡述最深刻、最完整者，應屬《大戴禮記·文王官人》中的書寫，其中提到觀察辨析人物的方法，亦影響了《人物志》「官人」概念的建構。劉師培曾曰：「蓋此（〈文王官人〉）為周家官人之法。自《大戴》〈曾子立事〉篇以下，諸子多述其言，劉卲《人物志》亦本之。」〔註67〕可見〈文王官人〉與《人物志》在論述上的接近，既是官人之法，兩者皆對量能授官有所描述，在人倫識鑒史上自有其意義。

　　〈文王官人〉中提出了六徵、九用與七屬三大概念，展現其在品評人物上之系統性與連貫性。六徵分別是一曰觀誠，二曰考志，三曰視中，四曰觀

〔註62〕可參祝平一《漢代相人術》（臺北：台灣學生書局，1990年），頁23～50；張榮明《方術與中國傳統文化》（上海：學林出版社，2000年），頁59～65；蕭艾《中國古代相術研究與批判》（長沙：岳麓書社，1996年），頁34～45。
〔註63〕東漢·王符：《潛夫論·相列》，《百子全書》，頁2009。
〔註64〕東漢·王符：《潛夫論·相列》，《百子全書》，頁2009。
〔註65〕王充：《論衡·骨相》，收錄於林慶彰主編：《民國時期哲學思想叢書》第一編，頁19。
〔註66〕文中所引用的《大戴禮記·文王官人》，皆出自清·永瑢、紀昀編纂：《欽定四庫全書》，文瀾閣版本，卷10，頁2～21。
〔註67〕劉師培：《劉申叔遺書》（南京：江蘇古籍出版社，1997年），頁769。

色，五曰觀隱，六曰揆德。〈文王官人〉中先以六徵訂定一套評鑑人物的標準，再連結九用與七屬的分類，其中「六徵」的書寫篇幅最多，幾乎占了全文三分之二以上的核心精神，從「六徵」的標準，已指出儒家考察人物的方法，像是第一「觀誠」，文中仔細地描述「禮施」、「德守」、「不驕奢」、「不懾懼」，甚至要「絜廉務」、「恭敬好學而能弟」為審核標準，五倫之間亦要「父子孝慈」、「兄弟和友」、「君臣忠惠」等，就連日常生活的居處、交友皆有觀察守則，可見「觀誠」之概念，實包含了對被觀察者的道德要求，以德行取人之高下，這樣略顯狹隘的觀人視角，正展現了〈文王官人〉中強烈的儒家特質。

　　第二在「考志」中，志者，乃指心中之意志也。觀人物內在志向的概念，在《論語》、《禮記》中即頗常出現，像是「父在觀其志，父沒觀其行」、〔註68〕「博學無方，孫友視志」、〔註69〕「一年視離經辨志」〔註70〕等，可見「志」的評鑑標準，與儒家精神密切相關，亦可知考志之法，大抵從觀察人物外在言行舉止，推演至內在心志。

　　第三在「視中」裡，由「誠在其中，此見其外」、「以其聲處其氣」可知，心氣主內，聲音主外，而「視中」亦是一種藉外在狀態，觀察至人物內心德行之法，荀子曾曰：「聲音動靜，性術之變盡是矣。」〔註71〕將外在之聲與內在情性結合，可見儒家審視人物的觀點。

　　第四在「觀色」上，提出人之喜怒必形於色，故觀人容色能見其心緒，在《論語》亦有許多關於「觀色」的記載，像是「夫達也者，質直而好義，察言而觀色。」、〔註72〕「巧言令色，鮮矣仁。」〔註73〕等，可見孔子重視容色與內心的一致性，並以此評鑑人的道德程度，此概念與〈文王官人〉可作一呼應。

〔註68〕清‧阮元審定、盧宣旬校：《論語‧學而》，《重刊宋本十三經注疏附校勘記》，頁8。
〔註69〕清‧阮元審定、盧宣旬校：《禮記‧內則》，《重刊宋本十三經注疏附校勘記》，頁538。
〔註70〕清‧阮元審定、盧宣旬校：《禮記‧學記》，《重刊宋本十三經注疏附校勘記》，頁649。
〔註71〕戰國‧荀況，王天海校釋：《荀子校釋‧樂論》，頁809。
〔註72〕清‧阮元審定、盧宣旬校：《論語‧顏淵》，《重刊宋本十三經注疏附校勘記》，頁110。
〔註73〕清‧阮元審定、盧宣旬校：《論語‧學而》，《重刊宋本十三經注疏附校勘記》，頁6。

第五在「觀隱」中，提到「隱於仁質」、「隱於知理」、「隱於文藝」、「隱於廉勇」、「隱於忠孝」、「隱於交友」的觀點，在先秦儒家典籍中，較少論及，是頗為獨特的觀人視角，以觀隱來辨別真偽，雖然儒家典籍並無與此相應者，但從〈文王官人〉中選擇的書寫特質：仁質、知理、文藝、廉勇、忠孝、交友，依舊可見儒家強調的德行內涵。

第六在「揆德」中，直述「德」字，可見其繼承儒家思想的精神，揆，則度也，故揆德二字，意指衡量人物的德行，文中列舉出十七種人格類型，系統性的分類，將「德」字的意涵更加深化，與「九用」連結，以達量能授官的實質目的。

綜合言之，「六徵」中或許參雜了先秦各家思想，但本源仍出於儒家，屬於儒家品評精神的發揮。至於「九用」與「七屬」在文章中的書寫就略少，僅列出「九用」的標目：一曰取平仁而有慮者，二曰取慈惠而有理者，三曰取直愍而忠正者，四曰取順直而察聽者，五曰取臨事而絜正者，六曰取慎察而絜廉者，七曰取好謀而知務者，八曰取接給而廣中者，九曰取猛毅而獨斷者。最後再以「九用有徵，乃任七屬」，將官能識鑑系統化，建立較早的品鑑邏輯。從王仁祥對〈文王官人〉一篇的評論：

> 大體而論，〈文王官人〉是一篇專門討論如何辨識與任用人才的作品，其主要思想觀念皆出於儒家，當是孔子「視其所由，觀其所以，察其所安」之觀人法的進一步發展。除了儒家之外，〈文王官人〉亦吸納名、法、陰陽、縱橫各家的學說，使得其體系與理論更加完備，可謂是先秦時期觀人論人之法的集大成者。〔註74〕

按〈文王官人〉既代表了儒家觀人系統的一環，亦可以做為先秦品鑑思想發展上的集大成者，其對漢末三國時期的人倫識鑑書寫，有著承上啟下的影響力。

總而言之，儒家思想與「相」文化的發展其實是相依緊密的，時而在思維上有相近之處，時而因學術與術數的發展方向而有相異的見解，然不可否認的是儒家思想與相人術的交互影響，已使彼此在吸收與衝突中，逐漸發展更為成熟。

〔註74〕王仁祥：《人倫鑒識起源的學術史考察（魏晉以前）》，國立台灣大學歷史研究所博士論文，2005 年，頁 137。

貳、道家思想與相人術的交互關係

　　先秦諸子的另一大流派就是以老莊為首的道家思想，陳興仁言：「作為正統文化，儒、道、佛關於人生的解釋和規定，已經深刻地影響著人們的日常生活和價值取向；另一方面，作為通俗文化，古人為認識自己、把握未來而建立的一套現實的、世俗的人生哲學。」〔註75〕可知相人術與哲學思想的對話，是正統文化與通俗文化的交會之地，故相人術探討命運與神秘的部分，亦與道家思想的價值取向有所關連，我們從「相」與象徵思維的結合來看待道家思想中自然與天人合一的哲學成份。

　　在第一節已論述，在古人的原始思維中認為天地萬物，必有其相，「相」就是一種生命流動的表徵，故相術的發展，是先從相木至相動物而起的，當古代人們對命運的奧祕孜孜以求解時，與飛禽走獸生活其中的人類，便「自然地拿自然界的生物來與人的生命作一種象徵性的比附。」〔註76〕中國相術從宇宙、自然、人事具體而微地從形下轉換至形上的歷程，實與哲學發展脈絡相似，《太清神鑑・原序》說：「夫人生居天地之中，雖稟五行之英，為萬物之秀者，其形未兆，其體未分，即夙具其美惡，蘊其吉凶。」〔註77〕據《神相全編》論人之起源時亦言：「天一生水，在人為腎。腎之竅為耳，又主骨齒。」由此參照老子思想中的「天下皆知美之為美，斯惡已。皆知善之為善，斯不善已。有無相生，難易相成，長短相形，高下相盈，音聲相和，前后相隨。」〔註78〕可知，「相」的根源是順乎自然而生的，無所謂的美醜高低，順乎自然極為真，而形體則是萬物自然而生，故精妙的「相」應當是本於宇宙根源的本初而形，如沈志安指出：「道家主張聽命於自然的命運觀，樂天知命，安命守拙。」〔註79〕所以也連帶將此哲學思維帶入「相」的鑑賞中。

　　在《莊子》文章中，曾有對相士的論述，其中可見道家對「相」的觀點與對話，是重要的切入視角。在〈徐無鬼〉中有一則寓言：

　　　　子綦有八子，陳諸前，召九方歅曰：「為我相吾子，孰為祥？」九方
　　　　歅曰：「梱也為祥。」子綦瞿然喜曰：「奚若？」曰：「梱也將與國君

〔註75〕陳興仁：《神秘的相術──中國古代體相法研究與批判》，頁1。
〔註76〕陳興仁：《神秘的相術──中國古代體相法研究與批判》，頁9。
〔註77〕江寧、泰慎：《太清神鑑、冰鑑、白鶴仙術相法・原序》（臺北：新文豐出版公司，1989年10月），頁1。
〔註78〕魏・王弼等著：《老子四種》（臺北：大安出版社，1999年2月），頁2。
〔註79〕沈志安：《中華相術》，頁278。

同食以終其身。」子綦索然出涕曰：「吾子何為以至於是極也！」九方歅曰：「夫與國君同食，澤及三族，而況父母乎？今夫子聞之而泣，是禦福也。子則祥矣，父則不祥。」

子綦曰：「歅！汝何足以識之？而梱祥邪，盡於酒肉，入於鼻口矣。而何足以知其所自來？吾未嘗為牧而牂生於奧，未嘗好田而鶉生於宎，若勿怪，何邪？吾所與吾子遊者，遊於天地。吾與之邀樂於天，吾與之邀食於地；吾不與之為事，不與之為謀，不與之為怪；吾與之乘天地之誠而不以物與之相攖，吾與之一委蛇而不與之為事所宜。今也然有世俗之償焉！凡有怪徵者，必有怪行。殆乎！非我與吾子之罪，幾天與之也！吾是以泣也。」

無幾何而使梱之於燕，盜得之於道，全而鬻之則難，不若刖之則易，於是乎刖而鬻之於齊，適當渠公之街，然身食肉而終。〔註80〕

上文描述相士在思想上的侷限性，文章中相士預言了梱的命運，就結果來論，其實是正確而相符的，但從相士九方歅與子綦的對話，可見其見識之淺陋，相士認為能夠「與國君同食以終其身」就是福分，而未思及背後的原因與意涵，相反地得道之士的子綦，不以世俗之口腹酒肉物質為福為祥，而重精神之歡快、自由，要順應天地自然，不追求名利爵祿，且無緣無故、事路不正、不明不白之利祿，非好兆頭，故九方歅以為福的面相，子綦卻以為禍，後來梱的結局被相士預測到了，以相術來說，可謂精準而靈驗，但由思想來論，卻過於淺薄，只知其一不知其二，可見莊子對相士內涵上的批判。另在〈人間世〉中亦載有匠石相木的故事，匠石一眼就能辨識木之可用與否，遠比弟子高明，匠石具有相木之能，故乃言：「是不材之木也，無所可用，故能若是之壽。」〔註81〕但思想的深度卻不足，莊子在文中假藉社樹透過夢境對匠石提出批評，認為僅把可用與無用放在一起比較，是膚淺而世俗的，無用之用是為大用，如此才能遠禍全身，不被當作工具役使，而能發展自身，寓言的後段加入了莊子哲學性的思辯，但也由此可見，莊子認為傳統相者在形而上的思想層次上明顯不足。

識知明哲的觀人，自然不同於相士，《莊子》中記載了一些獨具品鑑之法，

〔註80〕戰國・莊周著、郭慶藩編：〈徐無鬼〉，《莊子集釋》（臺北：華正書局，1987年8月），頁856～860。
〔註81〕戰國・莊周著、郭慶藩編：〈人間世〉，《莊子集釋》，頁171。

像是〈田子方〉裡有兩則與觀人相關的書寫：

> 宋元君將畫圖。眾史皆至，受揖而立；舐筆和墨，在外者半。有一
> 史後至者，儃儃然不趨，受揖不立，因之舍。公使人視之，則解衣
> 般礡贏。君曰：「可矣，是真畫者也。」〔註82〕

> 文王觀於臧，見一丈夫釣，而其釣莫釣，非持其釣，有釣者也，常
> 釣也。文王欲舉而授之政，而恐大臣父兄之弗安也；欲終而釋之，
> 而不忍百姓之無天也。於是旦而屬之夫夫曰：「昔者寡人夢，見良人
> 黑色而髯，乘駁馬而偏朱蹄，號曰：『寓而政於臧丈人，庶幾乎民有
> 瘳乎！』」諸大夫蹴然曰：「先君王也。」文王曰：「然則卜之。」諸
> 大夫曰：「先君之命王，其無它，又何卜焉！」〔註83〕

在第一則中，宋元君從畫師的神態「儃儃然不趨，受揖不立」、「解衣般礡贏」
等氣度，判斷他是「真畫者」，宋元君所觀者，並不是人物的外在與表象，而
是更深刻的神態，在其率任自然，不拘於禮儀中袒露真我，充滿生機靈美，
此以「真」為大美，如此，已被賦予道家觀人的視角了。在第二則中，文王看
見了臧的能力，但卻又怕世俗之人無法接受，故假托先王入夢，後果證明臧
的能力，然文王觀臧，乃觀其道，「其釣莫釣」，乃意不在釣，故心閑意舒，處
於虛靜無為之境地，不同於流俗，不侷限於「為釣而釣」，這樣的觀人之法，
已屬道之境界。由這兩則可知，道家在人物識鑑上，更著重於形而上的精神
層次，甚至會融入道家中的哲學思想，作為評判人物的法則與區別境界之高
低。晉風華云：「從道家特有的相觀標準出發，《莊子》中著重談論了兩類人
的外相，即世俗人之相和得道者之相。」〔註84〕這段話表達了道家相人的目
的，乃在於「道」，而非世俗所謂的功成名就，或是傳統相士看重的吉凶禍福，
目的的不同，也影響了觀察的面向，這也是道家觀人最大的特點。

　　以下再舉兩則《莊子》中的形貌對比，以歸納道家對「相」之關注焦點：

> 齧缺問道乎被衣，被衣曰：「若正汝形，一汝視，天和將至；攝汝知，
> 一汝度，神將來舍。德將為汝美，道將為汝居。汝瞳焉如新生之犢
> 而無求其故。」言未卒，齧缺睡寐。被衣大說，行歌而去之，曰：

〔註82〕戰國‧莊周著、郭慶藩編：〈田子方〉，《莊子集釋》，頁719。

〔註83〕戰國‧莊周著、郭慶藩編：〈田子方〉，《莊子集釋》，頁720～722。

〔註84〕晉風華：〈援「道」入「相」：《莊子》相術思想的獨特性〉，《江西社會科學》，
2015年第6期，頁15。

「形若槁骸，心若死灰，真其實知，不以故自持。媒媒晦晦，無心而不可與謀。彼何人哉！」〔註85〕

士成綺雁行避影，履行遂進而問：「修身若何？」老子曰：「而容崖然，而目衝然，而顙頯然，而口闞然，而狀義然。似繫馬而止也。動而持，發也機，察而審，知巧而睹於泰，凡以為不信。邊竟有人焉，其名為竊。」〔註86〕

從上述兩則引文，可看出成道者與未成道者面貌上的差異，從「瞳焉如新生之犢」可見其精氣神之飽足，在《神相全編‧相目論》中也有類似的說法，它認為眼瞳是身之日月，可說是靈魂之所在，所以「觀眼之善惡，可以見神之清濁也。」〔註87〕這正是受到道家思想影響的痕跡；若從第二則看未成道之人的形貌，莊子借由老子之口說出其「相」的標準與依據，從「容崖然」、「目衝然」、「顙頯然」等外在形貌，以「繫馬而止」的強行制止為喻，這種以人為智巧與精細審察的態度所反映出來的身心，都不合於道法自然的原則，故莊子最後以盜賊為例，給了很強烈的警訓。

就像是在《莊子‧在宥》中記載：「大人之教，若形之於骸，聲之於響。」〔註88〕以及「頌論形軀，合乎大同，大同而無己。」〔註89〕此大人之教指得便是天人合一的自然之道，所以形體之於道家來說，只是一種審視的觀測對象，藉由外在器官的觀照，王鳳霞云：「從而判斷其得道與否及其領悟道境的層次。」〔註90〕可知道家的相人已超脫神秘的吉凶禍福預測，也非關注於儒家的道德倫理，而是另開一精神層次，深深地影響了魏晉時期的相人風氣。

另外在莊子中的〈應帝王〉，還提及相術的侷限，成道者不但與未成道者面相有所差異，甚至難以準確評論觀看：

鄭有神巫曰季咸，知人之生死存亡，禍福壽夭，期以歲月旬日，若神。鄭人見之，皆棄而走。列子見之而心醉，歸以告壺子，曰：「始吾以夫子之道為至矣，則又有至焉者矣。」壺子曰：「吾與汝既其文，未既其實，而固得道與？」眾雌而無雄，而又奚卵焉！而以道與世

〔註85〕戰國‧莊周著、郭慶藩編：〈知北游〉，《莊子集釋》，頁737。

〔註86〕戰國‧莊周著、郭慶藩編：〈天道〉，《莊子集釋》，頁484。

〔註87〕鄭同點校：《相術》，《古今圖書集成術數叢刊》，頁70。

〔註88〕戰國‧莊周著、郭慶藩編：〈在宥〉，《莊子集釋》，頁395。

〔註89〕戰國‧莊周著、郭慶藩編：〈在宥〉，《莊子集釋》頁395。

〔註90〕王鳳霞：〈儒道兩家對相人術的超越及其文學表現〉，頁106。

亢必信，夫故使人得而相女。嘗試與來，以予示之。」明日，列子
與之見壺子。出而謂列子曰：「嘻！子之先生死矣，弗活矣，不以旬
數矣！吾見怪焉，見溼灰焉。」列子入，泣涕沾襟，以告壺子。壺
子曰：「鄉吾示之以地文，萌乎不震不正。是殆見吾杜德機也。嘗又
與來。」明日，又與之見壺子。出而謂列子曰：「幸矣！子之先生遇
我也。有瘳矣，全然有生矣。吾見其杜權矣。」列子入，以告壺子。
壺子曰：「鄉吾示之以天壤，名實不入，而機發於踵。是殆見吾善者
機也。嘗又與來。」明日，又與之見壺子。出而謂列子曰：「子之先
生不齊，吾無得而相焉。試齊，且復相之。」列子入，以告壺子。
壺子曰：「吾鄉示之以太沖莫勝。是殆見吾衡氣機也。鯢桓之審為
淵，止水之審為淵，流水之審為淵。淵有九名，此處三焉。嘗又與
來。」明日，又與之見壺子。立未定，自失而走。壺子曰：「追之！」
列子追之不及，反以報壺子，曰：「已滅矣，已失矣，吾弗及也。」
壺子曰：「鄉吾示之以未始出吾宗。吾與之虛而委蛇，不知其誰何，
因以為弟靡，因以為波流，故逃也。」然後列子自以為未始學而歸，
三年不出。為其妻爨，食豕如食人。於事無與親，彫琢復朴，塊然
獨以其形立。紛而封哉，一以是終。〔註91〕

按可知相士與得道者境界的不同，季咸雖有觀人的本事，能夠預測人的生死、
存亡、禍福、壽命，但遇到了具備道術的壺子，高下之別立分，四次的交手，
季咸無法掌握壺子的面相變化，最後只能落荒而逃，由這段品鑑書寫可知莊
子認為得道者不拘泥於形體，其精神氣韻更勝表面外貌，帶出觀人的限制，
也將品鑑人物的層次更加昇華，不只觀照容貌，更有內在涵蘊值得注意。

　　由上述例子可知，當傳統相術與道家哲學思想相激盪後，陳興仁指出：
「依尋『天人合一』的理論來展示『人法於天』的現實。」〔註92〕而人法於
天的依據便是在髮膚骨肉背後神秘莫測的力量，有趣的是我們在老子與莊子
的思路中，看見了許多形而上層次的感官超越，形體器官、面部表情成了一
條線索，去欣賞超越具體形體之上的精神境界，這樣的先端在魏晉時代引起
了很大的波瀾，可以從哲學與術數的相融通，理出相術未來發展的脈絡核心。

〔註91〕戰國‧莊周著、郭慶藩編：〈應帝王〉，《莊子集釋》頁297～306。
〔註92〕陳興仁：《神秘的相術──中國古代體相法研究與批判》，頁184。

第三節　曹魏以前的品鑑書寫模式

曹魏以前的品鑑模式，依上述章節所論，大致可以分成兩種，第一是先秦傳統術數的相人術，第二則是先秦諸子的觀人法則。而最早的觀人模式，大多是由「視」到「識」，人們習慣透過視覺認識生活周遭的人事物，饒宗頤曾言：「使用雙眼可以觀其全體，使用一隻眼則長於概括，簡單地說是全象與抽象的區別。前者照顧到全面的事實，後者注意事實的某些特徵，加以概括性的說明。」〔註93〕可見最早的品鑑，是透過雙眼來觀人，從客觀外貌的描述，進而昇華至抽象的精神境界，先秦傳統術數的品鑑書寫過渡到先秦諸子的品鑑書寫，也有著相同的過程，而書寫模式的變遷，含蘊著精神層次的轉變，林慶文指出：「書寫形式是面臨時代環境劇烈變遷之下的視覺隱喻。」〔註94〕故書寫形式的探索有其時代意義，甚至可以藉由書寫模式的分析，釐清品鑑文化的發展脈絡，底下將分成兩個章節來討論其書寫模式之異同。

壹、先秦傳統術數的品鑑書寫

相術活動不只是單純的面相與命運的聯繫，亦可見其含蘊的時代背景與狀態，故陳興仁在談論相術時言：「給相術看相，除了揭示亦真亦幻、變化多端的相理外，還必須觀照時代精神、價值標準以及哲學、政治、倫理、宗教、心理等歷史文化諸方面。」〔註95〕可以知道相術是一種人類思維總合的成果，它可以探尋人類社會發展的軌跡，並瞭解古人的意識形態，因此，本節就先秦傳統相術的書寫模式與社會脈絡來探討，分析命理外「相」文化在描寫上的特點。

一、相術書寫對象的遞嬗

相術的服務對象與相者的身分轉變，亦表徵著社會時代的歷史意義，相人信仰在不同時期影響著各個階層與地域，透過被觀察者的角色辨析，讓文本書寫的意蘊更豐富。

（一）春秋時期的貴族書寫

相人術在春秋時期已在貴族的上層階級開始流行，我們在第一節時曾提

〔註93〕饒宗頤：《文化之旅》（香港：牛津大學出版社，1997年），頁145。
〔註94〕林慶文：〈看見書寫的條件〉，《臺北城市科技大學通識學報》，2016年第5期，頁9。
〔註95〕陳興仁：《神秘的相術——中國古代體相法研究與批判》，頁13。

到《左傳》記載的相術應用，其中看相者有內史叔服、〔註96〕令尹子上、〔註97〕子文、〔註98〕單公子，〔註99〕可知相術除了卜史之官對此熟悉外，朝廷重臣亦是相法系統的控制者。以子文、子上來說，他們是楚國令尹，為國君下主管內政與外交第一人，在史冊中皆留有姓名，可知其身分地位非泛泛之輩，掌握在貴族手中的相人術，就如同民族起源之初，巫術核心融括了政治、經濟、知識，地位十分崇高，相人成了一種權力的表徵，故春秋時期的相術書寫對象，以政治貴族階層為主。除了探討看相者的身分地位外，亦可由此推論出被相者所代表的社會地位，周宏整理了明代神相袁柳庄的相術脈絡云：「許多貴族在選擇家族繼承人時，已將相術作為重要的判定依據。」〔註100〕可知相者既是貴族中掌握權力的知識分子，被相者更可能是未來政局的領導人，他左右了家族的興衰、社會的繁華，更必須有能力守住現有的統治地位，故一個好的繼承者，除了要有洞悉局勢的才幹外，更重要的是必須擁有天命，為上天所認同才是一個名符其實的接班人，而相術在此時便扮演著審查的角色，因此，歷史記錄著許多品鑑書寫。在史書上記載的第一位相士姑布子卿曾說：「天所授，雖賤必貴。」〔註101〕他清楚地說明相術在鬼神與權力間所立足的平衡點，並反映當時血緣繼承制度被破壞的時代氛圍，可由此推論，看相的對象與預測活動已深入到皇親國戚、達官貴人之中，但其範圍仍有局限，多充斥於社會階級較高者，相形之下，亦可見相術對政壇與社會局勢的影響力，憑藉著貴族書寫對象，而更顯重要。

（二）戰國時期書寫身分的擴張

　　到了戰國時期，相術的記載增加了許多，相人對象的身分亦更加多元。

〔註96〕《左傳・文公元年》記載，公孫叔敖聞王使內史叔服能相人，請他視其子，叔服說：「穀也食子，難也收子。穀也豐下，必有後於魯國。」

〔註97〕《左傳・文公元年》記載，令尹子上「相」太子商臣說：「且是人也，蜂目而豺聲，忍人也，不可立也。」

〔註98〕《左傳・宣公四年》記載，司馬子良生子越椒時，子文對子良說：「必殺之，是子也，熊虎之狀而豺狼之聲。」

〔註99〕《左傳・襄公三十年》記載，王億季卒，其子括將見王而嘆。單公子（衍下加心）期聞其嘆說：「嗚呼！必有此夫！」入以告王，且曰：「必殺之！不憨而原大，視躁而足高，心在他矣，不殺，必害。」

〔註100〕明・袁柳庄，周宏編輯：《圖解古代人體工程學》（北京：陝西師範大學出版社，2010年10月），頁32。

〔註101〕西漢・司馬遷撰：〈趙世家〉，《史記》，卷43，頁1789。

除了在第一節所提過的子順相馬回與鬼谷子相孫臏的兩則故事外，底下分別舉張儀、蔡澤與秦始皇等三個人與「相」的關聯，來探討當時相人對象的社會變化。據孫奕《履齋示兒編・事同》：「晉文駢脅，張儀亦駢脅。」〔註102〕張儀「胸有伫脅」就如同晉文公重耳一般，一整片肋骨緊連在一起，因有重耳作為先例，故「胸有伫脅」在相書中，皆視為王侯將相之異相的貴相。張儀早先非常辛苦，甚至曾經因為家貧而被誣賴為小偷，這樣一個布衣平民，在王充的《論衡》中亦曾記載他的相貌：「晉公子重耳伫脅，為諸侯霸……張儀伫脅，亦相秦魏。」〔註103〕可見相術的流動範圍已擴及平民，傳統術數書寫的對象已不侷限於貴族社會。

又據《史記・范雎蔡澤列傳》載：

> 蔡澤者，燕人也。游學幹諸侯小大甚眾，不遇。而從唐舉相，曰：「吾聞先生相李兌，曰：『百日之內持國秉』，有之乎？」曰：「有之。」曰：「若臣者何如？」唐舉孰視而笑曰：「先生曷鼻，巨肩，魋顏，蹙齃，膝攣。吾聞聖人不相，殆先生乎？」蔡澤知唐舉戲之，乃曰：「富貴吾所自有，吾所不知者壽也，願聞之。」唐舉曰：「先生之壽，從今以往者四十三歲。」蔡澤笑謝而去，謂其御者曰：「吾持粱刺齒肥，躍馬疾驅，懷黃金之印，結紫綬於要，揖讓人主之前，食肉富貴，四十三年足矣。」去之趙，見逐。之韓、魏，遇奪釜鬲于塗。聞應侯任鄭安平、王稽皆負重罪于秦，應侯內慚，蔡澤乃西入秦。〔註104〕

唐舉是古代著名的相士之一，當時蔡澤遍訪諸國，晉謁無數諸侯，皆無功而返，可謂窮困潦倒之極，而這樣的人去拜見相士唐舉，兩人的會面在非常和諧的氣氛下進行，唐舉略為戲弄他，卻也認真地給他一個善評，這與相士給宮廷王親看相的氛圍不同，既無關政權變動或是生殺大權，相者與被相者可以如朋友般，諧謔幾語，且從唐舉接見一介貧賤之士，亦可見相術已跨越了權力的藩籬，可以自在地融入百姓的生活之中。另如《史記・秦始皇本紀》載：

〔註102〕 孫奕：《履齋示兒編・事同》，收錄自上海圖書館編：《叢書初編集成》（北京：中華書局，1985年），頁169。

〔註103〕 王充：〈骨相〉，《論衡》，收錄於林慶彰主編：《民國時期哲學思想叢書》第一編，頁43。

〔註104〕 西漢・司馬遷撰：〈范雎蔡澤列傳〉，《史記》，卷79，頁2418。

　　大梁人尉繚來，說秦王曰：「以秦之彊，諸侯譬如郡縣之君，臣但恐
　　諸侯合從，翕而出不意，此乃智伯、夫差、湣王之所以亡也。願大
　　王毋愛財物，賂其豪臣，以亂其謀，不過亡三十萬金，則諸侯可盡。」
　　秦王從其計，見尉繚亢禮，衣服食飲與繚同。繚曰：「秦王為人，蜂
　　準，長目，摯鳥膺，豺聲，少恩而虎狼心，居約易出人下，得志亦
　　輕食人。我布衣，然見我常身自下我。誠使秦王得志於天下，天下
　　皆為虜矣。不可與久游。」乃亡去。秦王覺，固止，以為秦國尉，
　　卒用其計策。而李斯用事。〔註105〕

一介布衣能見到秦王政，並給予施政上的建議，如此風氣自由的時代，只有
在社會流動頻仍，戰事動盪不安的戰國時代才能產生。首先，從尉繚善相來
看，可知相理的知識已非侷限於貴族階層，其盛於於民間，從相者出於平民
身分即可知曉，又從其相的對象為秦始皇可知，藉由相術，平民與貴族間有
了溝通的管道，「相」文化多彩的生命力從貴族擴散至民間，再從民間影響貴
族的生活型態。

　　由上述的記載，可知「相」的風氣雖大多仍與權貴相關，但蘇秦、張儀
乃平民出身，而蔡澤也是周遊列國，都未受重用，這些人雖在最後功成名就，
並歸因於相術的應驗，但我們仍應思索，在他們名不見經傳時，面相的殊異，
早已受人注意，像是相士唐舉「相」蔡澤一般，相者與被相者已不再侷限於
宮闈、權力之中，相命風氣之普及，可從上述記載印證，以及從相者與被相
者的身分地位推論，哪怕是秦始皇，為他看相者也可以是尉繚這樣的一介平
民，可知在戰國時代，相人者與被相者的關係網絡已開始紓解，從貴族階層
蔓延至民間百姓。

（三）兩漢時期書寫的階級解放與地位低落

　　兩漢時代是相術風靡全國的年代，相術活動的書寫，早已超越了階級之
分，而為朝野上下所接受，相術的熱潮帶動了民間看相的風氣，從漢高祖劉
邦的例子即可略見端倪。據《史記‧高祖本紀》載：

　　單父人呂公，善沛令，避仇，從之客，因家沛焉。沛中豪桀吏聞令
　　有重客，皆往賀。蕭何為主吏，主進，令諸大夫曰：「進不滿千錢，
　　坐之堂下。」高祖為亭長，素易諸吏，乃給為謁曰「賀錢萬」，實不

〔註105〕西漢‧司馬遷撰：〈秦始皇本紀〉，《史記》，卷6，頁230。

持一錢。謁入，呂公大驚，起，迎之門。呂公者，好相人，見高祖
狀貌，因重敬之，引入坐。蕭何曰：「劉季固多大言，少成事。」高
祖因狎侮諸客，遂坐上坐，無所詘。酒闌，呂公因目固留高祖。高
祖竟酒，後。呂公曰：「臣少好相人，相人多矣，無如季相，願季自
愛。臣有息女，願為季箕帚妾。」酒罷，呂媼怒呂公曰：「公始常欲
奇此女，與貴人。沛令善公，求之不與，何自妄許與劉季？」呂公
曰：「此非兒女子所知也。」卒與劉季。呂公女乃呂后也，生孝惠帝、
魯元公主。

高祖為亭長時，常告歸之田。呂后與兩子居田中耨，有一老父過請
飲，呂后因餔之。老父相呂后曰：「夫人天下貴人。」令相兩子，見
孝惠，曰：「夫人所以貴者，乃此男也。」相魯元，亦皆貴。老父已
去，高祖適從旁舍來，呂后具言客有過，相我子母皆大貴。高祖問，
曰：「未遠。」乃追及，問老父。老父曰：「鄉者夫人嬰兒皆似君，
君相貴不可言。」高祖乃謝曰：「誠如父言，不敢忘德。」及高祖貴，
遂不知老父處。〔註106〕

從呂公看相的過程，可發現相術的普及現象，「相」文化已非貴族身分的特權，
只是個小小亭長的劉邦能夠成為堂上的重要被相者，而呂公的身分並不高尚，
因為避仇來到沛縣令家，卻是慧眼獨具，成為縣令的座上賓，可知相者與被
相者的關係網絡已有所解放；又從一鄉間老父亦有相呂后之能，可知相術已
失去貴族壟斷的光環，漸漸成為身分低微者的方技，知識分子每不屑與之為
伍，如《漢書》載：「文史星曆近乎卜祝之間，固主上所戲弄，倡優畜之，流
俗之所輕也。」〔註107〕乃言相者地位卑微，又「相工」一詞在《史記》、《漢
書》頻繁出現，代表相術需求興盛，被相者的身分地位從階級束縛中，普遍
至民間百姓，甚至已成為一種專門職業。

再從劉邦即位談起，出身農戶的他帶領一幫來自各階層的軍隊，在腥風
血雨中打出一片天下，從此，社會底層之輩剎那間躍升為統治上層，而更加
奠定相術在人們心中篤信的地位，也使得相術的書寫對象，更均勻的分配在
社會上的各個角落。當看相風氣已深入廣大民心，繼之而起的相術理論便越

〔註106〕西漢·司馬遷撰：〈高祖本紀〉，《史記》，卷8，頁344。
〔註107〕東漢·班固：〈司馬遷傳〉，《新校漢書集注》（臺北：世界書局，1973年3月），
　　　　頁2732。

發蓬勃，在西漢《漢書・藝文志》便載有相人類二十四卷，又根據《懷廣府志》可見著名相士許負曾著有《德器歌》、《五宮雜論》、《聽聲相形》等諸本散佚作品。到了東漢王充稟氣論加之以王符骨相觀的出現，陳興仁云：「相術開始自覺地整理自己的理論，看相習俗以更加快的速度瀰漫於民間。」〔註108〕故兩漢時期可說是相者與被相者關係更富變化且相互貼近的時代，既跨越了階級，相術的地位也從貴族社會漸為知識份子所鄙視。

（四）從社會層面看書寫對象

相術在社會意義的深刻度，能超越傳統命運吉凶的探討層次，配合人民的心理需求，讓相術的品鑑意蘊更具探討價值，故在此羅列了幾種社會互動的相術書寫對象，展現相術不同的作用與時代角色。

1. 政治對象

以政治來說，大至王朝更替，小至官場進退，都與相人術息息相關，也可以看出相者與對象間的相處之道。

相術為一個朝代興盛或衰亡的催化劑，幾乎歷代的皇帝都曾為相士評鑒，「在未發迹之前，被相工判為有踐祚登基的命，著實是一個激勵。」〔註109〕可知相士的觀測影響了鹿鼎中原的企圖，帝王世家大抵與相士保有緊密的關係，操作得當可以同漢高祖劉邦般，獲得民心的信賴，認為帝王之相乃天命之所歸，然若失之毫釐，則可能產生民心動亂，反而鼓舞起義豪傑共襄盛舉，以下先舉越王勾踐的面相探討，凸顯相術與政治緊密的關係：

> 范蠡遂去，自齊遺大夫種書曰：「蜚鳥盡，良弓藏；狡兔死，走狗烹。〔註110〕越王為人長頸鳥喙，可與共患難，不可與共樂。子何不去？」種見書，稱病不朝。人或讒種且作亂，越王乃賜種劍曰：「子教寡人伐吳七術，〔註111〕寡人用其三而敗吳，其四在子，子為我從先王試之。」種遂自殺。〔註112〕

〔註108〕陳興仁：《神秘的相術──中國古代體相法研究與批判》，頁29。
〔註109〕沈志安：《中華相術》，頁242。
〔註110〕徐廣曰：「狡，一作『郊』。」
〔註111〕正義曰越絕云：「九術：一曰尊天事鬼；二曰重財幣以遺其君；三曰貴糴粟稿以空其邦；四曰遺之好美以熒其志；五曰遺之巧匠，使起宮室高臺，以盡其財，以疲其力；六曰貴其諛臣，使之易伐；七曰彊其諫臣，使之自殺；八曰邦家富而備器利；九曰堅甲利兵以承其弊。」
〔註112〕西漢・司馬遷撰：〈越王勾踐世家〉，《史記》，卷41，頁1746。

人稱越王為「長頸鳥喙」若從相理的意義上看,《人倫大統賦》:「如鳥喙者,高人多難共處。」〔註113〕又《水鏡集・卷一》也載:「如鳥喙者,無情好非。如狗齒者,妄談無信。」〔註114〕所以范蠡藉由相術認清他與越王的君臣關係是可同患難,不可同享樂,故知所進退,隱居避禍,相較之下,文種便不具備這種識時務的能力,最後因拿捏不好君臣與官場關係,而被迫自殺。

另舉漢高祖劉邦的異相,可以看出相士與政治人物緊密的連結:

> 高祖為人,隆準而龍顏,美須髯,左股有七十二黑子。仁而愛人,喜施,意豁如也。常有大度,不事家人生產作業。及壯,試為吏,為泗水亭長,廷中吏無所不狎侮。好酒及色。常從王媼、武負貰酒,醉臥,武負、王媼見其上常有龍,怪之。高祖每酤留飲,酒讎數倍。及見怪,歲竟,此兩家常折券棄責。〔註115〕

若從官場的應對進退來看,面對皇上的疑心算計,臣子間的忌妒陷害,或是團體間的聯合操作,官場就像一場劍拔弩張的戰局,因此,「在處理官場關係上,相術儼然是一只識別器。」〔註116〕這一識別利器幫助釐清君臣關係的分際進退,讓君王能藉由相術,得善才而用之,也能讓臣子在「相」主上的容顏時,能知曉兩人關係的分寸距離,懂得明哲保身。

2. 婚姻對象

若從婚姻視角來談相人間的關係,又可以發現許多微妙的現象。在重男輕女的中國古代社會,媒妁之言其實正是由男方父母與女方父兄共同謀劃的家族合作網,其中八字與看相在說親的過程中,扮演著舉足輕重的角色,深論原因乃是由於相術運作實際上已參雜了相者希望被相者達到的社會標準,其中以女相的觀看最為明顯,從《神相全編》中的篇目名即可略知一二,在卷十一中載〈達摩婦人相〉、〈麻衣秋潭月論女人〉、〈鬼谷相婦人歌〉、〈秋潭月說婦人歌〉、〈女玉管訣〉、〈女人凶相歌〉等,幾乎把封建道德中的規範意識全加諸於相術之中,明代袁柳庄云:「相術中所含蘊的封建道德、倫理精神,也通過看相的具體活動釋放到民間。」〔註117〕因此,相者藉由相術,在無形中立出了尊卑之分,也給予封建傳統中的四德,如婦言、婦容等一個強而有

〔註113〕金・張行簡:《人倫大統賦》,頁232。
〔註114〕清・范文園:《神相水鏡集全編》,卷1,頁72～73。
〔註115〕西漢・司馬遷撰:〈高祖本紀〉,《史記》,卷8,頁342。
〔註116〕沈志安:《中華相術》,頁254。
〔註117〕明・袁柳庄,周宏編輯:《圖解古代人體工程學》,頁70。

力的宣揚，舉以下諸則例子可見，封建傳統涉入相術後，對相者與被相者對
應網絡的變遷。

> 不待男兒分富貴，女人也要合人倫。和媚溫柔量有餘，語言祥緩步
> 行舒，婦禮三從并四德，因緣有分字賢夫。〔註118〕

> 有威無媚精神正，行不動尖笑藏齒，無肩有背立如電，此是婦人貞
> 潔體，有媚無威舉止輕，此人終是落風塵，假饒不是娼門女，也是
> 屏風後立人。〔註119〕

以一個女子的顏色、牙齒、精神來論斷她是否貞潔，這樣的思想在相術中俯
拾即是，陳興仁指出：「歷代相士實際上是扮演了封建傳教士的角色。」〔註
120〕而被相者則是一種社會思想的接受者，伴隨著天命論的價值取向，相士在
來回的互動網絡中，將封建倫理的觀念，推銷給「相」對應的一端。

另在《史記‧外戚列傳》中亦載相士觀看女子容貌，斷言其生子的吉凶，
自然成為王室婚配的重要考量：

> 及諸侯畔秦，魏豹立為魏王，而魏媼內其女於魏宮。媼之許負所相，
> 相薄姬，云當生天子。是時項羽方與漢王相距滎陽，天下未有所定。
> 豹初與漢擊楚，及聞許負言，心獨喜，因背漢而畔，中立，更與楚
> 連和。〔註121〕

透過許負所「相」的結果，認定薄姬所生者必為天子，故其婚配對象魏豹因
之而欣喜，甚至影響了他的政治決策，因此，相術作為婚姻對象選擇的依據，
在戰爭紛亂的權位階級，顯得更為重要，並以此品鑑視角暗喻人事與未來的
命運。

3. 外交對象

從外交層面來說，相術直接的影響各國之間外事政策的決定，它成了相
者與被相者間相互衡量的天秤，敵友之分藉由相術的區辨，可以更加信賴的
建立同盟，也可以更為明確的畫清界線，以下舉例從外交的觀點去剖析「相」
活動人物間的合縱連橫。據《漢書‧王商史丹傅喜傳》載：

> 明年，商代匡衡為丞相，益封千戶，天子甚尊任之。為人多質有威

〔註118〕鄭同點校：《相術‧麻衣秋潭月論女人》，《古今圖書集成術數叢刊》，頁203。

〔註119〕鄭同點校：《相術‧鬼谷相婦人歌》，《古今圖書集成術數叢刊》，頁204。

〔註120〕陳興仁：《神秘的相術——中國古代體相法研究與批判》，頁185。

〔註121〕西漢‧司馬遷撰：〈外戚列傳〉，《史記》，卷49，頁1970。

重，長八尺餘，身體鴻大，容貌甚過絕人。河平四年，單于來朝，引見白虎殿。丞相商坐未央廷中，單于前，拜謁商。商起，離席與言，單于仰視商貌，大畏之，遷延卻退。天子聞而歎曰：「此真漢相矣！」〔註122〕

從匈奴王「相」王商貌，可知「相」文化並非只侷限在中國傳統的封建社會中，又見其「大畏之，遷延卻退」的反應，可知相術在兩國的外交上有著百萬雄兵之效，因為觀測產生的互動，影響了相者與被相者的關係網絡，環環相扣之下，也改變了國與國間劍拔弩張的氛圍，故從外交上看相人術，確可以掌握國與國間微妙的交流異動。

二、品鑑系統之書寫筆法

文字語言的力量不只在於它能描述事實，更在於它能融入自己的觀點與想法，而再造另一種視角與面向，因此，探討品鑑書寫的筆法，能照見書寫者自己的觀點，甚至是一個民族的潛意識心理。先秦相術的書寫策略，是認識先秦品鑑意識的重要角度，以書寫的作者來論，早期的相術記載多非相士本人留下，其散落在各家史冊中，為史家所載錄，漢代雖有相書的出現，但大多散佚，或文字缺漏，而無法深究，據《漢書·藝文志》錄有《相人》二十四卷，亦是見於史冊中，因此，在擷取文字探討相術意蘊之際，也要思考到其中飽含著史家的史觀，以及傳統術數和知識分子互動的關係，甚至亦包含文學的筆法與鋪陳的效果，這是值得反思與留意的部分。茲分三點以探討，先秦品鑑系統在書寫上的策略與特色。

（一）對話與敘事相輔相成

由於先秦相術品鑑的文本記載以史書為主，在敘事的筆法上，多以故事性的方式呈現，在文字的描述上，對話與敘事參差，藉以呈現相人互動中的口吻和真實性。以下舉《史記》與《漢書》中，關於相人的文本書寫，觀察對話與敘述的相輔相成。據《史記·佞幸列傳》與《漢書·循吏傳》載：

上使善相者相通，曰：「當貧餓死」。文帝曰：「能富通者在我也。何謂貧乎？」於是賜鄧通蜀嚴道銅山，得自鑄錢，「鄧氏錢」布天下。其富如此。〔註123〕

〔註122〕東漢·班固著、施丁主編：〈王商史丹傳喜傳〉，《漢書新注》，頁2302。
〔註123〕西漢·司馬遷撰：〈佞幸列傳〉，《史記》，卷125，頁3192。

　　始霸少為陽夏游徼，與善相人者共載出，見一婦人，相者言：「此婦

　　人當富貴，不然，相書不可用也。」霸推問之，乃其鄉里巫家女也。

　　霸即取為妻，與之終身。為丞相後徒杜陵。〔註124〕

上述兩篇文本，皆是敘述中夾帶對話的內容，讓讀者彷若置身其境，可以親眼所見相者對被相人的觀察與評論，進而推進故事的發展。像是第一則寫出了文帝與相者的對話，一方面描述了看相的過程，一方面也將相術的觀點，透過對話方式，傳達出來；第二則所呈現的內容更為多元，在文本中敘述「共載出」，可見相術深入民間的現象，另透過相者對婦人的觀察與品鑑結果，影響了霸對婚姻的選擇，這也可以呼應上面小節所論，相術的書寫對象擴及民間，也與婚姻嫁娶有關。透過對話的書寫，既呈現了相術的社會性運用，也反映了傳統相術多由第三方記載，而非相工或被相者所撰述的特質。

　　（二）多出現原始意象或思維

　　在第一節相人術的源起中，曾論即社會背景與心理因素，蓋傳統相人術的書寫，每會偏重原始意象或思維的描寫，最明顯的特色就是動物性的特徵，常用來做為品鑑結果的形容詞。如《左傳》中載：

　　楚國之舉恒在少者，且是人也，蠭目而豺聲忍人也。〔註125〕

　　是子也，熊虎之狀，而豺狼之聲，弗殺，必滅若敖氏矣。〔註126〕

　　秦王為人，蜂準，長目，摯鳥膺，豺聲，少恩而虎狼心，居約易出

　　人下，得志亦輕食人。〔註127〕

　　超問其狀。相者指曰：「生燕頷虎頸，飛而食肉，此萬里侯相也。」

　　〔註128〕

　　固貌狀有奇表，鼎角匡犀，足履龜文。〔註129〕

按所述皆可見以動物之形，擬人物之性格或未來命運，這與先民自然崇拜的原始思維相關，故姚立江在《人文動物——動物符號與中國文化》引言中

〔註124〕東漢・班固撰：〈循吏傳〉，《漢書》，卷89，頁3635。

〔註125〕春秋・左丘明著、楊伯峻編：《春秋左傳注》，魯文公元年，頁514。

〔註126〕春秋・左丘明著、楊伯峻編：《春秋左傳注》，魯宣公四年，頁679。

〔註127〕西漢・司馬遷撰：〈秦始皇本紀〉，《史記》，卷8，頁230。

〔註128〕東漢・班固撰：〈班梁列傳〉，《漢書》，卷47，頁1571。

〔註129〕劉宋・范曄撰，唐・李賢等注，楊家駱編：〈李固傳〉，《後漢書》（臺北：鼎文書局，1993年，據宋紹興本），頁2703。

論道：

> 人與動物共處於同一個自然世界。人與動物之間，自古以來就存在
> 著密不可分的依存關係。這種依存關係，既是物質的，也是超物質
> 的。動物不僅為人類提供了衣食和助力，不僅是人類的朋友和伴侶，
> 同時也是人類豐富複雜的文化觀念的重要載體。人類社會的許多文
> 化觀念都曾塗染在那些動物身上，使它們由自然動物變為人文動
> 物，成為具有特定意義的文化表徵符號。〔註130〕

可知自古以來，動物與人類生活便是密不可分，傳統相術在書寫形容上，自
然會先以日常中出現的事物為喻，以動物的外貌、形象，直接影射到人物身
上，簡單明瞭從「蠆目」、「豺聲」、「熊虎之狀」、「豺狼之聲」、「蜂準」、「摯鳥
膺」、「虎狼心」等，用兇猛的動物或是在中國文化中偏負面的意象為喻，意
指不好的品鑑結果；另以「燕頷」、「虎頸」、「鼎角匿犀」、「足履龜文」等特殊
勇猛的動物，表達人物品鑑的「異相」，預言其未來定有不凡的表現。以動物
為形容詞，做為品鑑結果的描述方式，成了傳統相術的敘事筆法，既反映了
當時社會的狀態，也體現了先民潛意識敬畏自然的觀念。

（三）身體、預言與結果的互動：以天命為核心的品鑑結果

傳統相人術的書寫筆法，會透過身體的感官描寫，寫出對人物品鑑的預
言與結果，身體、預言與結果三者的互動，呈現出相人術中的天命思想。如
《漢書·東方朔傳》載：

> 臣朔年二十二，長九尺三寸，目若懸珠，齒若編貝，勇若孟賁，捷
> 若慶忌，廉若鮑叔，信若尾生。若此，可以為天子大臣矣。臣朔昧
> 死再拜以聞。」朔文辭不遜，高自稱譽，上偉之，令待詔公車，奉
> 祿薄，未得省見。〔註131〕
>
> ……
>
> 朔雖詼笑，然時觀察顏色，直言切諫，上常用之。自公卿在位，朔
> 皆敖弄，無所為屈。〔註132〕

上述文字在品鑑東方朔上，包含了身體、預言與結果三者要素，以身體描寫

〔註130〕姚立江、潘春蘭：《人文動物──動物符號與中國文化》（哈爾濱：黑龍江人
　　　　民出版社，2002年）頁1。
〔註131〕東漢·班固撰：〈東方朔傳〉，《漢書》，卷65，頁2841～2842。
〔註132〕東漢·班固撰：〈東方朔傳〉，《漢書》，卷65，頁2860。

來說，雖是東方朔自言，但實是經過史家選錄撰寫，亦可視為是班固對於東方朔外貌上的形容，「長九尺三寸，目若懸珠，齒若編貝」特意形容眼睛與牙齒，將東方朔善於觀察人情，並且伶牙俐齒的特質展現出來，亦可見其自信。有趣的是皇上一開始並不重用他，「奉祿薄，未得省見」，發展與品鑑的預測不同，但《漢書》中的人物傳記，篇幅不短，先抑後揚，更能提升讀者的印象。最後的品鑑結果，則以「上常用之」、「自公卿在位，朔皆敖弄，無所為屈。」顯見人如其貌的不凡表現，亦展現相人書寫的方法與模式。《後漢書》對於順烈梁皇后的記載，更清楚展現了身體、預言與結果三者在文字中的互動效果：

> 永建三年，與姑俱選入掖庭，時年十三。相工茅通見后，驚，再拜賀曰：「此所謂日角偃月，相之極貴，臣所未嘗見也。」太史卜兆得壽房，又筮得坤之比，遂以為貴人。常特被引御，從容辭於帝曰：「夫陽以博施為德，陰以不專為義，螽斯則百，福之所由興也。願陛下思雲雨之均澤，識貫魚之次序，使小妾得免罪謗之累。」由是帝加敬焉。〔註133〕

相工一開始見順烈梁皇后，便描寫其面貌為「日角偃月」，並做出預言「相之極貴」，在史書中又以太史的占卜，以及她與皇帝的對話「帝加敬焉」，驗證預言結果，三者互動，讓人物形象鮮明，故事得以推展。《史記》中亦有類似的記載：

> 蔡父大奇其形貌，謂曰：「小史有封侯骨，當以經術進，努力為諸生學問。」方進既厭為小史，聞蔡父言，心喜，因病歸家，辭其後母，欲西至京師受經。母憐其幼，隨之長安，織屨以給方進讀，經博士受春秋。積十餘年，經學明習，徒眾日廣，諸儒稱之。以射策甲科為郎。二三歲，舉明經，遷議郎。〔註134〕

文本中從「蔡父大奇其形貌」描寫了容貌之奇特，再以「小史有封侯骨」做為相人的預言，最後以他的成就「以射策甲科為郎。二三歲，舉明經，遷議郎。」可見人物品鑑的結果，三者元素層層相依，將人物從外貌至成就一路貫串，亦融蘊了當時的觀人思想，故細細剖析其書寫層次，實有其深意焉。

〔註133〕劉宋・范曄撰，唐・李賢等注，楊家駱編：〈皇后紀〉，《後漢書》，頁438～439。
〔註134〕西漢・司馬遷撰：〈翟方進傳〉，《史記》，卷84，頁3411。

貳、先秦諸子的品鑑書寫

先秦諸子代表著早期社會哲學思維的展現，從哲學跨域到人物品評的範疇，是一種對於「品鑑」、「品藻」價值的肯定，人物鑑賞早在歷史散文中，便廣泛運用，一個歷史人物的功過，透過史家筆法或史論展現，其中所折射出的文化內涵，讓品鑑的書寫視域更加擴展到了諸子哲學層次，臧否人物的擴展，讓先秦諸子的理論思想，涵蘊了哲學、史學與文學的精神，甚者，在探討先秦諸子的識鑑觀時，亦能與魏晉人物品鑑大宗《世說新語》脈絡相承，今以語文與書寫為線索，作為品鑑人格氣象的溯源，實為重要之方向。

一、書寫對象

先秦諸子在文獻記載上，分成九流各派，諸子興起之因乃在於春秋國時期，地方分裂，政治混亂之餘，百家爭鳴，思想多元，立論創新，儒家、道家、法家、墨家、名家、陰陽家，乃至於雜家，蠭出並作，封建制度的破壞，讓「人」的價值更受重視。諸子文獻中的言詞交鋒，無不展現人的興味與思想風貌，故在分析先秦諸子的品鑑特色時，人的角色乃十分重要。

探究先秦諸子文有關人物品鑑的書寫，大抵可以分成幾種情況。第一，書寫對象為該學派之弟子，這樣的作品，多以教育目的為主，像是儒家經典的《論語》、《孟子》，其成書過程，皆由弟子與再傳弟子編寫而成，就體例來說大抵如石永楙所言：「其分篇，無系統；其章次，無甚義理；其辭，每割截不完；其作者，不知何人。」〔註135〕因為書中文字為孔孟與弟子之對話紀錄，故文中所對於人物品評的描寫，對象多是孔孟弟子，也因為被品評者多為學生，是師生之間的互動對話，此形式也影響先秦諸子在書寫人物時的筆法。陳清云：「《論語》中出現的人物品評，正是通過他人之口、間接刻畫人物形象的一種方式。」〔註136〕透過孔子對學生的評價，塑造被品評者的人格樣貌，如：

> 子貢問：「師與商也孰賢？」子曰：「師也過，商也不及。」曰：「然
> 則師愈與？」子曰：「過猶不及。」〔註137〕

〔註135〕石永楙：《論語正》，〈敘例〉（北京：中華書局，2012 年），頁 9。
〔註136〕陽清：〈《論語》人物品評的雙重範式〉，《寧波廣播電視大學學報》，2006 年第 4 期，頁 19。
〔註137〕清・阮元審定、盧宣旬校：《論語・先進》，《重刊宋本十三經注疏附校勘記》，頁 98。

子曰：「求也退，故進之；由也兼人，故退之。」〔註138〕

從上述兩則《論語》中的篇章可知，品鑑書寫的人物對象，多為受學的弟子，在與老師互動的過程中，被記錄與評價，像是孔子評論子張為「過」，子夏為「不及」，冉求是「退」，子由是「進」這些人格特質的描述，有趣的是在先秦諸子的品鑑書寫上，較多是風格的描繪，而較少優劣勝敗的品評，這也是著重於思想與門派傳承的書寫特色。

第二，書寫對象為當代時人，在先秦諸子的書寫對象中，也有涉及當代人物的描述，對社會狀態與人物身分能有所瞭解。像是在《莊子》中，與其親近的當代思想家惠施，即頻繁出現在文本書寫中，總共出現了十四次之多，對其品評與人物形象的建構，可謂詳盡。以〈天下篇〉所載為例：

然惠施之口談，自以為最賢，曰：「天地其壯乎！」施存雄而無術。南方有倚人焉，曰黃繚，問天地所以不墜不陷，風雨雷霆之故。惠施不辭而應，不慮而對，遍為萬物說；說而不休，多而無已，猶以為寡，益之以怪。以反人為實，而欲以勝人為名，是以與眾不適也。弱於德，強於物，其塗隩矣。由天地之道觀惠施之能，其猶一蚉一蛇之勞者也，其於物也何庸！夫充一尚可，曰愈貴，道幾矣！惠施不能以此自寧，散於萬物而不厭，卒以善辯為名。惜乎！惠施之才，駘蕩而不得，逐萬物而不反，是窮響以聲，形與影競走也。悲夫！〔註139〕

從上文可知莊子認為惠施空有雄心抱負，卻不知道術，認為惠施不行正道，致力於追求外物，以獲取名聲，卻輕視天地之道，最終難以成就大道，只能以「善辯」為名。從莊子對惠施的評價，可見莊子品評人物的標準，與道家核心思想息息相關，另也可見莊子對時人及不同流派的想法與觀點。

第三，書寫對象為國君應擇取的人才。先秦諸子的作品書寫年代，多在政治紛亂，社會混雜之際，故品鑑與人才之連結，亦十分緊密。以儒家來說，能實現仁政，讓百姓安居樂業者，方為治世之人才，分層次有「士」到「君子」，最終成為「聖人」等人才標準。故從文本的檢索中，亦能發現品鑑對象多為人才的記載，如《孟子‧離婁》提及：

〔註138〕清‧阮元審定、盧宣旬校：《論語‧先進》，《重刊宋本十三經注疏附校勘記》，頁99。
〔註139〕戰國‧莊周著、郭慶藩編：〈天下〉，《莊子集釋》，頁1112。

> 子產聽鄭國之政，以其乘輿，濟人於溱、洧。孟子曰：「惠而不知為
> 政。歲十一月徒杠成，十二月輿梁成，民未病涉也。君子平其政，
> 行辟人可也。焉得人人而濟之？故為政者，每人而悅之，日亦不足
> 矣。」〔註140〕

文中評論春秋鄭國大夫子產的施政效果，雖然表面上子產為政認真用心，但從孟子的評賞內容，即可知他對子產執政方法的不贊同，認為他只行小惠，卻沒有做好具體的行政措施，無法提綱挈領治理國家，從政上必有所失，由此可見孟子對國君應擇取的人才，有其評鑑標準的優劣描寫。

二、品鑑系統之書寫筆法

　　先秦諸子的品鑑書寫筆法，也較傳統相人術更具思想的層次，並將品鑑創作從史學視角轉化到文學意蘊，讓鑑賞效果更為突出，且先秦諸子的內容，帶有強烈褒善貶惡的道德教化意義，這樣的書寫方式，正是品藻人物「書法不隱」的特色。

　　若以文體的角度來看書寫筆法，根據韓國良言：「從《論語》的語錄體一變而為《孟子》、《莊子》、《墨子》的對話體，再變而為《荀子》、《韓非子》的專論體。」〔註141〕大致講出了先秦文體的基本轉變，可知先秦諸子在品鑑書寫上，有著不一樣的敘述方法與思維，從語錄體、對話體到專論體的文體改變，在人物品藻即有視角與效果上的異變，以《論語》的語錄體為例，它以記言為主，但在內容中，亦有記行的部分表述人物特徵，而言論與行為正構成品藻人物最重要的元素，以記錄言語來說，像是〈雍也〉篇與〈公冶長〉篇中，就記載著孔子與弟子的對話，其中亦涵蓋品鑑意蘊：

> 子謂仲弓曰：「犁牛之子騂且角，雖欲勿用，山川其舍諸？」〔註142〕

> 子貢問曰：「賜也何如？」子曰：「女器也。」曰：「何器也？」曰：
> 「瑚璉也。」〔註143〕

〔註140〕清·阮元審定、盧宣旬校：《孟子·離婁》，《重刊宋本十三經注疏附校勘記》，頁142。

〔註141〕韓國良：〈從《老子》到《論語》——先秦諸子辯議〉，《濟南大學學報》，2006年第4期，頁51。

〔註142〕清·阮元審定、盧宣旬校：《論語·雍也》，《重刊宋本十三經注疏附校勘記》，頁52。

〔註143〕清·阮元審定、盧宣旬校：《論語·公冶長》，《重刊宋本十三經注疏附校勘記》，頁41。

由孔子對仲弓說的話，可見其對仲弓的評價，透過「騂且角」，知道他在孔子心中是正面且欣賞的學生，認為他可以為世貢獻己力。另外在與子貢的對話，子貢直接問孔子認為他如何？故老師便給予了他一個字的評價「器」，認為他是成器之徒，但器有大有小，有美有舊，子貢更進一步詢問孔子，是哪一種器皿，最後孔子以「瑚璉」來形容子貢，認為他貴重而華美，可見孔子對子貢評價之高。上述這些人物品評，正是因為是從《論語》中的記言而生，敘述上更加真實而生動，且用詞簡練而精準，這是語錄體的特色。

另以《莊子》的文體特徵來談人物品評，《莊子》一書中在先秦諸子中，除思想奇拔外，行文多詼詭譎怪，舉如李小嵐即指出：「《莊子》多樣性的文體特徵不僅僅是獨特時代所賦予的，更是莊子獨特的個性所造就的，不定的文體型態來源於莊子思想的不羈與靈魂的自由。」〔註144〕書中既有人物對話，對話中又有莊子擅長的寓言體特色，文體類型多樣，也讓人物品評的書寫更有獨特風味。

> 溫伯雪子適齊，舍于魯。魯人有請見之者，溫伯雪子曰：「不可。吾聞中國之君子，明乎禮義而陋于知人心，吾不欲見也。」
>
> 至於齊，反舍于魯，是人也又請見。溫伯雪子曰：「往也蘄見我，今也又蘄見我，是必有以振我也。」出而見客，入而歎。明日見客，又入而歎。其僕曰：「每見之客也，必入而歎，何耶？」曰：「吾固告子矣：『中國之民，明乎禮義而陋乎知人心。』昔之見我者，進退一成規、一成矩，從容一若龍、一若虎，其諫我也似子，其道我也似父，是以歎也。」
>
> 仲尼見之而不言。子路曰：「吾子欲見溫伯雪子久矣，見之而不言，何邪？」仲尼曰：「若夫人者，目擊而道存矣，亦不可以容聲矣。」〔註145〕

上述以引文以散文式的對話為主，帶出不同的觀人描寫，先從溫伯雪對拜會他的人做出「嘆氣」的評價，最後透過對話，描述出「明乎禮義而陋乎知人心」的人物特質；後又有假孔子名義評論溫雪伯，雖然在文中，孔子沒有親自見到溫雪伯本人，但透過孔子與子路的對話，看見孔子對他無須多見的肯

〔註144〕李小嵐：〈《莊子》文體特徵與古代文論的批評文體〉，《江漢論壇》，2007年第7期，頁103。
〔註145〕戰國・莊周著、郭慶藩編：〈田子方〉，《莊子集釋》，頁704～706。

定。這是《莊子》散文式的對話體描寫人物的特色。又如：

> 湯之問棘也是已：「窮髮之北有冥海者，天池也。有魚焉，其廣數千
> 里，未有知其修者，其名曰鯤。有鳥焉，其名為鵬，背若太山，翼
> 若垂天之雲；摶扶搖、羊角而上者九萬里，絕雲氣，負青天，然後
> 圖南，且適南冥也。斥鴳笑之曰：『彼且奚適也？我騰躍而上，不過
> 數仞而下，翱翔蓬蒿之間，此亦飛之至也。而彼且奚適也？』」此小
> 大之辯也。
>
> 故夫知效一官、行比一鄉、德合一君、而徵一國者，其自視也亦若
> 此矣。而宋榮子猶然笑之。且舉世而譽之而不加勸，舉世而非之而
> 不加沮，定乎內外之分，辯乎榮辱之境，斯已矣。彼其於世，未數
> 數然也。雖然，猶有未樹也。夫列子御風而行，泠然善也，旬有五
> 日而後反。彼於致福者，未數數然也。此雖免乎行，猶有所待者也。
> 若夫乘天地之正，而禦六氣之辯，以遊無窮者，彼且惡乎待哉？故
> 曰：至人無己，神人無功，聖人無名。〔註146〕

上述《莊子》引文，在行文上採寓言的方式，透過舉例冥海之內的魚，印證到
人物身上，以「效一官、行比一鄉、德合一君、而徵一國者，其自視也亦若此
矣」做為寓言的對照，並從例證中帶出莊子心中理想聖人的品鑑標準。

最後以《荀子》中的專論體來探討，《荀子》的書寫模式更為成熟，且在
內容上導向具有實際功用的功利主義，這種功利觀與「道」的本質是相似的，
潘新和指出：「荀子對當時享有盛名的十二個學者的言論進行非難。」〔註147〕
即是認為道之文，必須以功用為出發，若把這樣的觀點結合到品鑑思想上，
荀子的人才觀便側重於「德」之上，在君子與小人的品行差異上，有著許多
精彩的論述。

> 故天子唯其人。天下者，至重也，非至彊莫之能任；至大也，非至
> 辨莫之能分；至眾也，非至明莫之能和。此三至者，非聖人莫之能
> 盡。故非聖人莫之能王。聖人備道全美者也，是縣天下之權稱也。
> 〔註148〕

〔註146〕戰國・莊周著、郭慶藩編：〈逍遙遊〉，《莊子集釋》，頁14～17。
〔註147〕潘新和：〈我國先秦時期的寫作觀〉，《淮北媒師院學報（社會科學版）》，1990
年第4期，頁94。
〔註148〕戰國・荀況，王天海校釋：〈正論〉，《荀子校釋》，頁707。

上述引文即說明聖人與小人之別，要當天子者，須具備適當的才能，故可見荀子對君王的品評，而其依據正如前面所言，是以「備道全美」為主，可見荀子對人才的評價觀點以「道」為核心主軸，推展其論述，具備專論的書寫特色。其〈正論〉篇載：

> 堯、舜者，天下之英也；朱、象者，天下之魁、一時之瑣也。今世俗之為說者，不怪朱、象而非堯、舜，豈不過甚矣哉？夫是之謂魁說。羿、蜂門者，天下之善射者也，不能以撥弓曲矢中；王梁、造父者，天下之善馭者也，不能以闢馬毀輿致遠；堯、舜者，天下之善教化者也，不能使魁瑣化。何世而無魁？何時而無瑣？自太皞、燧人莫不有也。故作者不祥，學者受其殃，非者有慶。《詩》曰：「下民之孽，匪降自天；噂沓背憎，職競由人。」此之謂也。〔註149〕

此段更明確的舉出不同的人物，以及對他們的評價，做為自己理論論證的依據，這樣層層的推理與佐證，並對各式人物加以品藻，此論述方式，正可見《荀子》一書專論散文的特色，亦是其書寫筆法運用在品鑑上的獨特風貌。

綜上所論，可知先秦諸子在書寫筆法上，有其思考脈絡與特色，內容的偏重上，亦與傳統相人術不同，細細探討後，更能發現各學派在書寫筆法上，隨著時代與文體的改變，這些都是魏晉以後品鑑文獻發展與突破的依據，具備重要的文學、思想與史學價值。

三、品鑑書寫結果

在品評視角上，除了對象與書寫筆法外，如何驗證人物品藻結果，亦是關鍵。在先秦諸子的書寫中，因其內容多聚焦在學派理論與弟子的對談，故在品鑑高低上，以「德行」做為優劣評判的條件，像是孔子、孟子、荀子，隨著時代的不同，都有提出「君子」與「小人」兩類人物，分辨其為人處世與內在涵養之不同；在老子與莊子中，亦有分辨得道者與世俗之人的形貌落差，故可知先秦時期，各家學說對於人物的品評，主要著重在「道」的深淺，雖然儒家與道家對於「得道」之人的品類意涵，有所不同，莊子少言「君子」，反而多用「至人」、「神人」、「大人」之名，且孔、孟之「道」意指德行修養，老、莊之「道」則在追求天人合一的自然境界，兩者雖旨趣各異，但品藻著重點皆在於內在人品，這也使得先秦諸子在品鑑結果上，皆鮮少書寫到驗證的部

〔註149〕戰國・荀況，王天海校釋：〈正論〉，《荀子校釋》，頁733。

分，〔註150〕因為德行、人品難以評量，在任用上，多憑藉上位者的知人之明，較難有以一套具系統的升遷制度或標準，因此先秦諸子努力遊說君王，依「道」擇人，但沒有把重心放在個案的追蹤上，主要還是大方向的期待賢人治國，天下和樂，故先秦諸子在品鑑結果上，有著難驗證性。

若以漢代的舉孝廉制度來說，張蓓蓓言：「便是孔、孟以後直至賈、董的儒家人品觀之實踐。」、「西漢為『賢良方正』，東漢為『孝廉』；但觀科目之名，便可推知其看中德行的傾向。」〔註151〕可見品鑑從先秦發展至漢代，亦試圖將先秦諸子的品評思維，鎔鑄在官人取士上，然德行難以評量，卻也成為了選舉之法弊病叢生的原因，對實際人才的選拔造成很大的影響，故而有漢末人倫品鑑的新變革，讓人物品評的書寫，能透過結果的驗證，得到實際的效用。

參、先秦過渡到漢代的品鑑書寫

對於漢代相人術的認識，大致可以分成兩個脈絡來探討，其一是傳統相術的繼承與延展，另一則為人文化的相人論述，從上述幾節的討論歷程，可知每個時代對於品鑑的思維皆有所不同，且層層影響，故對漢代品評風氣的認識，有助於下一章節曹魏時期的探析，因此，本節將細部檢索先秦過渡到漢代的人物觀察視角。

首先，若仔細考察典籍，關於漢代相人術的紀載，頗為豐富，可以見相術的發展至此已更為興盛。從《史記》、《漢書》與《後漢書》文本中爬梳，可見相術職業分成民間與官方，由此可呼應上述論及品鑑書寫對象，隨著時代的流轉，而更加擴展，不再只侷限於貴族的服務，在平民百姓的生活中，相人面貌亦成了重要的日常活動。《後漢書·皇后紀》中載：

> 后嘗久疾，太夫人令筮之，筮者曰：「此女雖有患狀而當大貴，兆不
> 可言也。」後又呼相者使占諸女，見后，大驚曰：「我必為此女稱臣。
> 然貴而少子，若養它子者得力，乃當踰於所生。」〔註152〕

按所述可見傳統神秘術數為皇權貴族服務的蹤跡，亦是相術與官方政治的連

〔註150〕如莊子中就多體道之功夫與進境的書寫，孔子與弟子的對話語錄亦著重在處世與德行的追求精進上，故先秦諸子的品鑑書寫上，以「道」的核心價值為首，至善的方法為輔，較少人物品鑑後評量驗證之記載。
〔註151〕張蓓蓓：《漢晉人物品鑒研究》（臺北：花木蘭文化出版社，2010 年），頁 6。
〔註152〕劉宋·范曄撰，唐·李賢等注，楊家駱編：〈皇后紀〉，《後漢書》，頁 408。

結展現，另外相人風氣蔓延至民間，故相工一職與默默無聞的小人物有交集，《後漢書‧班梁列傳》載：

> 超曰：「小子安知壯士志哉！」其後行詣相者，曰：「祭酒，布衣諸生耳，而當封侯萬里之外。」超問其狀。相者指曰：「生燕頷虎頸，飛而食肉，此萬里侯相也。」〔註153〕

班超在為成名前，曾為人嘲諷，內心感慨，便請民間職業相士幫他觀看面相，觀者看其形骨，預測未來的發展與吉凶，由是可見相者在民間活動的蓬勃，另在《史記‧張丞相列傳》載：

> 長安中有善相工田文者，與韋丞相、魏丞相、邴丞相微賤時會於客家，田文言曰：「今此三君者，皆丞相也。」其後三人竟更相代為丞相，何見之明也。〔註154〕

文中以長安中的善相者書寫，可見相工職業在地方的盛行，相術精名者，甚至有名聲流傳，且韋丞相、魏丞相、邴丞相三位被相者，當時皆處微賤期，可見相術應用的興盛。

其次，除了傳統相士的描述，還有非以相術為職業，但對品鑑人物有想法與觀點者，此類品評書寫偏重論述，亦有對觀人見解的抉微，如《淮南子》、王符《潛夫論》中皆提及人物論，對於品評褒貶進行分析。

以《淮南子》論，〔註155〕此書為漢代淮南王劉安召集門客編纂的作品，對於歷代政治優劣得失有其評賞，另亦記載大量的歷史人物，故其對於人物的品鑑書寫，頗用心刻劃，亦展現其政治觀與人才觀的思想特色，如《淮南子‧道應訓》載：

> 甯越欲幹齊桓公，困窮無以自達，於是為商旅，將任車，以商于齊，暮宿于郭門之外。桓公郊迎客，夜開門，辟任車，爝火甚盛，從者甚眾，甯越飯牛車下，望見桓公而悲。擊牛角而疾商歌。桓公聞之，撫其仆之手曰：「異哉！歌者非常人也。」命後車載之。桓公及至，從者以請。桓公贛之衣冠而見，說以為天下。桓公大說，將任之。君臣爭之曰：「客，衛人也。衛之去齊不遠，君不若使人問之。問之

〔註153〕劉宋‧范曄撰，唐‧李賢等注，楊家駱編：〈班梁列傳〉，《後漢書》，頁1571。
〔註154〕西漢‧司馬遷撰：《史記‧張丞相列傳》，卷96，頁2687。
〔註155〕論文中引用《淮南子》內容，皆出自西漢‧劉安等編著、高誘注：《淮南子》（上海：上海古籍出版社，1989年），未免繁冗，以下不另外作注。

而故賢者也，用之未晚。」桓公曰：「不然。問之，患其有小惡也。
以人之小惡而忘人之大美，此人主之所以失天下之士也。」凡聽必
有驗，一聽而弗複問，合其所以也。且人固難合也，權而用其長者
而已矣。當是舉也，桓公得之矣。故老子曰：「天大、地大、道大、
王亦大，域中有四大，而王處其一焉。」以言其能包裹之也。

按所述雖是記載齊桓公的事蹟，但亦蘊藏著作者的評判觀點與思考邏輯，從
文中提及「歌者非常人也」可見齊桓公觀人於微的能力，後與其對談，果真
為可用之士，齊桓公當機立斷，決定任用他，哪怕身旁的官員提出需再考量
的理由，看中人才的桓公，依舊以才為首，欲吸引天下有志之士歸往。此則
同時展現了識鑑人物與善用人才的思維。

又《淮南子·氾論訓》載：

中有所本主，以定清濁，不受於外，而自為儀錶也。今夫盲者行於
道，人謂之左則左，謂之右則右，遇君子則易道，遇小人則陷溝壑。
何則？目無以接物也。故魏兩用樓翟、吳起，而亡西河，湣王專用
淖齒，而死於東廟，無術以御之也；文王兩用呂望、召公奭而王，
楚莊王專任孫叔敖而霸，有術以御之也。

文中對於人物論的觀點更為精到，在書寫上具論述與例證，人才品評思想清
楚，亦具脈絡。如上文提及「中有所本主，以定清濁，不受於外」提出內在精
神的重要，若心神內涵確立，則不役於外貌，是對傳統相人術的突破與改變，
另文中提到「文王兩用呂望、召公奭而王」的歷史事蹟，應證獨具慧眼與人
才運用的重要。

除了《淮南子》外，漢代亦有一些重要的思想家對人物品鑑提出看法，
如王符《潛夫論》中的〈卜列〉與〈相列〉既保留了傳統相術中某些宿命論的
觀點，卻又脫胎於術數，而有新的觀人視角。金春峰認為「王符相信天道、鬼
神、災異感應」，但另一方面又指出「對於鬼神卜筮，王符的思想近於折中調
和」〔註156〕可知王符強調人文哲思的融入，卻又繼承著天命觀點，照見先秦
過渡到曹魏思想的遞進。以《潛夫論·相列》載：

人之相法，或在面部，或在手足，或在行步，或在聲響。面部欲溥
平潤澤，手足欲深細明直，行步欲安穩覆載，音聲欲溫和中宮。頭

〔註156〕金春峰：《漢代思想史》（北京：中國社會科學出版社，2006年），頁520～
521。

> 面手足，身形骨節，皆欲相副稱。此其略要也。〔註157〕

按可見在相人之法上，王符羅列出一般對於人物觀察的視角，可知其對於傳統相術的繼承，但在文章之後，以「夫骨法為祿相表，氣色為吉凶候，部位為年時，德行為三者招，天授性命決然。」〔註158〕他雖認同骨法之說，但在外貌吉凶之外，提出「德行為三者招」的品鑑概念，可見其揉合了人文精神的內涵，更具德行化，另「賢人達士，察以善心，無不中矣。」〔註159〕亦呼應了王符對個人後天的努力與道德層次的肯定，此思維帶動了人的動能性，在命運之下，亦有可以改變與實現的空間，在書寫上以觀點論述為主，但加入不同於以往的邏輯，加以中和，呈現其獨到的人物品鑑，也重新詮釋了選擇人才的觀點，除了先天的面相外，內在的道德、後天的走向皆是可以評價的新焦點。

第四節　小結

　　中國傳統文化揉合著當代的社會背景與宗教、政治、科技、心理脈動，因此探查先秦時期的品鑑文化書寫，有著深入認識觀人系統的歷史與文化意義。本節大致可以分成兩個面向去探索先秦的人物品鑑書寫，首先，是從傳統的相術文化出發，透過相術的運作與結合人們對於身體與命運的連結，進而認識先秦時代的人生觀與價值觀。而相術書寫的起源，其實是源自於一種畏懼心理，既是本於人民對於大自然、未來的不安與未知，這樣的思維，自然有一些侷限，但亦可以透過這樣的品鑑模式，探知先秦人民生活運作的經驗與方法。劉桃良載：

> 人與萬物一樣，只要現其形，探其色，察其相，究其神，根據事物的數理、邏輯組合等關係，便知事物的全貌，預知事物的未來。由于老祖宗長年累月日出而作，日落而息，形成對天道自然變化的經驗感知，形成一種永恆、變易、回環的一種傳統思想定勢。〔註160〕

在色與相之間判斷了人物的性格、未來，甚至是運勢，這樣對於先天身體與自然力量的某種敬畏描寫，展現了先秦百姓試圖透過相術寄託精神迷茫與紛亂的心理歷程。

〔註157〕東漢・王符：《潛夫論・相列》，《百子全書》，頁 2009。
〔註158〕東漢・王符：《潛夫論・相列》，《百子全書》，頁 2009。
〔註159〕東漢・王符：《潛夫論・相列》，《百子全書》，頁 2009。
〔註160〕劉桃良：〈中國民俗中相命文化透視〉，《經濟師》，2007 年第 5 期，頁 46。

　　其次，除了傳統的相術之外，先秦品鑑系統亦有出現人文化的趨勢，在先秦諸子的思想語錄中，亦不乏許多關於人物品評的論述，從傳統術數過渡到學派思想脈絡，亦有心理轉折之處。燕良軾指出：「先秦時期雖沒有現代心理學中『需要』，但對需要 的認識是頗深刻的，也不只限於基本的物質需要，對社會需要也有很重要的觀點。」〔註161〕例如《孟子·滕文公下》提及的「大丈夫」的品鑑觀念，就已經超乎物質的基本需求：

　　　　孟子曰：「是焉得為大丈夫乎！子未學禮乎？丈夫之冠也，父命之；
　　　　女子之嫁也，母命之，往送之門，戒之曰：『往之女家，必敬必戒，
　　　　無違夫子。』以順為正者，妾婦之道也。居天下之廣居，立天下之
　　　　正位，行天下之大道。得志與民由之，不得志獨行其道。富貴不能
　　　　淫，貧賤不能移，威武不能屈。此之謂大丈夫！」〔註162〕

從孟子討論「大丈夫」的標準可知，他並不認同「以順為正」者，哪怕能因此獲得功名利祿，孟子亦不認同，他提出了「富貴不能淫，貧賤不能移，威武不能屈」的道德標準，可見在先秦諸子的人物品鑑書寫上，已進入另一個人文層次，也可見先秦時期人民的心理需求，不只侷限在基本的物質、安全等需求，亦進入了自我實現的層次，可見先秦思想家已經意識到人物品鑑的書寫與探討，能帶領社會評價風氣，燕良軾云：「先秦思想家已認識到，由於榜樣所處的社會地位或所承擔的社會角色不同，對暗示與模仿的大小、範圍有極大影響。」〔註163〕因此，人物品鑑書寫對於營造評論的標準與等第高低，有著重要的影響力，故先秦諸子在思想論述上，對於人物品鑑著墨亦頗多，儒家、道家皆從不同的角度，表現出心理審美機制的某些認識，從傳統相術的書寫到先秦諸子的筆法，呈現著時代與人民心理的流動。魯文忠云：「他突破了一般把美感限於感官聲色愉快的範圍，明確指出理、義——人格精神、道德上的善，可以象聲、色、味一樣，成為審美對象，喚起審美的心理愉悅感受。」〔註164〕先秦諸子在相術身體形貌的觀察書寫上，加上更深層次的人格品藻，這對下一章節要探討的德行、才性人物品鑑，有著重要的承接與脈絡的延續。

〔註161〕燕良軾：〈先秦心理社會思想管窺〉，《心理學報》，1997年第2期，頁211。
〔註162〕清·阮元審定、盧宣旬校：《孟子·滕文公下》，《重刊宋本十三經注疏附校勘記》，頁108。
〔註163〕燕良軾：〈先秦心理社會思想管窺〉，《心理學報》，1997年第2期，頁209。
〔註164〕魯文忠：〈先秦儒家審美心理思想初探〉，《湖北社會科學》1987年第11期，頁38。

第三章 曹魏時期的品鑑書寫視域

　　曹魏時期人物品鑑風尚有了思想上的大變革，更開啟了魏晉人物覺醒後，在人物審美書寫上的形神超越，在群雄競起，求才若渴的年代，人物品鑑的文本，乘勢而起，勇於突破傳統，形成一股嶄新的識鑑人才觀點，故有桓範《世要論》、蔣濟《萬機論》、鍾會《才性四本論》、袁準《才性論》等曹魏名臣的品鑑書寫，以及劉劭《人物志》、山濤《山公啟事》等具系統性的人物品鑑專著，勾勒出了多元的品鑑視角。

第一節 劉劭《人物志》的品鑑書寫

　　劉劭《人物志》是曹魏時期重要的官人著作，祝捷指出：「考察《人物志》中的論述，正是以理論形式來考察人才的德行與能力，作為考察授予官職的依據，這與漢代『鄉舉里選』的選拔任命方式是一致的，都削弱了地方任命官員的權力，而將決定人才任免的權力實際上歸為中央負責。」[註1] 可見在文本作品中，展現了人物品鑑書寫的理論考察形式，並配合漢代的人才選拔任命背景，系統化的將人物的才能加以分類任用，是此時期十分重要的人倫識鑑作品。故本章節將先探討《人物志》的書寫背景，再分別從書中的重要的篇次，加以梳理分析，像是從「體別」、「材能」、「接識」到「流業」、「利害」的品鑑思維整理，以及從「九徵」、「體別」到「八觀」、「七繆」的品鑑系統論述，都展現時代氛圍中，用人識人的迫切性與實用觀點的呈現。

〔註1〕祝捷：《曹魏之政治格局、士人社會與思想對話——以「正始玄學」為中心》，南開大學博士論文，2012 年，頁 271。

壹、《人物志》的品鑑背景

一般論及魏晉學術的分期時，大都分為正始、元康、永嘉、東晉四階段，然而湯用彤先生卻在〈讀人物志〉一文中提出獨具之見解：

> 正始如以王何為代表，則魏初之名士，固亦與正始有異也。魏初，
>
> 一方承東都之習尚，而好正名分，評人物。一方因魏帝之好法術，
>
> 注重典制，精刑律，蓋均以綜合名實為歸。〔註2〕

由上可知，魏初的思潮實是有異於正始之「有無」之辨，須另闢一期以顯其特點，而品鑑文化穿梭在歷史脈絡之間，正可由小見大，從此觀點切入考察魏初風氣，也可由大見小，探魏初風氣對品鑑文化發展之演進，進而影響觀人視角之轉換，其中劉劭《人物志》〔註3〕扮演著畫龍點睛、舉足輕重的地位，湯用彤言：「吾人讀此書，於當世思想之內容，學問之變遷，頗可知其崖略，亦可貴矣。」〔註4〕所以本節將先探討東漢末年至魏初的時代變革，以對應《人物志》之品鑑發展，與魏晉思潮之轉變。

漢末到晉初，有關人物論之專著有：魏文帝《士操》、劉劭《人物志》、（撰者不明）《刑聲論》、姚信《士緯新書》、（亦當姚信撰）《姚氏新書》、盧毓《九州人士論》、（撰者不明）《通古人論》等書，雖多已亡佚，但從其名觀之，大體不出人倫鑑識之作，由上可推知，在魏初品鑑文化正如火如荼的進展，並且深受統治者的喜愛，試論其原由，湯用彤〈讀人物志〉中，提出的兩個方向細論，其一是東都之習尚，其二是魏武之好法術，從上兩個脈絡，可以更精確的掌握魏初品鑑文化的精神內涵，以及其對時代的影響。

首先，言東都之習尚，必先要瞭解東漢末年的政治、文化風尚，由是我們就政治、歷史局勢分析，論其對品鑑文化氛圍之影響。進用人才在朝為官，乃是一個政權維持之大本，由宣帝地節三年（西元前67年）下召曰：

> 傳曰：「孝弟也者，其為人之本與！」其令郡國舉孝弟有行義聞於鄉
>
> 里者各一人。〔註5〕

按可以發現兩件事，第一是漢代政治任官對於察舉制度產生了推波助瀾之效，

〔註2〕湯用彤：《魏晉玄學論稿及其它》（北京：北京大學出版社，2010年10月），頁12。

〔註3〕劉劭於魏明帝太和景初間作《人物志》，後在論文章節中會提及其寫作背景與動機。

〔註4〕湯用彤：《魏晉玄學論稿及其它》，頁5。

〔註5〕東漢·班固：《漢書·宣帝紀》，卷8，頁250。

又我們從《後漢書》蔡邕的例子可知：「與叔父從弟同居，三世不分財，鄉黨高其義。」〔註6〕因而「遠近奇之，多往觀焉。」〔註7〕愈見鄉論的重要，小則影響個人之聲名，大則攸關未來的官途發展，甚至左右政治局勢，因此，在影響力日漸擴增的社會發展中，品評人物、鑑識人才即蔚為風氣，甚至發展出明確的取士標準，此《人物志》產生一套完整的識鑑系統之所由。第二是文中品評的優劣高低，是著眼於儒家重德行的成分，這裡也可以瞭解品鑑文化從德行過度到才性的演進過程。

由之可見，漢代鄉舉里選之鄉論確實與人物品評有著極大的淵源，湯用彤言：

> 聲名出於鄉里臧否，故民間清議乃隱操士人進退之權，於是月旦人物，流為俗尚；講目成名（《人物志》語），具有定格；乃成為社會中不成文之法度。〔註8〕

因察舉、鄉論使得人物品鑑成為社會上極為重要的風尚，其中「月旦評」即是一種著名的鄉論模式，是汝南地區每月初一進行臧否人物、論士議政的一項活動，由汝南名士許劭與其族兄許靖共同主持。在《後漢書·許劭傳》中記載：「初，劭與靖（從兄許靖）具有高名，好共覈論鄉黨人物，每月輒更其品題，故汝南俗有『月旦評』焉。」〔註9〕這項活動在汝南一帶因參與者眾，因此影響力也大，其後，「月旦評」就成了士人品評的代名詞，且由史載發現月旦評的評賞方式更為細膩，並不只是一般鄉論毫無準繩的泛泛之說，從其每月更換題目以及有組織的人物品鑑會議，都可以發現它對於品評文化有著更周全、系統性的建立，已不同於早期歸諸於命運術數的觀點。不過，月旦評的高下標準依然無法超出德行高低的評判，道德情操仍舊是品評士人最重要的依據，《後漢書·許劭傳》云：

> 劭嘗到潁川，多長者之遊，唯不候陳寔。又陳蕃喪妻還葬，鄉人（畢）至，而劭獨不往。或問其故，劭曰：「太丘道廣，廣則難周；仲舉性峻，峻則少通。故不造也。」其多所裁量若此。〔註10〕

從上述引文，可以瞭解由許劭所主持的月旦評，大多也是以道德品性來區分

〔註6〕劉宋·范曄撰，唐·李賢等注，楊家駱編：《後漢書·蔡邕傳》，頁1980。
〔註7〕劉宋·范曄撰，唐·李賢等注，楊家駱編：《後漢書·蔡邕傳》，頁1980。
〔註8〕湯用彤：《魏晉玄學論稿及其它》，頁10。
〔註9〕劉宋·范曄撰，唐·李賢等注，楊家駱編：《後漢書·許劭傳》，頁2234。
〔註10〕劉宋·范曄撰，唐·李賢等注，楊家駱編：《後漢書·許劭傳》，頁2234。

高下優劣，許卲此番言論，是著眼於對方的個性來論斷，頗有《論語》：「無友不如己者。」〔註11〕的意味，在這其中已含有了品評得失的成分，因此，可以推斷在東漢末年，論德依舊是舉才進士的關鍵衡量要素。

然而，對於月旦評的看法，卻有著正反兩方的意見，它雖充分地給與眾人論述的空間，避免個人品論的偏頗，但以道德衡量的角度觀之，要在一個月內掌握人物的善惡好壞，實為難事，加上這種品評方式又具有極大的影響力，例如《後漢書‧符融傳》言：

> 融見林宗，便與之交。又紹介於膺，以為海之明珠，未耀其光，鳥之鳳皇，羽儀未翔。膺與林宗相見，待以師友之禮，遂振名天下，融之致也。〔註12〕

可知儘管擁有真才實學，在未被品題之前，則難被社會瞭解，以顯其光，而一旦被品題後，同樣的才力知識，就可名震天下，大放異彩，其中，藉由品題前後反應差距之大，可見月旦評在社會中具備的影響地位，因此，也可推知它破壞力的強大，葛洪即把月旦評視為士人結黨營私的行為，以其既無法全然的公正客觀，又挾帶了龐大的利益，自然而然，會有弊病的產生，《抱朴子‧自敘》曰：

> 漢末俗弊，朋黨分部，許子將之徒，以口舌取戒。爭訟論議，門宗成讎。故汝南人士無復定價而有月旦之評。魏武帝深亦疾之，欲取其首，爾乃奔波亡走，殆至屠滅。〔註13〕

按可知清議與黨錮之風的盛行，對於人物品評的發展也益趨龐大。清議源自於漢代的鄉論，不同處在於目的之相異，鄉里評議主要用於官人，而清議則是漢末名士用來對抗宦官集團的鬥爭武器，名士階層以「清」自居，此與鄉論、月旦評相似，以道德為首要標準，然而，由於目的不同，清議所衍生的社會風氣也大異其趣，首先，清議品核公卿、裁量執政的作用，已不僅僅只是官職任用的問題，更有著監督國家的政策方針與執政者的功能，其次，承前述之月旦評的弊端而論，對於名聲的激揚，清議以更實質的集團力量影響士

〔註11〕清‧阮元審定、盧宣旬校：《論語‧學而》，《重刊宋本十三經注疏附校勘記》，頁7。

〔註12〕謝承：《後漢書‧符融傳》，《八家後漢書輯注》（上海：上海古籍出版社，1986年）卷4，頁139。

〔註13〕楊明照：《抱朴子外篇校箋（下）‧自敘》（北京：中華書局，1997年），卷50，頁680。

人的政治地位與社會評價，更使士人之間相互提攜標榜，以蔚成聲價，讓集團的發展更為緊密，個人的政治前途更加順遂，而名士階級力量的提升，自然造成了外戚宦官集團龐大的壓力，是以政爭一觸即發，此即為影響深遠的黨錮之禍之產生。趙翼言〈黨禁之起〉言：

> 蓋東漢風氣，本以名行相尚，迨朝政日非，則清議益峻，號為正人者，指斥權奸，力持正論，由是其名益高，海內希風附響，惟恐不及，而為所貶訾者，怨恨刺骨，日思所以傾之，此黨禍之所以愈烈也。〔註14〕

黨禍之興實源自於士人自我意識之覺醒，不再僅以政權為服務對象，也不再屈服於宦官的威嚇之下，於是清流之士，自定界線，不與之同流合汙，因此在這種不僅對政治批判，也對人物有所批判的時代中，自然使得品評在社會上扮演的角色日益重要。

　　由上可知，東漢末年士大夫個體自覺意識的產生，有助於人物評論的發展，余英時先生認為人物評論與個體自覺互為因果。因個體之發展必已臻相當成熟之境，人物評論始能愈析愈精而成為專門之學，此其所以盛於東漢中葉以後之故。〔註15〕

　　因此，時代之風尚實對識鑒人倫成熟有著關鍵性的影響，時代的思想、歷史的演進，都給予品評人物的發展一份滋養的力量，也因此它才能日趨系統化，成為一門專精之學，使得整個社會的文化厚度可於人物品鑑的流動中觀照，不再似先秦時期伴隨著宿命論餘緒的術數考察，亦具有反映當代背景與意蘊的深度體察。

　　其次，除了東都習尚的影響以外，我們將從第二個脈絡觀察三國至魏初品鑑觀念的演進，此部分主要著眼於政治集團對於品鑑文化之發展方向，有著直接或間接的影響。因此，要探討處於權力核心的魏武帝，其執政態度對於人物品評的影響。湯用彤言：

> 名分卑尊擇人任官，在儒家為教化，而在法家則為主術。教化所以導善，主術乃以防奸。魏晉相繼，篡逆疊起，權臣執柄，君臣危之，

〔註14〕清・趙翼：〈黨禁之起〉條，《廿二史箚記》，（北京：學苑出版社，2005年），卷5，頁90。

〔註15〕余英時：《中國知識階層史論（古代篇）》（臺北：聯經出版事業股份有限公司，1993年5月），頁273。

則不得不申尊卑之防。篡殺既成，竊國者自危，尤不得不再正名之
義。〔註16〕

由上述言論，可有探討者，第一是魏武帝重法術，在《後漢書》中記載許劭曾
對曹操評價曰：「君清平之奸賊，亂世之英雄。」〔註17〕以德行的觀點來評價
這段話，實有違背儒家理念，但是在此曹操聞之大喜的原因，乃在於以才智
方面定論的「英雄」崇拜，在漢末動亂的社會中，想要安身立命，仁義道德已
成空言，唯有才能與智力方可領導眾人，因此人物品評的標準漸漸由道德轉
到才智，在此由曹操的思想，可以見其改變。所以在魏明帝，劉劭為統治政
權撰寫的《人物志》中，特別獨立「英雄」篇介紹，云：「聰明秀出之謂英，
膽力過人之謂雄。」可以得知，人物品評的標準，在政權當道者的左右之下，
由德行漸漸轉為才性。

第二，我們可以從魏武帝重法術的目的來探討，湯用彤在上述引文中言
「主術乃以防奸」，魏武代漢以後，當務之急在振衰起弊，而一直以來依據儒
家倫理道德選拔出來的人才，已不符合時代所需，曹魏政權身處於風雨飄搖
的軍事鬥爭時代，魏、蜀、吳三國鼎立，為求勢力獨強，於人才的網羅，往往
扮演關鍵性角色，面對一個求才若渴的年代，品鑑文化，也在服務此時勢而
日益趨向實用，因此，用來教化導善的儒家，已不能在這個高度競爭的政治
環境中取得優勢，所以魏武帝的重法術，也可以說是改變長期以來選拔人才
的觀念，以鞏固政權勢力，因此「唯才是舉」的選官制度應運而生。

由上論述可知，東漢末至三國時期，特殊的文化風尚，從鄉論、月旦評
到清議，以至魏武好法術，使品鑑活動的發展日趨蓬勃，並循著德行到才性
的路線，產生了新的社會文化風貌。

《人物志》創作於魏明帝時期，有其時代背景的必然性，品鑑觀念隨著
政局與文化的變遷，選拔人才的課題，自然促使品鑑人物的理論應運而生。
〔註18〕就學術內涵來說，劉劭學問淵博，飽讀群書，《三國志》中對於劉劭的
記載：

時聞公孫淵受孫權燕王之號，議者欲留淵計吏，遣兵討之，劭以為

〔註16〕湯用彤：《魏晉玄學論稿及其它》，頁15。
〔註17〕劉宋・范曄撰，唐・李賢等注，楊家駱編：《後漢書・許劭傳》，頁2234。
〔註18〕劉劭，字孔才，廣平邯鄲人，在漢獻帝時初入仕當官，為廣平吏，歷官太子
　　　舍人、秘書郎等。曹魏時代擔任尚書郎、散騎侍郎、陳留太守等，後曾受爵
　　　關內侯，死後則追贈光祿勳。

「昔袁尚兄弟歸淵父康，康斬送其首，是淵先世之效忠也。又所聞虛實，未可審知。古者要荒未服，脩德而不征，重勞民也。宜加寬貸，使有以自新。」後淵果斬送權使張彌等首。邵嘗作趙都賦，明帝美之。〔註19〕

青龍中，吳圍合肥，時東方吏士皆分休，征東將軍滿寵表請中軍兵，并召休將士，須集擊之。邵議以為「賊眾新至，心專氣銳。寵以少人自戰其地，若便進擊，不必能制。寵求待兵，未有所失也。以為可先遣步兵五千，精騎三千，軍前發，揚聲進道，震曜形勢。騎到合肥，疏其行隊，多其旌鼓，曜兵城下，引出賊後，擬其歸路，要其糧道。賊聞大軍來，騎斷其後，必震怖遁走，不戰自破賊矣。」帝從之。兵比至合肥，賊果退還。〔註20〕

根據〈劉邵傳〉對劉邵的描繪，可見他在政事上卓越的判斷力與精準的眼光，不管是對局勢的分析，或是對敵人心性的剖析，都見解獨到，由是便不難理解夏侯惠對於劉邵的高度評價：

伏見常侍劉邵，深忠篤思，體周於數，凡所錯綜，源流弘遠，是以羣才大小，咸取所同而斟酌焉。故性實之士服其平和良正，清靜之人慕其玄虛退讓，文學之士嘉其推步詳密，法理之士明其分數精比，意思之士知其沈深篤固，文章之士愛其著論屬辭，制度之士貴其化略較要，策謀之士贊其明思通微，凡此諸論，皆取適己所長而舉其支流者也。臣數聽其清談，覽其篤論，漸漬歷年，服膺彌久，實為朝廷奇其器量。以為若此人者，宜輔翼機事，納謀幃幄，當與國道俱隆，非世俗所常有也。惟陛下垂優游之聽，使邵承清閒之歡，得自盡於前，則德音上通，輝耀日新矣。〔註21〕

從夏侯惠對於劉邵的品評，可見其個性篤思，做事詳密，值得信賴，更特別的是夏侯惠認為各方之士，皆能從劉邵身上取得佳勝而有所裨益，並在文中提到「取適己所長而舉其支流者」，以及對於朝中大臣「性實之士」、「清靜之士」、「文學之士」、「法理之士」、「意思之士」、「文章之士」、「制度之士」、「策

〔註19〕西晉·陳壽撰：《魏書·王衛二劉傳傳》，《三國志》（臺北：鼎文書局，1980年，據宋紹興本影印），卷21，頁618。
〔註20〕西晉·陳壽撰：《三國志·魏書·王衛二劉傳傳》，卷21，頁618～619。
〔註21〕西晉·陳壽撰：《三國志·魏書·王衛二劉傳傳》，卷21，頁619。

謀之士」等的分類，都可見人物品鑑的雛形，〔註22〕夏侯惠對此特於人物有精入釐析的有為之士，加以大力的讚揚推薦，可見劉劭深具政事之能，故其後朝廷便徵召他作都官考課，也成了《人物志》完成前一個很重要的經驗累積。

　　魏初的考課法之實際意義即是「配合『用人為才』政策，以擴大選拔人才之範圍者。」〔註23〕故不難推知魏初年間，從德行轉重才性的人物品鑑，更加著重在實用性的觀點上。劉劭曾上疏云：

　　　　百官考課，王政之大較，然而歷代弗務，是以治典闕而未補，能否混而相蒙。陛下以上聖之宏略，愍王綱之弛頹，神慮內鑒，明詔外發。臣奉恩曠然，得以啟矇，輒作都官考課七十二條，又作說略一篇。臣學寡識淺，誠不足以宣暢聖旨，著定典制。〔註24〕

透過劉劭的上疏，可見都官考課工程浩大，也是一件時代創舉，歷代弗務之事，劉劭為選拔人才，開啟了新的一頁，查訪官職，制訂典制，只為讓人才適得其所，只可惜「會明帝崩，不施行。」〔註25〕又有重臣反對，〔註26〕都官考課最終難以發揮其作用。據江建俊云：

　　　　劉劭《人物志》之作，或在《都官考課法》不克施行之後〔註27〕，

　　　　用以論官人之法，而兩者實相輔而行。〔註28〕

《人物志》的創作承接其後，在整個時代氛圍下，人才的議題成為政權關注的焦點，擁有能人志士成了稱霸天下的基本條件，故處求才若渴的時代，促發了劉劭《人物志》的成書。

貳、從「體別」、「材能」、「接識」到「流業」、「利害」的品鑑思維

　　《人物志》中展現出的品鑑文化特質，可分成三個面向分別查核，其一

〔註22〕 王曉毅在〈《人物志》成書、版本及學術價值〉（《書目季刊》1995年第2期，頁13～20）中，提出推論，認為夏侯惠在推荐劉劭的上奏中，所反映的人材思想與《人物志》中提及的概念相似，可能是受劉劭影響。

〔註23〕 江建俊：《漢末人倫鑒識之總理則——劉劭人物志研究》（臺北：文史哲出版社，1983年），頁22。

〔註24〕 西晉·陳壽撰：《三國志·魏書·王衛二劉傳》，卷21，頁619～620。

〔註25〕 西晉·陳壽撰：《三國志·魏書·王衛二劉傳》，卷21，頁620。

〔註26〕 當時杜恕、傅嘏、崔林皆反對都官考課的施行。

〔註27〕 劉劭本傳云：「會明帝崩，不施行。」且司馬氏權力興起，朝廷擁馬氏者，強調人治，隱斥劉劭為崇法之論，而難以施行。

〔註28〕 江建俊：《漢末人倫鑒識之總理則——劉劭人物志研究》，頁29。

為知人用人的系統化原則，其次為能君總眾材的兼才與偏材之異同，最後針對各式材性，找出其比較有利之處，予以量能授官，三者關注的角度不盡相同，然細論之，卻又環環相扣，其中將三者緊繫一起的核心便是唯才是舉的實用思維，進而推導出劉劭筆下擇用人才的原理原則。由於第一部分涉及品鑑系統，包含了九徵、八觀、七謬等觀人的運作模式，是品鑑文化的操作精髓，故另立一節詳論之。於此，從《人物志》中的品鑑思維著眼，透過劉劭的系統梳理，藉由「能君總眾材」與「量能授官」的面向，尋出《人物志》中「用人唯才」之觀念的應用軌跡。

首先，在「能君總眾材」的兼才與偏材問題上，劉劭先區分了君臣之間的級別差距，從辨別人才的實際效用來看，才性的識別，成了最重要客觀的問題，在《人物志・接識》中，特別加以演繹，茲根據《人物志》的思想核心，整合出此表：

表一　〈接識〉中的材性釐析

材性與識鑒	識鑒結果		
偏材（一種才能者）	互相非駁，莫肯相是	同材	接詣而相得
		異材	歷久而不知
偏材（兩種才能以上者）	能識二流之美		
總眾材（三種才能以上者）	能兼達眾材，與國體同		

在偏材之中，劉劭又細分成只有一種才能及兼有兩種才能，以及具有三種才能的國體之人，〔註29〕在觀人的問題上，不同的才性特質，便有不同的應對方式，劉劭特別將之著書立說，著眼於實用的思維，去評量觀人方法的效用性，並以此解釋官場上，朋黨林立的原因。有的是惺惺相惜的相知，有的則是臭味相投的親近，臣子與臣子間，有共同的材性，才有互相欣賞的可能，故一個人擁有的材性越多，越能擔任領導，以統御屬下完成工作。至於，一位聖賢明君，就更須認知品鑑的運作方法，進而能於官人上，找到最高成效，由兼才與偏材的角度，可以看出劉劭君臣觀與人才觀的相互配合，以及其置之行政上的實用目的，藉由識鑑人才優劣，以求任賢使能而安邦定國。

一個優秀的領導者，要對各有偏材的臣子有所認知，自然需要評判各式

〔註29〕夫國體之人，兼有三材：一以論道德，二以論法制，三以論策術，是臣子中能力最高者。

才性的優劣得失，以求取長去短，並循名責實，以〈接識〉所區分的八種人才來看，可知其品鑑標準是依據君王用人的角度出發，以效能高低為核心，給予實用性的評斷。

從「衡量標準」觀察，正直、分數、思謨、辨護、原意、邀功、伺察、辨析等八種特質，其實也正說明了八種不同面向的事功之才，並且清楚呈現了政治上百官分工的偏材分配，從其優劣之分，可呼應前段「同才相得，異才不知」的識人偏謬，由劉卲對此之提出，更可見其希冀君主能統御諸才，安置得宜，讓行政效率達到最高，若將〈接識〉之八種人才與〈材能〉中的偏材之分加以結合對應，更能知人甚清、用人甚明，在用捨之際，有一番正確的利害衡量，也更具備通盤的視野去觀照人才的優劣，能客觀評判人物屬性與特質，故《人物志》中偏材與總眾材者的觀照，即是實用精神的興盛。今透過下表的梳理，呈現兩者其間的脈絡與關係：

表二 〈接識〉與〈材能〉的品鑑對應

材能之分	偏材、兼材（臣子）								君　王		
	以能行為能			以能言為能		以自任為能			以能賞罰為能	以能聽為能	以用人為能
偏材之人	術謀	伎倆	法制	智意	臧否	言語	清節	器能			
衡量標準	思謨	邀功	分數	原意	伺察	辨析	正直	辨護			
得	成策略之奇	識進趣之功	識較方直之量	識韜諝之權	識訶砭之明	識捷給之惠	識性行之常	識其方略之規			
失	不識遵法之良	不通道德之化	不貴變化之術	不貴法教之常	不暢偶儻之異	不知含章之美	疑法術之詭	不知制度之原			

由表可知，君主與臣子在劉卲的品鑑實踐中，可說是兩個截然不同的系統，他以「君君、臣臣、父父、子子」的儒家觀點出發，雜以循名責實的視角，使得他在「中庸之德」、「君主」之外，以材性為依據，分析人才的優劣得失，樹立統治者的威勢，因此，「用人」之準則，在《人物志》中，有著舉足輕重的影響力。

　　下表為〈體別〉中材性與實用性的相互對應，藉由才性類型的區別，配合著可以發展的方向，成為君主在用人之際，參考之準繩，如林秀富指出〈體別〉中的人才分類觀點：

> 以「中庸」來校正偏材的或拘或抗是無用的，對待偏材，絕不是去
> 改變他的短處，而是要充份發展他的偏至材質。〔註30〕

按所言呼應了《人物志》中實用的精神，除了「中庸」之外，不管是何種材性的人材，都有優劣得失，若能任用得所，將有助於國政的發展，並增加朝政的競爭力。下表整合了〈體別〉精神，探究其識鑑優劣品類：

表三　〈體別〉的識鑑優劣品類

材　性	類　型	優　長	缺　短	實用觀
剛	樸露徑盡	質在中誠	不微	可與讚善，難與矯違
	休動磊落	業在攀躋	疏越	可以進趨，難與持後
	普博周給	弘在覆裕	溷濁	可以撫眾，難與厲俗
	強楷堅勁	用在楨幹	專固	可以持正，難與附眾
	雄悍傑健	任在膽烈	多忌	可與涉難，難與居約
	厲直剛毅	材在矯正	激訐	可以立法，難以入微
平淡	中庸之德	能威能懷，能辨能訥；變化無方，以達為節。		君主、聖人
柔	柔順安恕	每在寬容	少決	可與循常，難與權疑
	精良畏慎	善在恭謹	多疑	可與保全，難與立節
	論辨理繹	能在釋結	流宕	可與汎序，難與立約
	清介廉潔	節在儉固	拘局	可與守節，難以變通
	沉靜機密	精在玄微	遲緩	可與深慮，難與捷速
	多智韜情	權在譎略	依違	可與立信，難以消息

　　由人才有優缺，截長補短，判定其實用的準則，將更為客觀理性，效能也因而提升，一位賢明的君主，審視與任用臣子之際，必須認知到偏材之人所難以做到的任務，謹慎小心的評估用人的風險，加之以人才優缺之間的機會成本考量，這種以追求最高成效為目的之識鑑方式，是植基於東漢末年的人倫鑒識基礎上，及曹魏政權「唯才是舉」的政策上，於劉邵的《人物志》裡，有脈絡地賦予人物品鑑進入決策的核心。

　　其次，若從「量能授官」的面向思考，《人物志》更進一步地將官職的特

〔註30〕　林秀富：〈《人物志》偏材試析〉，《蘭陽學報》，2011年，頁100。

性與人才結合起來，〈材能〉載：「或曰：『人材有能大而不能小，猶函牛之鼎不可以烹雞。』愚以為此非名也。」可知才能的多寡並非人才擇用的關鍵，如何安排而各得其所才是重點，蓋人材各有所宜，說明了才能與官職間最重要的原則便是「宜」與「不宜」，因此，劉卲於〈流業〉、〈材能〉與〈利害〉中，都分別論及才性、流業、官職與實用的關連性，以下列舉將〈流業〉與〈材能〉結合之圖表，並加以比較：

表四 〈流業〉與〈材能〉的品鑑對應

官人基本原則	材性	流業		實用	材能	任官之職		為國政令	優點	缺點
人材不同，能各有異	其他	驍雄		膽力絕眾，材略過人	威猛	將帥之任		嚴厲之政	宜於討亂	治善則暴
		口辨	（讜讓）	辯不入道，而應對資給	行事	行人之任	（司寇之佐）	督責之政	宜於治煩	治易則無易
		儒學				安民之任				
		文學				國史之任				
				能傳聖人之業						
				能屬文著述						
	兼三才而不純備	器能		其德足以率一國，其法足以正鄉邑，其術足以權事宜		冢宰之佐				
	兼有三材	國體		其德足以屬風俗，其法足以正天下，其術足以謀廟勝		三公之任				
	術	智意		不能創制垂則，而能遭變權，權智有餘，公正不足	人事	冢宰之佐		諧合之政	宜於治新	治舊則虛
		術家		思通道化，策謀奇妙	計策	三孤之任		變化之政	宜於治難	治平則無奇

法	伎俩	不能創思遠圖，而能受一官之任，錯意施巧	權奇	司空之任	藝事之政	宜於治富	治貧則勞而下困
	法家	建法立制，彊國富人	立法	司寇之任	公正之政	宜於治侈	治弊則殘
德	臧否	不能弘恕，好尚譏訶，分別是非	司察	師氏之佐	刻削之政	宜於糾姦	治小則迂
	清節家	德行高妙，容止可法	自任	師氏之任（冢宰之任〔註31〕）	矯直之政	宜於統大	

　　從材性、材能延伸至流業的類別，分類上雖稍有不同，但基本精神卻是一致。〈流業〉篇主要將清節家、法家與術家作為審視人才的三大核心，再加以拓展；兼有這三種質性，且都完備者，是為國體，足以治理朝廷政務；僅兼有這三者具體而微的質性者，是為器能，足以治理地方事務。至於臧否、伎俩、智意，則是僅有這三者的部分質性，各成支流。以上八業都是從清節家、法家、術家延伸出來，皆是可以分擔重任的幹才。另還有擅長書寫的文章、傳授孔子學術的儒學、富有口才的口辯，以及具有膽量勇力的驍雄，共十二種適合擔任官吏的材質，辨析其適合的職務，由此可見其任官與實際為政之實用目的。

　　材能與流業的關連，涉及處事態度的優缺，進而影響任官與實際為政的作用，凸顯出《人物志》中品鑑觀點，已徹底脫離儒家的道德規範，著眼於材性與實用的官人術發展。在上述表格中，特別連結了各式才能與職任的不同面向，〈材能〉言：「材能既殊，任政亦異。」清楚的說明了識人系統的運作原則，有立法之能者，自能富國強兵，行公正之治，然若時局不佳，治弊則殘；有威猛之能者，自能帶領三軍，馳騁沙場，然則武將之缺失，就在於容易衝動剛暴，統治者可以多加權衡。君主若能對人才仔細觀察，對任用時機巧妙選擇，於不同材性的優劣留意，則品鑑的機制，就可以產生經世濟國之效，一旦任人得宜、唯才是舉，那麼安邦定國也就指日可待了。

　　最後，再從〈利害〉提及的才性區分，我們可以發現劉卲對於法、術、德

〔註31〕在〈流業〉中清節之材的授官為「師氏之任」，〈材能〉卻言「冢宰之任」，細觀前後文，冢宰乃天官之職，總御百官，應為具有三材的器能為宜，師氏掌道理，教學子，清節之材較適任之，因而此處應改為「師氏之任」。

三種材性引申下的流業做更精細之區分，並深入分析窮時與達時的情況，其目的是藉由窮時與達時的表徵，給予品鑑文化系統更精細的材料去檢索人才的特質。

表五 〈利害〉中的品鑑利弊影響

材性	伎　倆	臧　否	智　意	術　家	法　家	清　節
窮時	為眾人之所異	為眾人之所識	為眾人之所容	為眾人之所不識	為眾人之所忌	為眾人之所進
達時	為官司之所任	為眾人之所稱	為寵愛之所嘉	為明主之所珍	為上下之所憚	為上下之所敬
優點	其功足以理煩紏邪	其功足以變察是非	其功足以讚明計慮	其功足以運籌通變	其功足以立法成治	其功足以激濁揚清，師範僚友。其為業也，無弊而常顯
缺點	其蔽也，民勞而下困	為詆訶之所怨	其蔽也，知進而不退，或離正以自全	其退也，藏於隱微	為群枉之所讎。有敝而不常用，故功大而不終	

　　將窮時與達時區分出來，這與《後漢書・許劭列傳》記載，劉卲曾評曹操「君清平之姦賊，亂世之英雄。」〔註32〕有異曲同工之妙，人性何其複雜，不同的時間點、不同的環境，所需求的人才便大不相同，故任官用人，具有機動性，才能應付現實生活的種種挑戰，倘若缺乏真實社會情境的考量，恐不負淪為紙上談兵，故在《人物志》中，作者特別提出了窮達之分，在窮時可讓國君分辨材性與任用的適切，在達時可讓國君重新思索或了解此項偏材的局限，唯清節之材，劉卲並無註記任何缺點，其餘材性論述優缺互見，加入時機的考察，更可讓品鑑的行事效率提高，如此，益加展現《人物志》中實用性識鑑上的體現。

〔註32〕劉宋・范曄撰，唐・李賢等注，楊家駱編：《後漢書・許劭傳》，頁2234。

參、從「九徵」、「體別」到「八觀」、「七繆」之品鑑系統

三國之際，群雄爭強，無不想納天下之英才而為己用，劉劭著眼時政，著書立說，以《人物志》作為曹魏政權品列人才之依歸，從現代的眼光視之，可謂人事行政的指導法則，故系統化的品鑑視角，是劉劭《人物志》品鑑人才之原則技巧。前談到劉劭對於才性與任官上的實用觀點，以下將從其觀人之法談起，說明劉劭《人物志》中觀人的方式與識鑑結果，文中將之分為體相與體材的兩種方式相輔相成，並羅列八觀要領，供行政官員在操作上，能依境推果，得出正確的人才觀測數據，以作為量能授官之依憑，此八種觀測法，以洞澈內在本質為特色，展現了人物特質理論的概念，如楊國樞指出：「在建構其才性理論過程中，劉劭顯然有一種將人及其性格加以工具化的傾向。」〔註33〕由是在八觀的論述中，更可見其分析人物特質與工具化的現象，下表梳理八觀的情境與識鑑結果，探究其理念脈絡：

表六　〈八觀〉中的品鑑隱微

八　觀	情　境	鑑識結果
第一觀：觀其奪救，以明間雜。	惡情奪正	慈而不仁
		仁而不恤
		厲而不剛
	善情救惡	玄
		疾惡無害
		取人不貪
第二觀：觀其感變，以審常度。	不伐其能	有餘
	論顯揚正	白
	經緯玄白	通
	測之益深	實
	先識未然	聖
	追思玄事	叡
	見事過人	明
	以明為晦	智

〔註33〕楊國樞：〈劉劭的人格理論及其詮釋〉，輯入黃應貴主編：《人觀、意義與社會》（臺北：中央研究院民族學研究所，1993 年），頁 166。

	微忽必識	玄
	美妙不昧	疏
	移易無正	雜
	假合炫耀	虛
	不善言應	玄
	自見其美	不足
第三觀：觀其志質，以知其名。	骨質氣清	休名生焉
	氣清力勁	烈名生焉
	勁智精理	能名生焉
	智直彊愨	任名生焉
	集于端質	令德濟焉
	加之學	文理灼焉
第四觀：觀其所由，以辨依似。	直而能溫者 道而能節者	德（通）也
	通而時過者 直而好訐者	偏也
	宕而不節者 訐而不直者	依也（似是而非的例子）
第五觀：觀其愛敬，以知通塞。	愛—《樂經》—情親意厚—深而感物	通達
	敬—《禮經》—嚴而相離—其勢難久	閉塞
第六觀：觀其情機，以辨恕惑。	杼其所欲則喜	烈士樂奮力之功
		善士樂督政之訓
		能士樂治亂之事
		術士樂計策之謀
		辯士樂陵訊之辭
		貪者樂貨財之積
		幸者樂權勢之尤
	不杼其所能則怨	功力不建則烈士奮
		德行不訓則正人哀
		政亂不治則能者歎
		敵能未彊則術人思

		貨財不積則貪者憂
		權勢不尤則幸者悲
	以自代歷則惡	自伐歷之則惡
	以謙損下則悅	以謙下之則悅
	犯其所乏則媚	駁其所乏則媚
	以惡犯媚則妒	以惡犯媚則妒惡生
第七觀：觀其所短，以知所長。	直之失也訐	訐也者，直之徵
	剛之失也厲	厲也者，剛之徵
	和之失也懦	懦也者，和之徵
	介之失也拘	拘也者，介之徵
第八觀：觀其聰明，以知所達。	守業勤學	未必及材
	材藝精巧	未必及理
	理義辨給	未必及智
	智能經事	未必及道
	道思玄遠	然後乃周

　　八種方法都是觀察人才的切入方向，有的從其外表觀其感變、有的從其性格觀其志質、有的從其作為觀其奪救、有的從其情意觀其愛敬，可知其識鑑面向之多元與深入，又從其情境與結果的細膩分析，可知劉卲考量所有可能的品評狀況，力圖建立一套公正客觀的遵循標準，所以言之亦細、衡量亦深，八觀在名目上雖只列舉八種觀法，但實際上已涵蓋了各式的相人角度，可謂一個嚴謹的徵質審器制度。

　　在八觀的綱領之下，大致可區分成「體相」與「體材」，作為細部辨別人才的方法，底下將以兩者為脈絡，分開論述，更細膩地開展劉卲的相人方式，越是明確客觀，越足以落實在政治用人的運作之上。以體相者言之，〈九徵〉中記錄了體相與體別之對應，只要藉由相體的形器觀察，即可徵質得神，由外至內，深入了解人物的形貌與心性之關連。

表七　〈九徵〉中體相與體別的對應

體相	神	精	筋	骨	氣	色	儀	容	言
體別	平陂之質	明暗之實	勇怯之勢	彊弱之植	躁靜之決	慘懌之情	衰正之形	態度之動	緩急之狀

　　由審器進而徵質的過程中，劉劭更以五行、五體、五常三者相合，使得人才的識鑑更趨詳實，因此，特質、儀容、德行與偏失的發展脈絡，是承襲著五行、五相、五常而至，在主要原則下，更細膩地去描述人才的舉手投足，以為明主作縝密的才氣剖析。

表八　〈九徵〉中人材品鑑分類

五行	木	金	火	土	水
五體	骨	筋	氣	肌	血
五常	仁	禮	信	義	智
徵神	骨植而柔	筋勁而精	氣清而朗	體端而實	色平而暢
特質	弘毅	勇敢	文理	貞固	通微
儀容	溫柔之色	矜奮之色	其儀安閒	其儀勁固	明達之色
德行	溫直而擾毅	剛塞而弘毅	簡暢而明砭	寬栗而柔立	願恭而理敬
偏失	直而不柔則木	勁而不精則力	氣而不清則越	固而不端則愚	暢而不平則蕩

　　體相之後，便是體材，在〈體別〉中，劉劭特別列出三種才性歸屬，並在大軸心以下，作類型的分判，其中優點、缺點與實用觀的建立，說明了識人角度與人事行政緊密結合的痕跡，故其雖以儒家中庸之德，為最高之質，然劉劭著墨之點，反而更重於才之性的探討，因為一般在朝堂之上的臣子，多屬偏材，誠所謂「楂梨橘柚，各有其美」，如何識才辨能，更顯重要，故論者將核心聚焦在偏材之上，便是希冀能為君王在人才擇用上，創發一套適用之標準，所以說《人物志》系統化的人才評鑑，亦將曹操唯才是用、由德轉才的識鑒方法，予以推波助瀾。若能掌握不同人材的優劣特點，實用於朝堂政事，更能得心應手，如楊國樞云：「劉劭確實是客觀理性的在思考與對待偏材的特質。」〔註34〕故下表釐析人物的材性，並加以歸納分析：

表九　〈體別〉中的品鑑實質

材性	剛抗					平淡	柔拘				
類型	樸露徑盡	休動磊落	普博周給	強楷堅勁	雄悍傑健	中庸之德	柔順安恕	精良畏慎	論辨理繹	清介廉潔	沉靜機密	多智韜情

〔註34〕林秀富：〈《人物志》偏材試析〉，《蘭陽學報》，2011 年，頁 100。

	質在中誠	業在攀躋	弘在覆裕	用在楨幹	任在膽烈	材在矯正	能威能懷，能辨能訥；變化無方，以達為節	美在寬容	善在恭謹	能在釋結	節在儉固	精在玄微	權在謀略
優點	質在中誠	業在攀躋	弘在覆裕	用在楨幹	任在膽烈	材在矯正	能威能懷，能辨能訥；變化無方，以達為節	美在寬容	善在恭謹	能在釋結	節在儉固	精在玄微	權在謀略
缺點	失在不微	失在疏越	失在溷濁	失在專固	失在多忌	失在激訐		失在少決	失在多疑	失在流宕	失在拘扃	失在遲緩	失在依違
實用觀	可與讚善，難與矯違	可以進趨，難與持後	可以撫眾，難與厲俗	可以持正，難與附眾	可與涉難，難與居約	可以立法，難以入微	君主、聖人	可與循常，難與權疑	可與保全，難與立節	可與汎序，難與立約	可與守節，難以變通	可與深慮，難與捷速	可與立信，難以消息

　　最後，劉卲以〈七繆〉一篇，說明誤差在人才審核上存在的必然性，「測量時常會伴隨著誤差的產生，不論是對事物的直接測量，或是對個體心理特質的間接測量，都會有誤差的存在。」〔註35〕所以，劉卲立出了七種的謬誤，以作為相人時的監測、控管，可視為識鑑系統中，後設認知的一環。

表十　〈七繆〉中的品鑑辨析

七　繆	差　跌	質　正
1. 察譽有偏頗之繆	人以為是，則心隨而之	正直之交：誠能三周，為國所利
	人以為非，則意轉而化	
	愛憎兼之，其情萬原	
2. 接物有愛惡之惑	愛善疾惡，人情所常；苟不明質，或疏善善非	善非者，雖非猶有所是；善人雖善，猶有所乏
3. 度心有大小之誤	心大志小者，傲蕩之類	質欲懕重→崇德宇
		志欲弘大→戡物任
	心小志小者，拘懦之人	
		心欲嗛小→慎咎悔

〔註35〕凃金堂：《教育測驗與評量》（臺北：三民書局，2009 年 2 月），頁 176。

4. 品質有早晚之疑	眾人之察，不慮其變	早智速成者	惠而見速
		晚智而晚成者	晚成
		少有令材遂為雋器者	終暗
		少無智而終無所成者	遂務
5. 變類有同體之嫌	性同而材傾，則相援而相賴也	親愛同體而譽之	眾人之察，辨其律理
		憎惡對反而毀之	
		序異雜而不尚	
6. 論材有申壓之詭	上材之人，達有勞謙之稱，窮有著明之節		鈞材而進，有與之者，則體益而茂遂；私理卑抑，有累之者，則微降而稍退
	中材之人，見贍者求可稱而譽之，見援者闇小美而大之		
	處貧賤則欲施而無財，欲援而無勢，怨望者並至，歸非者日多		
7. 觀奇有二尤之失	尤妙之人，含精於內，外無飾姿；尤虛之人，碩言瑰姿，內實乖反	以貌少為不足	以順次為常度，以精微測其玄機，明異希
		以瑰姿為巨偉	
		以直露為虛華	
		以巧飾為真實	

　　劉邵列出識鑒的七種差失之處，並列舉質正方向，並能針對識人的誤差控管，這與先秦時神秘思維的命理探討不同，用之於現代亦十分理性、客觀。

　　由上論述，可知《人物志》一書從「九徵」、「體別」到「八觀」、「七繆」之相人系統，可謂極為縝密，以下以圖示說明其品鑑人才的模式：

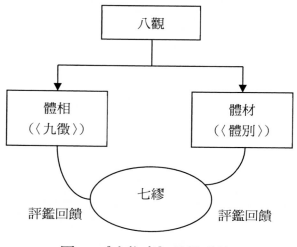

圖一　《人物志》品鑑系統

肆、《人物志》中「品鑑」的實用體現

　　《人物志・七謬》載：「然徵質不明者，信耳而不敢信目。」可知「徵質」者，乃識鑒之本，徵其陰陽氣數、五物之象，雖體器萬殊，亦可審之，故「徵質審器」乃為劉卲識鑒系統之精義。然而，「徵質」何謂耶？從《人物志》可發現言及「質」字者次數為最，如〈九徵〉：「觀人察質，必先察其平淡，而後求其聰明。」、「若量其材質，稽諸五物。」、〈體別〉：「中庸之德，其質無名。」、「樸露徑盡，質在中誠。」、〈八觀〉：「不仁之質勝，則伎力為害器。」、「至質相發，而令名生矣。」、〈七謬〉：「徵質不明者，信耳而不敢信目。」可知，徵質其實是透過外表的識鑑推求本源的真實，「『質、性、形』三者連貫而一之，則人之情性可得而明。」〔註36〕藉由系統化的神、筋、骨、氣、色、儀、容、言等形貌容姿等特徵，來識鑑人的本性與才能，並將之在「品鑑」區分下，歸類於不同的材質，田文棠《魏晉三大思潮論稿》論及劉卲《人物志》時言：

> 人的精神活動正是人的形質所發生的一種必然功用，是先有人的性質、形體，而後有人的情變、精神，情變依乎性質，精神依乎形體，反過來通過情變與精神的種種外在表現，又可以看出一個人的內在性質與形體的優劣。如果人們弄通了兩者之間相依相成的統一關係，即是窮理盡性。〔註37〕

可以看出「質、性、形」三者相互串連的「徵質」內涵，其概念是從外形窮究至情性本體，江建俊云：「從尋求人物之本的質氣，覽其清濁，察其所至之質的多寡，則可推斷其人之得失。」〔註38〕故可知「徵質」乃一溯源究本的品鑑觀點，然這樣的思維其實從王充的〈骨相〉即產生，王充是「材質主義下之人事的命定主義」〔註39〕者，〈骨相〉篇：「人命稟於天，則有表候於體。」〔註40〕表候者，乃指骨法，透過骨相的差異看出人的天性運道，以實踐其體相的材質觀點，又曰：「案骨節之法，察皮膚之理，以審人之性命，無不應

〔註36〕蔡仁厚：《中國哲學史》（臺北：臺灣學生書局，2009年），頁379。

〔註37〕田文棠：《魏晉三大思潮論稿》（西安：陝西人民出版社，1988年12月），頁77～86。

〔註38〕江建俊：〈「先玄學」──由劉卲「徵質」到王弼的「崇本」〉（收自江建俊：《于有非有，于無非無──魏晉思想文化綜論》，臺北：新文豐出版公司，2009年8月），頁112。

〔註39〕牟宗三：《才性與玄理》（臺北：臺灣學生書局，1993年2月），頁39。

〔註40〕東漢・王充：《論衡・骨相》，收錄自林慶彰主編：《民國時期哲學思想叢書》，頁43。

者。」〔註41〕此與《人物志・九徵》:「凡有血氣者,莫不含元一以為質,稟陰陽以立性,體五行而著形。」、「雖體變無窮,猶依乎五質。」有著異曲同工之妙,兩者皆肯定了人的外在表現與其本質特性的相連結,故由其相可徵其質,而質則為人生命之氣,代表了稟賦與才能,牟宗三稱其「用之於人性,則為氣性,才質之性;用之於人事,則為操行清濁,富貴貧賤,才不才,智與愚,壽與夭等人事的命定。」〔註42〕由此可見漢末「徵質」的精神與發展成因對品鑑意象的影響。

從上述論及《人物志》的「徵質」運作思維可知,劉劭藉由外觀之「形」以知內在之「質」,由陰陽定剛柔,立性以為所用,此乃《人物志》所持之的探究方法,於是「品評人物,每每亦斷其成就大小,甚至涉至政治之成敗問題。」〔註43〕而具有實用的心理內涵,以「量能授官」為最高評價準則。劉劭論旨總不脫知人善任,治平之要的核心思維,以材性識鑒之不同來分判流業之適任,由〈材能〉所言可知:「材能既殊,任政亦異。」以政治為依歸,乃是《人物志》品鑑文化系統的首要宗旨,故能將實在整合進了意識的能動過程中,〔註44〕在不離政治人事的名實觀念下,建立一個制度化的官人之法,所以「察人自重考績」〔註45〕、「按之事功,則真相顯」〔註46〕成了他「察人物彰其用」〔註47〕的核心根本,加之以當時「用人唯才」的政策背景,特重循名責實,如徐幹《中論》即云:「名者所以名實也,實立而名從之,非名立而實從之也。」〔註48〕可知實立於名之先更為時代所推重,劉劭《人物志》也在當時思潮激盪下,而有檢形定名、量材任官之實用觀點。不只是《人物志》保留了當時實用思維的觀人痕跡,在跨越漢末到魏晉的《世說新語》中,也找得到「實用」觀點的品核方式:

謝子微見許子將兄弟,曰:「平輿之淵,有二龍焉。」見許子政弱冠

〔註41〕東漢・王充:《論衡・骨相》,收錄自林慶彰主編:《民國時期哲學思想叢書》,頁45。
〔註42〕牟宗三:《才性與玄理》,頁39。
〔註43〕勞思光:《新編中國哲學史》(臺北:三民書局,1981年1月),頁149。
〔註44〕〔法〕愛彌爾・塗爾幹著,渠東譯:《實用主義與社會學》(上海:上海人民出版社,2000年9月),頁68。
〔註45〕湯用彤:《魏晉玄學論稿及其它》,頁11。
〔註46〕湯用彤:《魏晉玄學論稿及其它》,頁11。
〔註47〕湯用彤:《魏晉玄學論稿及其它》,頁11。
〔註48〕蕭登福編:《新編中論》(臺北:臺灣古籍出版社,2000年),頁365。

之時，歎曰：「若許子政者，有干國之器。正色忠謇，則陳仲舉之匹；伐惡退不肖，范孟博之風。」

車胤父作南平郡功曹，太守王胡之避司馬無忌之難，置郡於酆陰。是時胤十餘歲，胡之每出，嘗於籬中見而異焉。謂胤父曰：「此兒當致高名。」後游集，恆命之。胤長，又為桓宣武所知。清通於多士之世，官至選曹尚書。

王大將軍與丞相書，稱楊朗曰：「世彥識器理政，才隱明斷。既為國器，且是楊侯淮之子。位望殊為陵遲，卿亦足與之處。」

祖士少見衛君長云：「此人有旄杖下形。」

以上四則都重「量材授官」，從第一則「干國之器」的說法，其實就呼應了《人物志・流業》中，對「器能」的描述：「其德足以率一國，其法足以正鄉邑，其術足以權事宜。」故可為「冢宰之任」如此說明了漢末徵質審器，並且以才視人的取法準則；第二則來看，其「籬中見而異焉」是因為「此兒當致高名」而這名者，就與文末特別提及的「官至選曹尚書」有關連性，可見材性與官位的官人之法，深入人心；第三則也同於第二則，以「識器理政」、「國器」來區辨人才的優劣，於《人物志》中大致也可歸類於三公、冢宰之任以判其材性，此皆循名責實的政治任官目的；第四則，旄者指的是古代用犛牛尾裝飾的旗子，是出征時先驅騎兵所持的旗子，故以「旄杖下形」喻指掌握兵權，從此則可知品鑑人的核心是由觀其形而得其質，而具有大將之氣乃是視角上偏向實用的人事概念。

「用人唯才」的品鑑文化思維，改變了觀者與被觀者之間的關係網絡，三國時期，君主以尋覓人才為優先，入朝為官者，成了才幹與地位的象徵，於是「品鑑」在皇權的導向下，上行下效形成了一套完整的官人系統，品階的高低，也就是識鑑結果的品評差異，羅中峰指出：「行動場域的界限，往往在『社會導向』與『個人導向』兩極之間，彈性地游移調整。」〔註49〕品鑑的行動場域，也就是指其環境網絡，也可從社會導向與個人導向去作察視。曹氏皇權唯才是舉的政策方向，左右了觀人發展的立足之處，從東漢末年察舉，鄉論因而盛行視之，品評成為社會上極為重要的風尚，其中月旦評的流

〔註49〕羅中峰：《中國傳統文人審美生活方式之研究》（臺北：洪葉文化出版社，2001年1月），頁49。

行即是一例。在此風氣之下，識鑑人物對名聲的激揚、仕途的順遂起了一定作用，形成了魏初的品鑑之發展型態。加之以身處魏、蜀、吳三國鼎立的年代，各方面對勢力的消長無不兢兢業業，更加深品鑑成為左右國家興衰之關鍵，因此，各國君主無不致力於品鑑機制的建立，以制度化的方式，希冀透過社會環境網絡之運作規則，將品評人物串連、組構，使之具有相對的穩定性，以維持社會分工，於是人才網羅的品鑑系統，掌握於中央，更使觀人的環境風氣由德行趨向才性，使品評成為支配體系並使社會規律運轉的重要活動。由上可知，《人物志》所呈現的品鑑文化偏重於以政治作為生活的核心。

除此之外，《人物志》中觀人的視角，提出了個人特質與職業的相互呼應，從體別到流業，從「體五行而著形」到「十二材而各得其任」與師氏之任、司寇之任、司空之任等官職緊密相連，並從材性歸納出「善在恭謹，失在多疑」等任官上優缺得失，將人格特質融入官場文化中，給予如「可與保全，難與立節」等的關係模式，可以呼應羅中峰云：「積極投入社會生活的職業編製，追求權力、名利等世俗功業，並汲汲於鑽營向上社會流動的機會，則將促使行動者的生活方式，成為社會運行機制的有機環節。」〔註50〕此時代的士人為了追求向上流動的機會，進而促使識人、用人之法的興盛，故品鑑到了漢末、魏初，已成為制度化的管道，經由形質而探其官場上的職及相關網絡。

劉邵《人物志》從九徵、八觀與七謬等理念，歸納出人事行政的視角，試圖建立一套完善的授官任職系統，雖不免流於功利實用的現實導向，其脫離於主觀禍福預測吉凶之相術，進入到客觀的理論操作，實為一大躍進，從這些品鑑的點滴變化，可以就文化層面與社會層面去思考，並且重新反思在日新月異的現代社會，如何在人倫識鑑上照見人物之本質內涵，以期用人任官之稱職，使政績斐然。

第二節　桓範《世要論》、蔣濟《萬機論》、鍾會《才性四本論》、袁準《才性論》曹魏名臣品鑑書寫

在劉邵之後，正始年間的曹魏名臣，亦有許多關於人物品評的論述，時代的主題，總會帶給思想家或當政者回應與思謀改善的動力，因此，如何辨

〔註50〕羅中峰：《中國傳統文人審美生活方式之研究》，頁56。

別人才，並妥善分配職任，讓各個幹才都適得其所，成了這個時期的重要課題，自然而然，也引領上下進入品鑑議題的探索，在著作中表達自己的觀人思維。故在劉邵之後，亦有桓範的《世要論》、蔣濟的《萬機論》、鍾會的《才性四本論》、袁準的《才性論》等作品，內容中皆涉及人物品鑑的書寫。

壹、桓範《世要論》的品鑑書寫

　　桓範（？～249），字元則，沛國人，曹魏時期的名臣，《晉書》中載：「大司農桓範出赴爽，蔣濟言於帝曰：『智囊往矣。』」〔註51〕可見其有政治實才，當時既有「智囊」之稱，可知他於謀略與治理上頗有才幹，而身為一位優秀的政治人物，知人之明也是重點，故在《三國志·桓二陳徐衛盧傳》中載：

> 中領軍桓範薦宣曰：「臣聞帝王用人，度世授才，爭奪之時，以策略為先，分定之後，以忠義為首。故晉文行舅犯之計而賞雍季之言，高祖用陳平之智而託後於周勃也。竊見尚書徐宣，體忠厚之行，秉直亮之性；清雅特立，不拘世俗；確然難動，有社稷之節；歷位州郡，所在稱職。今僕射缺，宣行掌後事；腹心任重，莫宜宣者。」〔註52〕

從上文桓範向君王推薦人才所言，其品鑑人物的視角包含品德方面，如忠厚、直亮、清雅等，後又有針對能力的推薦，如「歷位州郡，所在稱職」的部分，可知處桓範的時代背景中，鑑賞能臣是重要的行政工作，他的《世要論》亦屬人臣學的論述，其中即包含了人物品賞的相關書寫。

　　在《世要論》中，提及了辨別人才的重要，蓋虞崇勝以管理的角度來看選才提及：「從行政管理上看，在中國古代，要發揮制度與法律的功能，關鍵在於選才任官。」〔註53〕可知選才任官在政治議題上，十分重要，陳壽亦指出：「夫帝王之君，歷代相踵，莫不慕霸王之任賢，惡亡國之失士。然猶授任凶愚，破亡相屬，其故何哉？由取人不求合道，而求合己也。」〔註54〕君王之所以會任用錯誤的人才，是因為「求合己」，僅僅為了合乎自己的心意，因而讓阿諛諂媚之徒，有了晉升機會，未能達到公正品評人物的要求。因此，

〔註51〕唐·房玄齡等撰，楊家駱編：《晉書·宣帝紀》（臺北：鼎文書局，1993年，據金陵書局本），頁17。
〔註52〕西晉·陳壽撰：《三國志·魏書·桓二陳徐衛盧傳》，卷22，頁646。
〔註53〕虞崇勝：《中國行政史》（臺北：高等教育出版社，1999年），頁8。
〔註54〕唐·趙蕤著、劉國建注譯：《長短經》（吉林：長春出版社，2001年），頁41。

桓範在《世要論》中寫出了許多觀人的要項：

第一，品鑑人物強調以才能為準，不需要求德行的完美。

> 夫商鞅、申、韓之徒，其能也，貴尚譎詐，務行苛克，廢禮義之教，
> 任刑名之數，不師古始，敗俗傷化，此則伊尹、周、邵之罪人也。
> 然其尊君卑臣，富國強兵，守法持術。有可取焉。逮至漢興，有甯
> 成、郅都之輩，放商、韓之治，專以殺伐，殘暴為能，順人主之意，
> 希旨而行，要時趨利，敢行禍敗，此又商、韓之罪人也。然其抑豪
> 強，撫孤弱。清己禁奸，背私立公，尚有可取焉。〔註55〕

文中認為世界上難有德行與才能兼具之人，若其人在能力上有可取之處，亦可以善用他，對於富國強兵將有所幫助，這樣的觀點與曹操唯才是舉的用人觀點可以相互呼應。

第二，品鑑人物應審慎考察，口耳相傳的名聲，難以作為審核人才的標準。據《世要論》又云：

> 至於晚世之所謂能者，乃犯公家之法，赴私門之勢，廢百姓之務，
> 趣人間之事，決煩理務，臨時苟辨，但使官無譴負之累，不省下民
> 籲嗟之冤，復是申韓、甯、郅之罪人也。而俗猶共言其能，執政者
> 選用不廢者，何也？為貴勢之所持，人間之士所稱，聽聲用名者眾，
> 察實審能者寡，故使能否之分不定也。

文中認為「聽聲用名者眾，察實審能者寡，故使能否之分不定也」，可知桓範在人物的品評上，強調循名核實，不再一味相信外在名聲，而能審慎思考與評估，帶出系統化與實用化的人物品鑑，因此桓範在《世要論》中提出了「九慮七恕」的方法。

九慮即指在品鑑人臣時，應該注意防範的九種行為，分別是「慮之以詐」、「慮之以虛」、「慮之以嫉」、「慮之以讒」、「慮之以奸」、「慮之以欺」、「慮之以偽」、「慮之以禍」、「慮之以佞」，這九種思慮方向，在於防止錯誤的品鑑結果影響政局。

至於七恕，指的是君王可以較寬容的對待個性耿直，願意直言勸諫的賢臣，文中提及了一些正面的特質，正是君王可以用來品鑑人物的面向，如「恕之以直」、「恕之以質」、「恕之以忠」、「恕之以公」、「恕之以貞」、「恕之以難」、「恕之以勁」。這七種應該寬恕的書寫，表現了桓範對於賢能臣子的品鑑面向，

〔註55〕唐・趙蕤著、劉國建注譯：《長短經》，頁41。

亦可見其人品評的邏輯性思維。

　　從《世要論》中，帶出了魏晉名臣對於朝政的擔憂，並點出用人適切與否，是朝廷安穩的關鍵，故在人物品評上較著重於辨別能臣與庸臣間的差異，提醒君王宜善待能臣，監督庸臣，用人得宜，才能讓政局的發展更為進步與和諧。

貳、蔣濟《萬機論》的品鑑書寫

　　蔣濟（？～249），字子通，是曹魏時期的名臣，蔣濟一生歷仕武帝曹操、文帝曹丕、明帝曹睿、齊王曹芳四朝，從他可以在曹魏四朝與政權相始終，可知其才能卓著、明察善辨，為政治上的老謀實幹，在《三國志·程郭董劉蔣劉傳》中記載，有人誣告蔣濟謀反，曹操說：「蔣濟寧有此事！有此事，吾為不知人也。此必愚民樂亂，妄引之耳。」〔註56〕從曹操的評論可知，他對蔣濟十分的信任。按唯才是舉的政治理念，將「識人」作為第一要務，卻願意以自己的「知人之明」作為蔣濟人格的保證，《三國志·程郭董劉蔣劉傳》中亦評曰：「蔣濟才策謀略，世之奇士，雖清治德業，殊於荀攸，而籌畫所料，是其倫也。」〔註57〕才策謀略都指其奇士的蔣濟，在品鑑人物上，也曾提出獨到的見解，在他著作的《萬機論》中，提及人物品評的原則與方式：

> 語曰：兩目不相為視。昔吳有二人，共評主者，一人曰好，一人曰醜。久之不決，二人各曰：「爾可求入吾目中則好醜分矣。」士有定形，二人察之，有得失，非苟相反，眼睛異耳。〔註58〕

從上文敘述提及人物品評的狀況，同樣的人物，卻有著不同的品鑑結果，一好一醜的評價甚至是對比相反的，由此彰顯了人物品鑑在客觀上，仍須訂出一套原則與方法，讓人有所遵循。故蔣濟以「目」為討論的核心，他認為人的形貌有定論，但觀察者的想法卻有差異，是因為「眼睛異耳」，這裡的眼睛之異，其實是代表著每個人的標準之「異」，因此若從輔佐君王、安邦定國的角度來尋覓人才，就必須建立一套務實的評鑑制度，從人的言語、行動仔細考核，循名責實，做出全面性的人物品評。

〔註56〕西晉·陳壽撰：《三國志·魏書·程郭董劉蔣劉傳》，卷14，頁450。
〔註57〕西晉·陳壽撰：《三國志·魏書·程郭董劉蔣劉傳》，卷14，頁462。
〔註58〕朱維錚、李國鈞：《傳世藏書》（海南：海南國際新聞出版中心，1995年），頁1555。

　　據《魏略》載：「範懷其所撰，欲以示濟，謂濟當虛心觀之。」〔註59〕桓範所懷的著作就是上一節提及的《世要論》，書中在人物品鑑上有所著墨，希冀藉由人才的辨別，幫助領導者在政治上更能運用與發揮。從《魏略》記載中看見了桓範想將《世要論》交給蔣濟閱讀，一方面，可知他對蔣濟能力的肯定，也代表著兩人對人物品鑑與政治關係的重疊，才有共讀切磋的必要；另一方面，亦可以觀察出曹魏名臣對於人物品評風氣的參與討論和推波助瀾。

參、鍾會《才性四本論》的品鑑書寫

　　關於鍾會（225～264）所著《才性四本論》，具體內容今多已不存在，但其對魏晉風氣的影響卻舉足輕重，劉大杰曾感嘆說：

> 《四本論》失傳是一件很可惜的事，我想它或者是一本比《人物志》還要好的書。到現在我們只知其綱，關於論辯才性的內容已無從窺其精義了。〔註60〕

按所述可見《四本論》在人物品鑑脈絡上的關鍵角色，而現今最清楚的記載，是在《世說新語・文學5》中言：「鍾會撰四本論，始畢，甚欲使嵇公一見。置懷中，既定，畏其難，懷不敢出，於戶外遙擲，便回急走。」此條劉孝標注引《魏志》曰：

> 會論才性同異傳於世。四本者：言才性同，才性異，才性合，才性離也。尚書傅嘏論同，中書令李豐論異，侍郎鍾會論合，屯騎校尉王廣論離。文多不載。

因《才性四本論》未留下當時實際書寫的文字，現在僅能就其大綱與精神去討論其中的人物品鑑精神。若從題目來看，「才性」之說，即可見其意義，陳寅恪先生言：「夫仁孝道德所謂性也，治國用兵之術所謂才也。」〔註61〕可見其對於才性的分別在於性者表品德，才者表能力，另那薇亦以道德釋性、能力釋才與陳寅恪論點相似，〔註62〕而《魏志》中所載的「四本」就是從才性

〔註59〕西晉・陳壽撰：《三國志・魏書・諸夏侯曹傳》，卷9，頁288。

〔註60〕劉大杰：《魏晉思想論》（臺北：里仁書局，1995年），頁193。

〔註61〕陳寅恪：〈書世說新語文學類鍾會撰四本論始畢條後〉，《金明館叢稿初編》（北京：三聯出版社，2001年），頁51。

〔註62〕那薇云：「才性四本的內容已不可考，但可尋流溯源，傅嘏、鍾會、王廣、李豐對品鑑人物、對選擇標準的看法、黨派歸屬，以及他們的道德品質和才能的優劣就包含著他們對才性的具體看法。」見許抗生、李中華、陳戰國、那薇：《魏晉玄學史・第二章第二節正始玄學概論》（西安：陝西師範

出發，區分同、異、合、離，可知《才性四本論》在討論的是才能與本性關係的變化。才與性的論述亦可以等於漢魏之際德與智的變遷，孔毅言：「智慧與智德的這種區別，在一定程度上會導致人們對二者關注和重視程度上的差異，至於偏向於關注和重視何者，則往往與當時的歷史背景有關。」〔註63〕因此，同、異、合、離的書寫，成了魏晉這個複雜的時代思想下，人才選拔的核心概念。

從《人物志》的背景敘述中，已看見漢末到魏初，歷經時代變革、政局動盪，各方君主惟才是用，傳統重視德行的薦舉制度，慢慢轉成重視才能，孔毅又言：「漢魏之際，從重智德到尚智慧的演變，對思想史的重大影響主要體現在時人對才性四本的討論上。」〔註64〕因此，才性四本的產生與討論的強度，在這樣的時代氛圍中，更為彰顯。

四本之說，大抵可以分成兩個概念，第一是才與性同，包含才性同、才性合；第二是才與性異，包含才性異、才性離。在才性的討論歷程中，《三國志》記載：「嘏常論才性同異，鍾會集而論之。」〔註65〕可知最早提出「才性同異」觀點的是傅嘏，後由鍾會輯之，傅嘏品鑑才能之高，可以連結「北地傅氏家族『品評人物』風氣」〔註66〕在時代與家族淵源之下，傅嘏關注到才與性的品鑑視角，人才的選用，是一種權力地位的交涉，唐長孺、陳寅恪、王仲犖、那薇、侯外廬等學者，均認為《才性四本論》與當時之政治環境有關，如唐長孺在〈魏晉才性論的政治意義〉云：

> 綜合上面所述，才性論所研究的問題為才與性的涵義以及操行與才能的關係。所以成為當日論題重心者是因為與實際的選擇制度有關，特別是與曹操的唯才是舉政策有關，所以魏晉間的才性論不是空談而是從實際政治出發又歸宿於實際政治的命題。其目的是為了鞏固新興的政權。〔註67〕

按所述可見人物才性的發展與時代政治背景密切相關，故「主張才性同的傅

大學出版社，1989 年）。

〔註63〕孔毅：〈智德、智能、才性四本——漢魏之際從重智德到尚智能的演變及影響〉，《重慶師範大學學報（哲學社會科學版）》，2010 年第 4 期，頁 36。

〔註64〕孔毅：〈智德、智能、才性四本——漢魏之際從重智德到尚智能的演變及影響〉，頁 41。

〔註65〕西晉・陳壽撰：《三國志・魏書・王衛二劉傅傳》，卷 21，頁 627。

〔註66〕安朝輝：〈漢魏之際名臣傅嘏述論〉，《西部學刊》，2019 年第 1 期，頁 90。

〔註67〕唐長孺：《魏晉南北朝史論叢》（北京：三聯書店，1955 年），頁 310。

嘏與主張才性合的鍾會屬司馬氏集團，代表世家大族，這種人遵循漢代以來選官重德的傳統。」〔註68〕可見才與性淵源的討論，並不只侷限於學理的論證，更關涉到權力分配的面向，主張才性同、合者，屬於傳統世族，延續的漢代傳統的德行品鑑思維，認為有德者即具備行政之才；相較之下，「論才性異的李豐與論才性離的王廣屬曹氏集團，代表普通士族。」〔註69〕李豐曾在曹魏時期官至中書令，其曹氏集團的屬性甚明，在《三國志‧武帝紀》曾記載：「夫有行之士未必能進取，進取之士未必能有行也。」〔註70〕曹操用人唯才是舉的政策，讓品鑑思維一改，故李豐與王廣提出以「才」為品鑑核心的概念，並不意外，才與性的異、離，正說明了道德與才能，並沒有互相連結，故選官以德的傳統識鑑模式，是否仍舊適切？或是篩選後的人才能否具備能力？成了執政者在選才上值得重新思考的重要議題。

除了德行與才能之分，才性四本論亦衍生出根源的討論，性者，亦可以與上一節劉卲《人物志》相結合，意指人天生的秉性或材質，每個人在相呼應的稟氣中，各發展所長，對應於適合的項目上。若從這個角度來分析四本論，「性」的概念被提到了最上層的本體，「才」為末節，由性而出，展現在才能之上，主張才性同、合者，像是傅嘏就曾評鍾會說：「子志大其量，而勳業難為也，可不慎哉！」〔註71〕從評論中可知，傅嘏認為「志」與「量」有著緊密的關係，當一個人「量」不及「志」時，其結果並不佳，故「勳業難為」，「志」可以與「才」連結，「量」則與「性」呼應，當才能大於本性的時候，人物想達成的功業，將有困難，從這段話也可知，傅嘏認為才由性出，本出同源；若從才性異、離的角度來看，邵小萌云：「每一個體人物，才能與本性並非必然對應，本性之才與廣學之才在從政時在不同時間、事件中分別發揮作用。」〔註72〕代表性與才的關係並非絕對呼應，在《世說新語‧文學46》中記載魏晉時人的論述，可以做為才性分別的映證：

> 殷中軍問：「自然無心於稟受。何以正善人少，惡人多？」諸人莫有言者。劉尹答曰：「譬如寫水著地，正自縱橫流漫，略無正方圓者。」一時絕歎，以為名通。

〔註68〕邵小萌：〈曹魏「才性四本論」析解〉，頁55。
〔註69〕邵小萌：〈曹魏「才性四本論」析解〉，頁55。
〔註70〕西晉‧陳壽撰：《三國志‧魏書‧武帝紀》，卷1，頁44。
〔註71〕西晉‧陳壽撰：《三國志‧魏書‧王衛二劉傳》，卷21，頁627。
〔註72〕邵小萌：〈曹魏「才性四本論」析解〉，頁57。

從上述論述中，可見本性之外，還有後天的才能改變，從「一時絕歎，以為明通」可知當時社會風氣的狀態，對於才與性的討論十分熱烈，才與性的關係，透過殷中軍與劉尹的對話，可知後天的才能可能超出天性的侷限，這與才性異、離的觀點相似，可見四本之論，亦涉及才性之間，根源的討論。

雖然，鍾會的《才性四本論》，難以見其完整的文本，但從時人的論述與文獻記載，亦可見才與性觀點的討論，從中品察出識鑑人物的視角差異，進而理解魏晉時期，抽象地領會人物質性與才能間的分合關係。

肆、袁準《才性論》的品鑑書寫

袁準（生卒年不詳），字孝尼，武帝泰始（265～274）中，官至給事中，其為當代重要禮學家，著有《袁子正論》與《袁子正書》。比較特別的是袁準與竹林七賢中的阮籍、嵇康交遊，據《世說新語・文學 67》與《世說新語・雅量 2》載：

> 魏朝封晉文王為公，備禮九錫，文王固讓不受。公卿將校當詣府敦喻。司空鄭沖馳遣信就阮籍求文。籍時在袁孝尼家，宿醉扶起，書札為之，無所點定，乃寫付使。時人以為神筆。

> 嵇中散臨刑東市，神氣不變。索琴彈之，奏廣陵散。曲終曰：「袁孝尼嘗請學此散，吾靳固不與，廣陵散於今絕矣！」太學生三千人上書，請以為師，不許。文王亦尋悔焉。

由是可見阮籍、嵇康皆與袁準的交情頗深，在第一則中，阮籍宿醉在其家中，足見兩人關係深厚；另一則提及嵇康臨行前，奏廣陵散，並論到與袁準間私下的互動，都反映了袁準在擇友交遊上的眼光與標準，若將之與品鑑人物的觀點相結合，在他的著作中，亦有《才性論》傳世，反映了曹魏臣子試圖在設官辨能上，給予君王最佳建議。

在袁準《才性論》中云：

> 凡萬物生於天地間，有美有惡。物何故美？清氣之所生也。物何故惡？濁氣之所施也。夫金石絲竹，中天地之氣；黼黻玄黃，應五方之色有五。君子以此得曲直者，木之性也。曲者中鉤，直者中繩，輪桷之材也。賢不肖者，人之性也。賢者為師，不肖者為資，師資之材也。然則性言其質，才名其用，明矣。

文中對於才與性的見解，與前述提及鍾會《才性四本論》中的合同派，在核

心觀念上相近,「性言其質,才名為用」表示性與質關係上的統一,且性之善惡決定了人物的美醜,也連結了才能的多寡,故袁準提出了《才性論》,展現在用人上,即強調性為本,而才則用之的概念,依舊保留了禮法之士對於性的推崇,卻也帶出時代對於才能的渴求。故黃少英云:「當時人物品題之實踐活動和人才理論相結合這一角度入手,揭示漢魏之際政治家、政論家和思想家的『重才』理念與實踐活動對人才理論發展的促進作用。」〔註73〕漢魏政治家在時代的心理需求下,統整了人才理論的概念,促使了人物品鑑書寫的轉變,亦體現了魏晉名士思想觀點的屬性與模式。

第三節　山濤《山公啟事》的品鑑書寫

　　山濤(205～283)作為竹林七賢之一,他既沒有嵇康的剛腸嫉世,也不是阮籍的疏狂自然,在為官上,他服膺於司馬氏政權,兢兢業業,頗受皇上重視,官途可謂平步青雲。一般人對於山濤的認識僅止於此,卻忽略《山公啟事》這本集結其擔任選官精華的啟文。在啟文中,展現山濤在官人之術運籌帷幄的才幹,亦可從其行文筆法上,搭配生平,更深入認識不同視角下,山濤的真實樣貌,雖是上呈皇帝的上行公文,但在字裡行間,展現地是書寫者的權衡與性格,像是語氣地敘述、結構的安排與篇幅的長短,都有著寫作筆法上的考量。透過《山公啟事》的分析,幫助我們了解山濤對不同職務人才的觀察與分派,更深一層去認識魏晉時期人事行政的狀態,以及山濤在「官人」方式上的思考脈絡。

壹、山濤與《山公啟事》

　　《山公啟事》是山濤擔任吏部尚書,品題人才以推薦職任之識鑒語,就《晉書·山濤傳》載:「濤所奏甄拔人物,各為題目,時稱山公啟事。」〔註74〕又據《北堂書鈔》卷六十引王隱《晉書》言:「山濤為吏部,前後所選,周遍百官,舉無失才。凡所題目,皆終如言,稱山公啟事。」可知《山公啟事》在當代可謂是任官之準則,備受推崇,「題目」的深意,在啟事中發揮的淋漓盡致,「目」即指「品藻」。如《後漢書·許劭傳》載:「曹操微時,常卑辭厚禮,

---

〔註73〕黃少英:〈試論漢魏之際人才理論的發展〉,《青島大學師範學院學報》,2004年第1期,頁17。
〔註74〕唐·房玄齡等撰,楊家駱編:《晉書·山濤傳》,頁1226。

求為己目。」〔註75〕可見官人識鑒之風，早在東漢末年即十分盛行，汝南地區的許邵（150～195）好人倫，每月舉辦的月旦評，已具影響力，但論結構完整可達政治之效用，仍要到山濤《山公啟事》方蔚為大成，故可知《山公啟事》對於魏晉時期的品題文化與政治任用是妙言要道。筆者以《山公啟事》為底本，論述其識鑒與政治的交互作用，更可見山濤之才幹及其政治影響力，另一方面，亦可對魏晉時期官員的任派與人才屬性之適用，有更深入了解。

　　山濤為竹林七賢之中，年齡最大者，其任官生涯，主要可區分成：年少貧寒期、政治沉潛期以及平步青雲期等三個階段。就《晉書‧山濤傳》載：「濤早孤，居貧，少有器量，介然不羣。」〔註76〕「濤年四十，始為郡主簿、功曹，上計掾。」〔註77〕可知，山濤家族並不顯赫，早年孤貧的生活，讓他對於當時取士的九品中正法，以及紛亂黑暗的政治局勢，有一定程度的認知與褒貶。年近不惑的山濤，才剛謀得一官半職，可以推知他早期仕途生涯頗不順遂。然從另一個角度來看，遲自四十歲始任郡職，卻反而讓他在風雨飄搖的政治蕭殺氣氛中，得到全身而退的機會，亦可能是山濤在亂局中，選擇的應對方式。

　　其中，最特別的應該是他預言高平陵事變〔註78〕的高瞻遠矚，據《晉書‧山濤傳》載：

> 與石鑒共宿，濤夜起蹴鑒曰：「今為何等時而眠邪！知太傅臥何意？」鑒曰：「宰相三不朝，與尺一令歸第，卿何慮也！」濤曰：「咄！石生無事馬蹄間邪！」投傳而去。未二年，果有曹爽之事，遂隱身不交世務。〔註79〕

如此敏銳的政治洞察力，可從兩個面向觀察，其一是山濤的政治選擇，與時局的變遷有著直接的關聯性。在高平陵事變之前，他隱身不交世務，在高平陵事變之後，他積極入世，當官晉爵，凡此種種，未必如余嘉錫先生對其人格之口誅筆伐：「巨源之典選舉，有當官之譽。而其在霸府，實入幕之賓。雖

〔註75〕劉宋‧范曄撰，唐‧李賢等注，楊家駱編：《後漢書‧許邵傳》，頁2234。

〔註76〕唐‧房玄齡等撰，楊家駱編：《晉書‧山濤傳》，頁1223。

〔註77〕唐‧房玄齡等撰，楊家駱編：《晉書‧山濤傳》，頁1223。

〔註78〕高平陵事變是魏國建立以後的一次重大政變。事件源自曹魏宗室曹爽和大臣司馬懿之間的權力鬥爭，最後以司馬懿發動政變，曹爽遭族滅而結束，當時為排異己，使名士折半，社會蕭殺，人人自危。

〔註79〕唐‧房玄齡等撰，楊家駱編：《晉書‧山濤傳》，頁1223。

號名臣，卻為叛黨。平時善與時俯仰，以取富貴。」〔註80〕一個文人的與時俯仰，並非只著眼於富貴榮華的利誘，也不一定是人格卑劣之表徵，是生活於此時代，在動盪不安的政治中，保全自己與家族的一種權變方式。其二《山公啟事》是山濤政治精華的縮影，故在文本中，能發現其精彩的政治語言與效用，亦可透過山濤人才的推薦任用，驗證他對局勢的掌握與洞悉。

因此，在司馬懿病卒後，山濤便復出仕途，據《晉書‧山濤傳》載：

> 與宣穆后有中表親，是以見景帝。帝曰：「呂望欲仕邪？」命司隸舉
> 秀才，除郎中。轉驃騎將軍王昶從事中郎。〔註81〕

按巨源為司馬氏中表親，在司馬氏政權底定之際，漸被重用，而委以要務，如監視軟禁於洛陽的曹氏勢力等，見其對政治時機的掌握與政治的覺察、決斷。

此後，山濤的政治表現，自是頗為順遂，史傳上載，先後當過尚書吏部郎、〔註82〕伐鍾會之行軍司馬、〔註83〕相國左長史、〔註84〕大鴻臚，〔註85〕雖有過得罪權貴，左遷冀州刺史之事，但也漸開啟了山濤重視識別薦拔人物，本傳載：

> 冀州俗薄，無相推轂。濤甄拔隱屈，搜訪賢才，旌命三十餘人，皆
> 顯名當時。人懷慕尚，風俗頗革。〔註86〕

可以藉由人才之任用，改變一地之風俗習尚，可見品鑒之術的重要性，亦可推知，山濤識人目光之精準，無怪乎，接下來山濤任吏部尚書，哪怕他屢求遜位，以居喪之故、年老體衰，上表數十次，依舊未得應允，可見朝廷對其十分仰重，據《晉書‧山濤傳》載：

> 詔曰：「吾所共致化者，官人之職是也。方今風俗陵遲，人心進動，

〔註80〕《世說新語‧品藻71》中余嘉錫《箋疏》，頁537。
〔註81〕唐‧房玄齡等撰，楊家駱編：《晉書‧山濤傳》，頁1223。
〔註82〕語出「騎將軍王昶從事中郎。久之，拜趙國相，遷尚書吏部郎。」，引自唐‧房玄齡等撰，楊家駱編：《晉書‧山濤傳》，頁1224。
〔註83〕語出「以本官行軍司馬，給親兵五百人，鎮鄴。」，引自唐‧房玄齡等撰，楊家駱編：《晉書‧山濤傳》，頁1224。
〔註84〕語出「轉相國左長史，典統別營。」，引自唐‧房玄齡等撰，楊家駱編：《晉書‧山濤傳》，頁1224。
〔註85〕語出「及武帝受禪，以濤守大鴻臚，護送陳留王詣鄴。」，引自唐‧房玄齡等撰，楊家駱編：《晉書‧山濤傳》，頁1224。
〔註86〕唐‧房玄齡等撰，楊家駱編：《晉書‧山濤傳》，頁1224。

宜崇明好惡，鎮以退讓。山太常雖尚居諒闇，情在難奪，方今務殷，
何得遂其志邪！其以濤為吏部尚書。」〔註87〕

《山公啟事》寫於山濤任選職的十餘年，從上述詔書，可以發現官人之術，
在政壇有著重要的影響力，而山濤雖居母喪，但沒有人可以取代其品鑑人才
的能力。在《世說新語》中亦有提及與山濤有關的篇章，由此能更了解山濤
的識鑑才能。

其有他人評賞山濤者，如《世說新語·言語78》載：

晉武帝每餉山濤恆少。謝太傅以問子弟，車騎答曰：「當由欲者不
多，而使與者忘少。」

又《世說新語·賞譽8》載：

裴令公目夏侯太初：「肅肅如入廊廟中，不修敬而人自敬。」一曰：
「如入宗廟，琅琅但見禮樂器。見鍾士季，如觀武庫，但睹矛戟。
見傅蘭碩，江廧靡所不有。見山巨源，如登山臨下，幽然深遠。」

又《世說新語·賞譽10》載：

王戎目山巨源：「如璞玉渾金，人皆欽其寶，莫知名其器。」

從上述評論「欲者不多」、「璞玉渾金」、「幽然深遠」都可見山濤為人謹慎，且
清心寡慾，不與人為惡，又高深莫測，旁人難探其心思，這樣的人格特質，與
其掌管吏部，並能妥善舉用人才有關。也因其性格圓融，透過《山公啟事》的
薦舉，反能見微知著，探見史傳中較不彰顯的心思與規劃。

至於，山濤評賞他人者，如《世說新語·識鑑5》載：

王夷甫父乂為平北將軍，有公事，使行人論不得。時夷甫在京師，
命駕見僕射羊祜、尚書山濤。夷甫時總角，姿才秀異，敘致既快，
事加有理，濤甚奇之。既退，看之不輟，乃歎曰：「生兒不當如王夷
甫邪？」羊祜曰：「亂天下者，必此子也！」

另《世說新語·賞譽12》載：

山公舉阮咸為吏部郎，目曰：「清真寡欲，萬物不能移也。」

又《世說新語·容止5》之評嵇康：

嵇康身長七尺八寸，風姿特秀。見者歎曰：「蕭蕭肅肅，爽朗清舉。」
或云：「肅肅如松下風，高而徐引。」山公曰：「嵇叔夜之為人也，
巖巖若孤松之獨立；其醉也，傀俄若玉山之將崩。」

〔註87〕唐·房玄齡等撰，楊家駱編：《晉書·山濤傳》，頁1226。

從山濤評王夷甫、阮咸與嵇康，可知他在官人上，確頗有見地，能看見被鑒賞者的才華與形式風格，這也是《山公啟事》一書有價值之處。另關於嵇康的評論，在魏晉時期應屬多見，嵇康有風骨、有才貌，是鶴立雞群的名士，評賞他的人亦多，但在《世說新語》中，僅以「見者」、「或云」帶過，卻特別指名「山公」的評論，可看出山濤在當時代的鑑賞能力，乃眾所推許者。

貳、《山公啟事》中官員任派類別與識人角度

本章將歸納分析《山公啟事》中對各官員的任派與政治目的，進一步可以探知山濤在朝中的分量與角色，亦有助於了解山濤「幽然深遠」的人格特質與識人角度。其中，在《晉書·王衍傳》曾載：

> 衍字夷甫，神情明秀，風姿詳雅。總角嘗造山濤，濤嗟歎良久，既去，目而送之曰：「何物老嫗，生寧馨兒！然誤天下蒼生者，未必非此人也。」〔註88〕

山濤之「識」，更可見於「知人鑑」中，尤以《山公啟事》突出其品鑑人物的目光與能力。以上文為例，觀察人物，山濤除著眼於他的神姿俊秀、風雅不凡，更有「然誤天下蒼生者，未必非此人也」之政治預言，先言後驗，正是其人物品鑑之高妙，也是《山公啟事》與一般的文書公文不同之處。文中既洞悉各個職務所需的才識能力，也細緻觀察人物的特質優劣，特別是山濤在為官舉人上，亦考量政治環境與改善風俗等面向，無怪乎山濤被武帝長期倚為官人之任，江建俊云：「山公吏事，世所艷稱，號為『山公啟事』，代表官人之學的典範。」〔註89〕見其為鑑賞人物與推薦職務的精華之作。

以下就《山公啟事》的職務推薦，分類討論，可以探知山濤在人事行政中的運籌帷幄。

一、東宮相關職務推薦

觀察《山公啟事》的職務推薦類別，以「東宮」相關者占大多數，此現象值得細細探究，且在啟文中，亦可看出山濤對太子身邊的人事安排，十分用心，這牽涉政治情態與人事布局的考量，亦是關注太子輔佐之情事。

〔註88〕唐·房玄齡等撰，楊家駱編：〈王衍傳〉，《晉書》，頁1235。
〔註89〕江建俊：〈山公啟事〉，收錄於慶祝莆田黃天成先生七秩誕辰論文集編委會編著：《慶祝莆田黃天成先生七秩誕辰論文集》（臺北：文史哲出版社，1999年），頁238。

以下列舉出《山公啟事》〔註90〕與東宮相關的條目：

中庶子缺，宜得俊茂者。以濟陽太守劉儼、石陽太守石崇參選，不審可有合聖意不？

皇太子東宮多用雜材為官屬，宜令純取清德。太子舍人夏侯孝若，有盛文德，而不長理民，有益台閣，在東官已久。今殿中郎缺，宜得才學，不審孝若可遷此不？

中庶子，東宮顯選，今有二缺。眾議咸以領兵太守荀寓為之。

太子左衛率缺。城舊太守石崇、北中郎中司孫尹皆忠篤有文武，皆其選也。

中庶子賈模遷，缺。周蔚純粹篤誠，宜補。

太子始之東宮，四海屬目。太子保傅，不可不高盡天下之選。羊祜秉德尚義，克己復禮，可出入周旋，令太子每篤儀刑。方任雖重，比此為輕。又可朝會，與聞國議。東宮少事，養德而已。

琅玡王第三子縣，隴西王世子越，誠宜早令奉侍皇太子。校德東宮，若兼庶子。

臣昨啟少傅選事，羊祜秉德尚義，克己復禮，又年尚少，可久於其事也。

太子左衛率缺。侍衛咸重，宜得其才，無疾患者。城陽太守石崇，忠篤有文武；河東太守焦勝，清貞著信義，皆其選也。

臣近舉氾源為太子舍人。源見稱，有德素，久沉滯，舉為大臣，欲以尉後聞之士。

總共十則條目與「東宮」的職務安排有關，在《山公啟事》佔了高比例的篇幅內容，其中涉及的職位，有太子太保、太子太傅、太子少傅、庶子、中庶子、太子舍人、太子門大夫、太子左率衛、太子右率衛等，可以說東宮殿從上至教導太子的官員，擴及處理東宮文書與保衛太子安危的武官，皆含括其中。

回歸到山濤任吏部尚書的時間點，當時東宮太子是司馬炎（236～209）的次子司馬衷（259～307），也就是後來的晉惠帝。《晉書·孝惠帝司馬衷紀》

〔註90〕筆者按：論文中引用到的《山公啟事》相關條目，皆引自韓格平注譯：《竹林七賢詩文全集譯注》（長春：吉林文史出版社，1997年），未免重複注解，過於冗贅。

評論道:「惠皇居尊,臨朝聽言。厥體斯昧,其情則昏。」〔註91〕惠帝的昏昧,導致後來的八王之亂,促使晉急速走向滅亡,是愚昧的國君,司馬衷的昏庸無知,想必從他泰始三年(267)被立為太子時,即見端倪。具有識人之才的山濤,應該發現司馬衷並沒有繼承大統的才幹,但在世襲制的傳統封建社會中,臣子唯一能盡忠的方式,便是不斷地為太子廣納人才,讓他親賢臣,遠小人,群策群力,彌補他的平庸昏愚,又從山濤的生平中可以發現,「咸寧初,轉太子少傅,加散騎常侍;除尚書僕射,加侍中,領吏部。」〔註92〕咸寧初約西元275年,山濤統領吏部,亦是太子少傅,即負責教導太子,為其老師。身為儲君的太子,是未來統領天下的權力核心,能擔任他的老師,對政治前途應是很好的踏板,又掌吏部,即擁有人事決定權,對有企圖心的政治家,是很好的機會,但山濤卻是辭意堅定,「章表數十上,久不攝職。」〔註93〕甚至被彈劾,仍得不到皇上辭官的批准,才無可奈何就職處理事務。從史傳中,可知山濤並不是野心勃勃,想要飛黃騰達的官員,出來任官只是亂離時代中,不得不然的全身之計。另外,回到「東宮」議題,轉太子太傅顯然並不是山濤十分喜歡的安排,或許,這與山濤對司馬衷資質的不信任有些許關係,但由此經歷推斷,曾任太子太傅的山濤,確實對東宮的事務,多了一層的觀察或用心,故在《山公啟事》對太子身邊的人事安排,才會思量甚深。

從啟文中,筆者歸納整理山濤對東宮中各職位的功能認知,以及適合放於太子身旁的人才,應具備什麼素質,才能帶給未來國君好的影響,以下就啟文中的內容羅列分析。

表十一　東宮職位推薦人選

官職名稱	職務能力	推薦人選	人物特質
太子保傅	1. 太子始之東宮,四海屬目,保傅不可不高,盡天下之選也。 2. 可出入周旋,令太子每睹儀刑,方任雖重,比此重為輕;又可朝會,與聞國議。	羊祜	秉德尚義。

〔註91〕唐・房玄齡等撰,楊家駱編:《晉書・孝惠帝司馬衷紀》,頁108。
〔註92〕唐・房玄齡等撰,楊家駱編:《晉書・山濤傳》,頁1225。
〔註93〕唐・房玄齡等撰,楊家駱編:《晉書・山濤傳》,頁1225。

太子少傅	原文無介紹，但其官位比太子保傅少一品。	羊祜	秉德尚義，克己復禮，又年尚少可久於其事也。
中庶子	1. 東宮官屬，宜得高茂者。 2. 宜得俊茂者。 3. 誠宜早令奉侍皇太子，校德東宮。	劉粹、周蔚、石崇、荀寓、司馬繇、司馬越	周蔚純粹篤誠。
太子舍人	原文無介紹，但其職務原是執掌東宮宿衛，後來也兼管秘書、侍從之職。	諸葛京、氾源	1. 諸葛京祖父亮遇漢亂，分隔父子在蜀，雖不達天命，要為盡心所事。 2. 氾源見稱有德，素久沉滯，舉為大臣，欲以慰後聞之士。
太子門大夫	原文無介紹，但其職似部將，為太子宮宿衛之官。	衛奕	甚有頓益，後坐賣偷石事免官。
太子左率衛	侍衛威重，宜得其才。	左：石崇、焦勝、孫尹	1. 石崇、孫尹皆忠篤也文武。 2. 焦勝清貞著信義。

　　由上述可發現，山濤在服侍太子的人選上，頗重德義，認為要讓太子睹其刑儀，潛移默化，故對於人才的描述，文武的才華反倒是其次，「篤誠」、「有德」、「信義」都可以看出山濤認為人格精神的輔佐，比起實際才氣的作用更高，尤其對於儲君來說，天資也許有別，但後天的人格特質，定是決定能否成為聖君的關鍵。他用心良苦在太子身邊安排適宜的對象，甚至考量到人選年紀，能給予太子多「長期」的陪伴與影響，以及其家世背景，是否有其淵源，能給惠帝盡心的幫助。也許，從歷史來看，晉惠帝依舊是個頗失敗的君王，但從《山公啟事》應可發現，山濤很早就意識到東宮問題，並努力安排人事布局，希冀或多或少能有所裨益或補救。

二、吏部郎相關職務推薦

　　在《山公啟事》中，以「吏部郎」一職出現的次數最多，共有五則條目，一方面是因為山濤本身掌吏部，是吏部郎的直屬上司，故對於此職位需要的人才資質，最為清楚；另一方面，山濤的工作與吏部郎有頻繁的接觸，在人才的薦舉上，本當以身旁相近的職務為首。以下就啟文中與吏部郎相關的內容羅列分析。

表十二　吏部郎推薦人選

官職名稱	職務能力	推薦人選	人物特質
吏部郎	1. 吏部郎以碎事日夜相接，非但當正己而已，乃當能正人。 2. 主選舉，宜得能整風俗人倫者。	崔諒、史曜、陳准	三人皆眾論所稱，諒尤質正少華，可以敦教。
		杜默、崔諒、陳准	皆德履亦佳，有意正人。
		阮咸	真素寡欲，深識清濁，萬物不能移也。
		和嶠、荀彧	和嶠最有才可為吏部郎。 荀彧清和理正，動可觀採，真侍衛之美者。

其中最特別地是《山公啟事》中對阮咸的薦舉啟文：

> 吏部郎史曜出，處缺當選。濤薦咸曰：「真素寡欲，深識清濁，萬物不能移也。若在官人之職，必妙絕於時。」詔用陸亮。

在所有吏部郎的薦舉啟文中，山濤對阮咸的描述，最為細緻，不單單僅以才華或德行，一筆帶過，而是針對「吏部郎」所涉及複雜的人際網絡與所需的人格特質進行描述。以阮咸的「真素寡欲」才能對抗意圖不軌者想藉賄賂的官員，求取人事任命上的方便捷徑，故掌管人事行政者必須在心性上自我惕勵，而阮咸為「萬物不能移也」者，如此純真而堅定的性情，確實是擔任吏部郎的優秀人才。然啟文的最後「詔用陸亮」，則可看出山濤雖用心經營啟文，希冀遊說國君，最終仍不得其門，據《北堂‧書抄》六十引干寶《晉紀》殘文言濤舉咸為吏部郎，「三上，帝弗能用」。阮咸作為竹林七賢之一，行事風格自然放達，不羈於禮教，「其泰始四年詔亦以勤正典（儒），斥百家，求『孝弟忠信』之士為主，可見阮咸之不被任用，是很自然的，以其不合乎要求。」〔註94〕又皇上改以陸亮取代阮咸，陸亮為賈充所親侍，「賈充與山濤在用人方面互別苗頭……此事件帝意之如此堅持，或許亦在權力分配上擺不平。」〔註95〕然若就結果來看，山濤所提出的「真素寡欲」，的確是任職吏部郎重要的人格特質，在《世說新語‧政事第7》載：

〔註94〕江建俊：〈山公啟事〉，收錄於慶祝莆田黃天成先生七秩誕辰論文集編委會編著：《慶祝莆田黃天成先生七秩誕辰論文集》，頁251。
〔註95〕江建俊：〈山公啟事〉，收錄於慶祝莆田黃天成先生七秩誕辰論文集編委會編著：《慶祝莆田黃天成先生七秩誕辰論文集》，頁251。

山司徒前後選，殆周遍百官，舉無失才。凡所題目，皆如其言。唯用陸亮，是詔所用，與公意異，爭之不從。亮亦尋為賄敗。

由上述引文，可以看出當時對於山濤的人物品評，十分肯定，一句「凡所題目，皆如其言」賦予高度的評價，又從陸亮收受賄賂的行徑來驗證，果真如山濤所言，吏部郎一職所受誘惑極多，若不是生性淡泊，能堅守公正客觀的識人原則，便無法在此職務上有妥善的發揮，山濤取才眼光之精準，由此可見。

三、文書型職務推薦人選

此部分是與文書或行政工作有關的職務，主要分成尚書與皇帝身邊的近臣。尚書，總攬事權，是對君主負責政令的長官，可視為行政工作的最高單位，屬重要的職位，由山濤可以為此一官位提供人選，亦可知司馬炎對他品鑑人物的信任程度。以下羅列《山公啟事》對此類之題品：

表十三　文書型職務推薦人選

官職名稱	職務能力	推薦人選	人物特質
尚書	可以肅整朝廷、譏刺時政，以為闕失者，言旨切直於朝廷。	羊祜、刁攸	1. 體儀正直 2. 舊人年衰，近損百僚，未甚為憚，坐治政事。
雍州刺史尚書郎	極清望，號稱大臣之副，州取尤者。	傅祇	人才無先之者。
侍中	宜必得其人，原文就職務內容並無敘述，本職務為皇上的侍從，為顧問機構。	裴楷、郭奕、王濟	裴楷：通理有才義，僉論以為侍中才。 郭奕、王濟：皆誠亮，有美才。
散騎常侍	當取素行者。	郤詵	才志器幹。
宗正卿	原文無介紹，但其職為管理皇族、宗族、外戚的官員。	羊祜	忠篤寬厚，然不長理劇。

山濤對尚書令一職的描述，可知道它是朝廷運作的核心，能夠改變朝政不佳的風氣，屬重要的職位。故在人才的要求上，既提到人品的正直，亦描述政治魅力的重要，否則朝臣「未甚為憚」這樣的行政領導人，便失其功用。哪怕任職地方的尚書郎，亦是以「人才無先之者」的優秀人選任之，可見此一職位之重要，以及山濤在人事任命上，獲得皇上的充分信賴。

　　至於，像是侍中、散騎常侍、宗正卿等職務，屬於皇上身邊的侍從與近臣，雖不是重要職務，但此工作需頻繁接觸國君，比起能力，「通理」是更重要的人格特質。故山濤在啟文中，沒有特別羅列這些職位所需的才能，反而更重視「誠亮」、「忠篤寬厚」等言行層面，因為在皇帝身邊打理一切的官員，所需不是才華橫溢、自視甚高的年輕人，而是識時務、知進退，且有德有守的行政人員，重點在於與皇上的配合以及對聖上有正向的影響。從《山公啟事》，可以看見山濤在不同職務上，聚焦觀點的不同，進而薦舉適合的人才。

　　其中，在推薦人選上，「羊祜」在《山公啟事》中出現的頻率頗高，在東宮的職務上，就出現兩次的推薦，在「尚書」亦出現一次。藉由羊祜的任官生涯，可以看見山濤識人眼光是否準確。羊祜在曹魏時代歷任中書侍郎、秘書監、相國從事中郎等官職。司馬炎稱帝後，羊祜深得司馬家信任，升任尚書左僕射、車騎將軍，官至征南大將軍。據《晉書・羊祜傳》中載：

> 泰始初，詔曰：「夫總齊機衡，允釐六職，朝政之本也。祜執德清邵，忠亮純茂，經緯文武，謇謇正直，雖處腹心之任，而不總樞機之重，非垂拱無為委任責成之意也。其以祜為尚書右僕射、衛將軍，給本營兵。」〔註96〕

此言羊祜任尚書之職，與山濤的推薦相符，再來觀察羊祜在朝中任職的評價，「時王佑、賈充、裴秀皆前朝名望，祜每讓，不處其右。」〔註97〕甚至譽為「雖樂毅、諸葛孔明不能過也。」〔註98〕可見山濤的薦舉並沒有失誤，山濤評羊祜為人「體儀正直」，據史傳載：「祜立身清儉，被服率素，祿俸所資，皆以贍給九族，賞賜軍士，家無餘財。」〔註99〕可知山濤識人精準，目光卓越，在官人之術上頗有器識。

四、御史相關職務推薦人選

　　此部分是朝中督察或糾舉官員的工作，這樣的職務類型，在《山公啟事》中出現者有中丞、御史與殿中御史三種職務。以下就啟文所載，以表格示之：

〔註96〕唐・房玄齡等撰，楊家駱編：《晉書・羊祜傳》，頁1014。
〔註97〕唐・房玄齡等撰，楊家駱編：《晉書・羊祜傳》，頁1014。
〔註98〕唐・房玄齡等撰，楊家駱編：《晉書・羊祜傳》，頁1017。
〔註99〕唐・房玄齡等撰，楊家駱編：《晉書・羊祜傳》，頁1021。

表十四　御史相關職務推薦人選

官職名稱	職務能力	推薦人選	人物特質
御史中丞	原文無介紹，但其職類似於近代督察處、政風處、廉政公署。防範朝廷主官侵害人民權益、貪官污吏、貪贓枉法。	孔顗、周浚	孔顗：有才能，果勁不撓。周浚：果毅有才用。
治書侍御史	原文無介紹，但其職分領侍御史諸曹，監察、彈劾較高級官員，亦奉命出使，收捕犯官等。	王啟	識朗明正，後來之俊也。
殿中御史	習內識久。	孫綝	無載

擔任朝廷中監察或彈劾官員的職務，山濤認為需要「識久」的能力，很熟習內務，才有辦法抓出官員的疏漏或是違法事宜。若從人物特質來看，首先，山濤強調才能，而這才能可以視為「識朗」，就是具有品鑑他人的能力，識人是彈劾官員的第一步，又就特質來說，「果毅」是這份工作所需的處事決斷力，彈劾官員、監督行政，畢竟不是容易的任務，它牽涉人的利益，會有複雜的人際網絡交錯其中，若是由優柔寡斷的人擔任此職，在模稜兩可的顧慮下，就可能放縱違法情事，讓官員無人約束，變本加厲，故人才的個性是否果決，亦是山濤在考量此職務的要素之一。

五、武官相關職務推薦

與武官相關的職務，在《山公啟事》中出現的頻率，並不及文書行政職位多，一方面可以推知，在軍權任命上，皇上還是傾向於自行掌控，畢竟軍權的授予，牽涉事廣，對國君來說會更謹慎小心；另一方面，可由山濤的生平，來觀察他在武官人事任命上的關聯性。據《晉書·山濤傳》載：

> 遷大將軍從事中郎。鍾會作亂於蜀，而文帝將西征。時魏氏諸王公並在鄴，帝謂濤曰：「西偏吾自了之，後事深以委卿。」以本官行軍司馬，給親兵五百人，鎮鄴。〔註100〕

表十五　武官職務推薦人選

官職名稱	職務能力	推薦人選	人物特質
平南司馬	綱紀郡事，練習兵馬	李鎮	才長方用
北軍郎將司馬	軍閒用長也	趙虞	誠篤有略

〔註100〕唐·房玄齡等撰，楊家駱編：《晉書·山濤傳》，頁1224。

北中郎將	原文無介紹，但就其職務介於將軍與校尉間，為軍閥親信或各地重要將領，勝過一般雜號將軍。	鄧殷	通識有文武
太尉軍司	上宰監宜得宿有資重者也。	無	無
兗州刺史	沖領兵未欲出之也	諸葛沖	精果有文武

從表格中歸納出山濤所薦舉的武官，多為第二等第的官員，另從人才的人格特質來看，他對於武官的選派較無想法，通論似的講述「文武」，並無聚焦細論，由此，可以看出山濤在武官職位選擇上較為平淺，較無人才識鑑的系統。

參、《山公啟事》中的政治寫作筆法

魏晉時期，啟文作為一種奏疏文體，可從劉勰《文心雕龍·奏啟》：「自晉來盛啟，用兼表奏。陳政言事，既奏之異條；讓爵謝恩，亦表之別幹。」〔註101〕探知，在魏晉六朝，啟文乃作為朝廷奏疏公文的其中一種類別。而啟文的性質，落實於政事的上疏、討論，其作者與讀者的關係，有著下對上的條件限制，故在行文的語氣上、章法上，甚至字句的長短上，都有著不同的寫作筆法。而相對於章表、議對等奏議類的公牘文書，「『啟』這一文體顯然比較便於使用具有感染性的言辭，可以達到以心交心的效果。」〔註102〕啟文顯然更具有寫作者的風格、思想與情感呈現性。

《山公啟事》記載山濤歷職吏部，針對官缺與任派所撰寫的啟文。在《晉書·山濤傳》中曾載：

> 濤再居選職十有餘年，每一官缺，輒啟擬數人，詔旨有所向，然後顯奏，隨帝意所欲為先。故帝之所用，或非舉首，眾情不察，以濤輕重任意。或譖之於帝，故帝手詔戒濤曰：「夫用人惟才，不遺疏遠單賤，天下便化矣。」而濤行之自若，一年之後眾情乃寢。濤所奏甄拔人物，各為題目，時稱山公啟事。〔註103〕

可知山濤的啟文，具有政治筆法，眾人不懂其深旨，頗有怪罪之意，認為他

〔註101〕南朝梁·劉勰撰，周振甫注：《文心雕龍注釋》（臺北：里仁書局，1984年），卷5頁440～441。

〔註102〕劉苑如：〈從品鑑到借鑑——葉德輝輯刻《山公啟事》與閱讀〉，《中國文哲研究集》第38期，2011年3月，頁176。

〔註103〕唐·房玄齡等撰，楊家駱編：《晉書·山濤傳》，頁1225～1226。

推薦人才時，有不公正之處，殊不知，魔鬼出於細節中，山濤會力排眾議，行之自若，自然不是因為闇於自見，對缺失視若無睹，而是他明白自己行事的原因何在，如此內斂而又熟知政治情態的目光，對上短視的凡夫俗子，自是容易被誤解的。「詔旨有所向，然後顯奏，隨帝意所欲為先。」這樣揣度上意完成的啟文，其寫作筆法充滿政治意味，也符合當時士流間的交互品評之風習。

一、《山公啟事》行文語氣

從行文的語氣來析論，劉苑如云：「作者與理想讀者的關係，乃是一種下對上的傳播，是以在行文語氣上，必須體現出一種俯仰進退得宜、尊卑有等的言辭。」〔註104〕在《山公啟事》中亦有此種現象，雖是不卑不亢，以理性客觀的方式向皇上推薦人才，但基於「下對上」的立場，所有的建議皆婉轉溫和，讓人感到尊重，也容易被說服。

《山公啟事》中與此相關的內容，臚列於下：

> 中庶子缺，宜得俊茂者。以濟陽太守劉儼、石陽太守石崇參選，不審可有合聖意不？

> 皇太子東宮多用雜材為官屬，宜令純取清德。太子舍人夏侯孝若，有盛文德，而不長理民，有益台閣，在東官已久。今殿中郎缺，宜得才學，不審孝若可遷此不？

> 鴻臚職主朝事，前後為之者，率多不善了。今缺，當選。御史中丞刁攸舊能人，不審可爾不？

> 人才既自難知，中人已下，情偽又難測。吏部郎以碎事日夜相接，非但當正己而已，乃當能正人，不容穢雜也。議郎杜默德履亦佳，太子庶子崔諒、中郎陳准皆有意正人，其次不審有可用不？

> 舊選尚書郎極清望，號稱大臣之副，州取尤者以應。雍州刺史久無郎。前尚書傅祗坐事免官，在職日淺，其州人才無先之者，請以補職，不審可復用否？

> 侍中彭權遷，當選代。案雍州刺史郭奕，高簡有雅量，在兵間，少不盡下情，處朝廷，足以肅正左右；右衛將軍王濟，才高茂美，後

〔註104〕劉苑如：〈從品鑑到借鑑——葉德輝輯刻《山公啟事》與閱讀〉，頁176。

來之冠。此二人誠顧問之秀。聖意儻惜濟，貴之，驍騎將軍苟愷，智器明敏，其典宿衛，終不減濟；祭酒庾純，強正有學，亦堪此選。國學初建，王、苟已亡，純能其事，宜當小留，粗立其制，不審宜爾，有當聖旨者不？

舊侍御史頗用郡守，今散二千石有才能尚少者，可用不？

大將軍雖不整，正須筋力戎馬間，猶宜德健者。征北大將軍瓘，貞正靜一；中書監勖，達練事物，二人皆人彥，不審有可參軍者不？

衛翌為少府丞，甚有頓益，後坐賣偷石事免官。今太子門大夫缺，不審可參選否也？

中書屬通事令史孫緋限滿，久習內事，才宜殿中侍御史，須空補之，不審可否？

從上述十則引文，可以發現一些共通性，以「不審⋯⋯不？」或是以「可否？」結尾，已是山濤書寫啟文的常態，設問修辭的使用，婉轉了行文的語氣，提出客觀的分析與建議之後，以充滿尊重的問句，巧妙地把主導權移轉到皇帝身上。人事任派，就是朝廷中政治勢力的板塊布局，是何其重要的權謀之術，各種利害關係的角逐，都呈顯在山濤眼前。相對的，皇上對於職掌甄拔人才的官員，必也有著一定程度的忌憚，因此，在敏感的人事任派上，依舊展現了下對上，溫和有禮的文章語氣，如此，才能取得皇上信任，進一步讓他接受自己的建言。

又從另一方面來看，山濤在文章語氣上，亦巧妙地運用「大眾」立場，藉以提點皇上輿論的氛圍，此亦是一種軟性的政治語言，讓皇上在抉擇人才的任用上，可以多些合理考量。

《山公啟事》中與此相關內容，今臚列於下：

中庶子，東宮顯選，今有二缺。眾議咸以領兵太守荀寓為之。

侍中、太常、河南尹并缺，皆顯職，宜必得其人。右軍裴楷，通理有才義，僉論以為侍中才。

第一條目中的「眾議」與第二條目的「僉論」，皆是眾人的代稱。僉者，眾也，以眾論作為啟事結尾，不明說是自己觀點，而是善用輿論力量，讓自己的人事推薦，顯得公正而客觀，這樣的做法正與山濤的人格特質相應和。《世說新語·賞譽·8》載：「見山巨源，如登山臨下，幽然深遠。」此幽然深遠正可看

出其在政治上，深不可測，保全自己的敏感度，尤其是人事命令，最忌諱結黨營私，故以眾人見解為基礎，更能使皇上安心任派。

二、《山公啟事》章法結構

以文章的章法結構論述，《山公啟事》有著固定行文方式，一開始先論及缺員職位需要的人才內涵，然後，再提出合適遞補職缺的人選，並解釋其才識出眾之處，此為最基本的行文公式，簡單扼要的針對職缺問題，提出解決方法，並交代緣由，是有效率的行政文書。以下僅舉幾則條目作為示範驗證：

> 太子左衛率缺。城陽太守石崇、北中郎中司孫尹皆忠篤有文武，皆其選也。

> 中庶子賈模遷，缺。周蔚純粹篤誠，宜補。

> 尚書令李胤遷，缺處宜得其人。征南大將軍羊祜為人體儀正直，可以肅整朝廷，譏刺朝廷，以為闕失者，言旨切直於朝廷。

> 詔侍中缺，當復得人，誰可者。雍州刺史郭奕、右衛將軍王濟，皆忠亮有美才，侍中之最高者也。

> 平南司馬缺。案琅玡李鎮，字仲達，綱紀郡事，練習兵馬，才長方用。

> 鎮西長史張側遷，處缺。案尚書郎張勃軍間用長。

> 太尉長史缺。案鎮東大將軍大掾泰山胡伯長，才長方用。

> 太尉軍司缺，當選，上宰監宜得宿有資重者也。

職缺、推薦者、品鑑人物，三者簡單明確地表達山濤想上呈皇上的人事安排與構想原因，既達到啟文目標，也精簡繁冗的文書贅言，單純而明確的政治寫作手法，既考慮領導者日理萬機繁忙，也可達到自己預期效果，是十分精準的章法安排。其中比較特殊的是在第一、四則條目中，山濤在推薦的職務人選上，多了一個以上的選項，給予皇上擇取，適時地留下一些決策空間，讓啟文的上呈，得到領導者更多的青睞。

《山公啟事》除了基本的行文章法，亦有對眼前的局勢狀況，審慎分析，再決定遞補人才的方向，像是：

> 太子始之東宮，四海屬目。太子保傅，不可不高盡天下之選。羊祜秉德尚義，克己復禮，可出入周旋，令太子每篤儀刑。方任雖重，比此為輕。又可朝會，與聞國議。東宮少事，養德而已。

琅玡王第三子繇，隴西王世子越，誠宜早令奉侍皇太子。校德東宮，若兼庶子。

侍中、尚書僕射、奉車都尉、新沓伯臣濤言：「臣近啟崔諒、史曜、陳准可補吏部郎，詔書可爾。此三人皆眾論所稱，諒尤質正少華，可以敦教。雖大化未可倉卒，風尚所勸，為益者多。臣以為宜先用諒，謹隨事以聞。」

河南尹京輦重職，前代皆用名人。聖代以來，有李胤、杜預、王恂、隽不疑，復今減此者也。

溫令許奇等并見稱名，雖在職各日淺，宜顯報大郡，以勸天下。

郿令諸葛京，祖父亮，遇漢亂分隔，父子在蜀，雖不達天命，要為盡心所事。京治郿自復有稱，臣以為宜以補東宮舍人，以明事人之理，副梁、益之論。

第一、二則條目，都與東宮有關，山濤在啟文中，先分析東宮的政治功用，以及為達到此一成效，在人才選擇與布局分派上，應如何安排，更具說服力。又第三則條目，山濤在文中，舉出三個適合遞補吏部郎的人選，並以「眾論所稱」加入社會輿論支持的力量，其中，可以發現山濤更屬意於崔諒，希望為他爭取多一點機會，所以在論述上，他特別剖析社會風氣狀態，正好可以與「質正少華」的崔諒相呼應，藉由他的人格特質，以達到敦化功效，故因為有更深一層的目的，所以三條就加入山濤對社會風尚的評論與觀察。像是第四則條目，寫出歷代職位擔任者的出身，亦是另一種政治考量觀點與遊說國君的方式，也可以探知山濤在人事行政上，橫向與縱向的通盤考量與敏銳度。另第五則條目寫出人才在地區的聲譽與知名度，如此，也是一種在地觀察，提醒皇上，哪些官員有才華又得民心，能加以善用。最後，第六則條目，擴及人才家世背景與先祖，任命諸葛京，先從其祖父諸葛亮凡是盡心盡力、鞠躬盡瘁的人格特質談起，讓國君對他產生信賴，認為諸葛京定能繼承祖父風範，認真為官。又山濤提議任之於梁、益之地，也考量諸葛亮的聲勢，讓其孫憑藉著祖父在兩地累積的人氣，能得心應手融入當地行政，這亦是皇上在任命上可以斟酌的優處，更增加此啟文成功的機率。

另外也有否定與拒絕某些人任職或轉換單位的啟文，或者指出其不擅長之處，作為其轉換職位的憑據或建議。以文章的寫作來看，批評他人，遠遠

比肯定更難以著筆，否定之餘，又要帶著理性視角，去觀察其不合宜之處，再公正地向上位者呈報，一方面既要有明辨人才優劣的知人之明，另一方面，又要有婉轉修飾話語的功力，這些都是從山濤啟文，可以細細查考的筆法脈絡。

　　羊祜忠篤寬厚，然不長理劇。宗正卿缺，不審可轉作否？

　　御史中丞刁攸，舊人，年衰近損，百僚未甚為憚，坐治政事，改尚書可也。

　　近啟修武令劉訥補南陽王友。詔曰：「友誠宜得有益者。然以長吏治民，不易屢易為疑，令散人無依仰。」又啟今者散職中誠自有人。然劉訥才志，外內非稱，臣以為宜蒙此者，是以啟及，不審固可用不？詔：「可爾所啟。」

　　訪聞詵喪母，不時葬，遂於所居屋後假葬，有異同之議，請更選之。

觀察山濤在否定類的寫作章法可以發現，他在批評某一官員不適任某職後，都會再替他尋找適合的職缺請皇上改派，例如第一則條目，山濤認為羊祜應改派宗正卿、第二則條目刁攸則應改派尚書，這樣的書寫結構，自然與山濤面面俱到的政治嗅覺與人格特質有關。評論他人缺失，又不能讓人覺得是惡意攻擊，山濤採取的是客觀合理分析該官員與職務的合適度，就事論事，並不做人身攻擊，展現他身為吏部拔擢人才的專業，也為皇上設想，讓不適任的官員，也尋找到合宜的位置，能發揮所長，不造成朝廷對立或動盪。

　　特別有趣的是第三則，文中清楚紀錄山濤的上疏與皇上意見的回覆，一開始，皇上對其推薦人選劉訥是沒有採納的，畢竟，每次人事的異動，都牽一髮而動全身，何況是調任縣令的命令，在官員沒有重大疏失的前提下，皇上考量到百姓觀感，故駁回其建議。站在山濤立場來看，第一次啟文，顯然並沒有成功打動國君，第二次，山濤切入的書寫觀點，便與先前有些許不同，除了強調另一個職缺對劉訥的適合度外，山濤更提出「外內非稱」的想法，把用人的聚焦點擴大到外在環境的考量，而不再只是才識問題。現在劉訥的聲譽與其才能並不相稱，雖沒有重大問題，但用人之巧妙，就在洞燭先機，在問題還沒發生前，即應巧妙預防，「外內非稱」自然不是妥善的人事任命，最後皇上也認可山濤調任劉訥的建議。要知道推薦人才，擔任特定職位，已十分困難，更何況要改動官吏原本職務，不能得罪朝廷中的派系，又要取得皇上的信任，這中間的巧妙平衡，在山濤的啟文中，可以洞悉其政治寫作能

力的突出。

第四則條目，能看出晉朝在政治上，以孝治天下的方針，故當提出的人才與當權者的道德精神相悖離時，山濤便提出「請更選之」的想法。一方面可以看出人品與道德，亦是山濤拔擢人物時觀察的面向，另一方面，也可視為是山濤保護自己的方式。藉由啟文，他等於向國君說明自己對於治國精神「孝」的重視，若回歸到山濤的生平對照，他確實是十分重視孝道的人，《晉書·山濤傳》載：「會遭母喪，歸鄉里。濤年踰耳順，居喪過禮，負土成墳，手植松柏。」〔註105〕七十歲的山濤，守母喪遠超過常理，甚至親自背土堆墳，種植墳旁的松柏，可見「孝」對山濤來說，是看重的環節，如此反映在他品鑑人才的觀點，亦可從《山公啟事》探知其人格風貌。故他不會欣賞對母喪敷衍，甚至引起社會輿論爭議的人才，「請更選之」是出於政治判斷，亦是他個人對此行徑不以為然的態度。

在蕭統的〈詠山濤王戎詩〉中歌詠山濤道：「山公弘識量，早側竹林歡。聿來值英主，身遊廊廟端。位隆五教職，才周五品官。為君翻已易，居臣良不難。」〔註106〕可由山濤官人之學，探見蕭統論及他在政治上的特出與機心。從上述啟文的寫作結構來看，山濤在政治上具有權衡局勢的細膩視野，人事任派上，難免涉及派系問題，但山濤在拒絕任派或轉換單位的啟文中，都設想周到，為對方引介適合他的職位，不難看出他在派系平衡間的巧妙用心。

又從山濤啟文中，善用輿論與客觀因素打動當權者的寫作方式，可探見他在政治上的謹慎小心，不過分彰顯主觀見解，而是理性分析局勢與職位的功用。最後，山濤對司馬政權在執政上的方針，十分清楚，故在擇取人才時，亦考量此層面，執政者重視「孝道」，故人才的道德也成了重要的環節，一方面可藉此觀察出山濤在品鑑人物時，著重的德行面向，一方面亦可作為他對政治局勢的嫻熟掌握。對於向來隱晦莫測的山濤，藉由啟文，可以更清楚照見其政治苦心。

三、《山公啟事》文句的短長

啟文的長短，也是筆者觀察重點，啟文的政治訴求十分明確，他不像一般文藝作品，閱讀對象設定在士大夫或社會大眾，上行公文只有唯一的讀者，

〔註105〕唐·房玄齡等撰，楊家駱編：《晉書·山濤傳》，頁1225。
〔註106〕清·紀昀等編：《文淵閣四庫全書》（臺北：臺灣商務印書館股份有限公司，1986年），《昭明太子集》，卷一，頁5。

即獨掌大權的皇帝，國君的身分十分特殊，在應對進退間，自然須要小心斟酌，《文心雕龍‧奏啟》曾歸納啟文的寫作要領曰：

> 必斂飭徹入規，促其音節，辨要輕清，文而不侈，亦啟之大略也。
> 〔註107〕

可以發現劉勰將啟文的寫作重點羅列出來，其中在文字上，由「促其音節」，可知啟文的書寫強調文字的緊湊度，短促音節，是為了強化閱讀的節奏感。畢竟，讀者是皇上，天下大事無不取決於聖上，可想而知，國君在公文的閱讀量上，必是龐雜且紛亂，因此，一份好的啟文，如何簡潔明確的呈現重點，方便皇上閱覽、擷取訊息，就是文字書寫的關鍵。要讓皇上讀之順心，啟文的文采、自然須平易，至少也要流暢，吸引人閱讀。至於，文句的長短，能在最簡要的文字中，表達清楚要上呈的想法，是最佳的上行公文；相對地，繁雜又沒有重點的文書，只會讓皇上棄置一旁，並不能達到政令被採納的功效。所以，藉由統計《山公啟事》中文字的使用字數，亦可發現一些端倪：

表十六　《山公啟事》字數統計

字數	10以下	10~20	20~30	30~40	40~50	50~60	60~70	70~80	80~90	100以上
篇數	3	14	15	9	5	3	2	2	2	1

　　字數在 10 字以下者有三篇，在 10 到 20 字者有十四篇，在 20 到 30 字者有十五篇，在 30 到 40 字有九篇，在 40 到 50 字有五篇，於此幾乎佔了《山公啟事》篇章中的 80%，故可見 50 字以下乃山濤啟文的書寫原則；再上去的字數，僅零星幾篇，像是 50 到 60 字有三篇，60 到 70 字有二篇，70 到 80 字有二篇，80 到 90 字有二篇，100 字以上的也只有一篇，以比例來說，都是少數。然哪怕是 100 多字的文章，以尋常文學作品論之，都算是小品文了，何況，山濤的啟事更多集中在 50 字以下，其中字數最多者，不過 131 字，而字數最少者竟只用 5 字，簡潔清晰的寫作風格，貫串在山濤文字中，篇章的字數大多介於 10~40 字，不會造成皇上閱讀的疲倦與乏味，更能達到他希冀的政治成效。

　　簡短的啟文，從本質上與要流傳千古的經國大業不同，不過，字數短小，並不意味著寫作的簡單化，相反地，在字數限定下，要把內容表達完整，是更艱難的任務，所以，劉苑如云：「啟文即是要使用最簡要的語言，切中接受

〔註107〕南朝梁‧劉勰撰，周振甫注：《文心雕龍注釋‧奏啟》，卷 5，頁 441。

者心中可能產生的各種提問。」在上述的寫作筆法論述，可以做為啟文字數簡潔的支撐。山濤能以這麼精煉的字數完成啟文，更可以知道其琢磨與思考，不管是語氣的考量，或是章法結構的安排，都細心規劃，以達到讓皇上舒服閱讀，並節省其決策時間。這是山濤的政治寫作手法，無怪乎，山濤品題人物的能力，獲當世頗高評價，也為史事的美談。

第四節　曹魏時期實用觀點的品鑑書寫

　　語言書寫作為中國文化重要的一部分，其變化與呈現的觀點與時代息息相關，而曹魏時期正處於兵馬動盪之際，天下征伐，戰爭頻仍，因此，「人才」成了國家是否強盛的重要因素，因此在人物品鑑的書寫上，「為功」的實用觀成了語言的根本目的，王充在《論衡・自紀》中曾提及「口則務在明言，筆則務在露文。高士之文雅，言無不可曉，指無不可睹。觀讀之者，曉然若盲之開目，聆然若聾之通耳。」〔註108〕其中的文論思維著重在語言書寫的實質效果，這正是曹魏時期在人物品鑑書寫上的特色。

壹、曹魏時期品鑑書寫對象

　　語言的功用既在於達意，其書寫的閱讀對象就很重要，上述章節提及了曹魏時期的政治背景與紛亂局勢，在時勢造英雄之際，人物品鑑的具體作用在於給予國君一份用人指南，讓領導者能辨識人才的優劣，並妥善配置，適得其所。因此，在曹魏時期的品鑑書寫，主要以執政者為閱讀對象，希望藉由文字的整理，能幫助主君鑑賞人物，進而達致人才使用上的最高效能，以臻富國強兵。

　　以《人物志》來論，劉卲歷任四個君王武王、文帝、明帝、齊王四朝，每次不同君王的繼任，都有著政治措施的改變。從武帝開始，即提倡「唯才是舉」的用人政策，因此人才問題，成了朝政的重要焦點。劉卲在曹魏期間，曾任尚書郎、散騎侍郎、陳留太守等朝廷要職，以尚書郎為例，東漢以後任職滿一年的尚書，稱為「尚書郎」，在皇帝左右處理政務，既然是皇帝身邊的近臣，其品評人物的書寫閱讀對象，就是提供皇帝統御臣下的參考，因此在用

─────────────

〔註108〕東漢・王充：《論衡・自紀》，收錄自林慶彰主編：《民國時期哲學思想叢書》，頁 262。

詞遣字與書寫方向上，自然會以政務的特色，最為人物應用的區分，讓《人物志》成為皇帝用人時的使用手冊。

若從《世要論》、《萬機論》、《才性四本論》、《才性論》來分析，其作者身分都為曹魏時期的名臣，桓範官至大司農，以掌管財政事宜，地位重要；鍾會官至司徒，古代三公之一，類等於丞相之職；蔣濟官至太尉，為最高軍事長官；袁準官至給事中，可出入宮廷，常侍皇帝左右討論政事，綜合上述作者的生平來看，都是朝中重要大臣，故其書寫方式自然有著為政治服務的目的，要給上位者用人時參酌。

最後，山濤的身分更為特殊，曾任吏部郎、吏部尚書，主管人才的任用，因此在書寫上自然偏重政治考量，尤其《山公啟事》是山濤於有官缺時，親自選題數人，寫成奏章，密啟皇帝選錄，然後公奏，所以啟事的閱讀者為皇帝，在下對上的書寫形式中，自然會配合主君的閱讀習慣，在筆法上進行調整，因此，閱讀對象成了書寫形式很大的考量因素。

從上述可知，曹魏時期的品鑑書寫對象，多為執政者，這與時代背景與風氣的感染，密切相關，張蓓蓓言：「自漢至晉之一段時期中，有『知人』之稱者為數實夥，確然成為人物品鑒成風的一大旁證。」〔註109〕人物品評的興盛，跟時代的紛擾，急需運用人才有關，又言：「漢末諸帝抑清流任濁流，三國領袖如曹操、劉備、諸葛亮、孫權等則均有知人善任之稱，可見亂世尤須注意人物以收輔翼之效。」〔註110〕可知此一時期的人物品鑑，多以實用觀點出發，臣子想創立一套觀人法，為君王分勞解憂，故品鑑書寫的閱讀對象以執政領袖為主。

貳、曹魏時期品鑑書寫筆法

觀察曹魏時期的品鑑書寫，由於閱讀者為君王，書寫的臣子在用詞遣字上，自然成熟許多，慢慢發展成正式文書，在人物品評的目標導向上，也更為明確，書寫特色更趨理性與系統化。

東漢末年的人物品鑑，從鄉里耳語之鄉謠、國謠始，慢慢演變成固定的月旦評形式，張蓓蓓指出：「當時品鑒既只是口耳相傳，風流談論，則人物定品只在單言片語間。以今日所見記載觀之，所有既成的品鑒，皆以極簡單的

〔註109〕張蓓蓓：《漢晉人物品鑒研究》，頁81。
〔註110〕張蓓蓓：《漢晉人物品鑒研究》，頁82。

語句表現。或有數人看法不盡相同，辯爭久之，但當其達成公議，仍然只是一二語。」〔註111〕可知當時的品鑑書寫模式，多是隻言片語、鄉里談論，並不是完整的文書形式，一直到曹魏時期，由於政局變動萬千，人物的鑑賞，立刻被放大在時代的氛圍中，以實用為主的思維，讓曹魏臣子們紛紛撰寫相關內容，希冀能幫主上分勞解憂。

以《人物志》為例，全書體制分成十二篇，三卷，在人物品鑑上的論述，十分周密有系統。從《四庫提要》對它的評述，可見其書寫風格：「其書主於論辨人才，以外見之符，驗內藏之器，分別流品，研析疑似，……所言究悉物情，而精覈近理。」〔註112〕從上述的敘述，可見《人物志》強調外形與材器相互呼應，並且分別流品、研討意義，這樣深入而具層次的人物品鑑，已與之前的晬語式品評方式不同，完整的篇幅與架構，明確的邏輯與思想，都是《人物志》的品鑑書寫上的一大進展。再加上《人物志》的創作目的在於幫助君王建立一套官人系統，張蓓蓓論及：「劉氏作書，本來目的似亦不在討論如何品鑒人物，而建立一套主政者官人用人的辦法為重心，故其書論述的方向，偏重人物之用，與一般人物論頗不同。」〔註113〕由這段討論可知劉卲在書寫本書時，帶有著實用於朝政任派的目的，故其觀看人物的視角新穎，說明的細緻與理論的完整都是《人物志》書寫的特色。

若從曹魏名臣的品鑑作品來看，在書寫面向上亦著重於人物議題的討論，並且在問題與解決方式間，透過文字的書寫加以深究探索，像是桓範的《世要論》中依層次描寫君臣關係，並透過君臣相得不易，帶出人才品鑑之重要；至於《才性四本論》更有才與性在同、異、合、離觀點上的不同，文章的書寫重點放在人物才性的邏輯與思考脈絡，因此更具學術架構的陳述與論證，有別於前期多為街談巷語的人倫臧否。《萬機論》與《才性論》，在書寫上亦以理論脈絡的探討為主，理性而學術的筆法為其特色。

最後，山濤的《山公啟事》更是別具特色，本於上行公文的書寫原則，更重視君主的閱讀感受，加上當時吏部薦才有一定的套語格式，因此在書寫筆法上，可以更清楚看見實用型人物品鑑的描述視角，劉苑如言：「山濤深解啟文作者與理想讀者之間的規範，而能將中正品狀重新鎔鑄為『啟』的型式，在簡明

〔註111〕張蓓蓓：《漢晉人物品鑒研究》，頁95。
〔註112〕《四庫全書總目提要》卷117、子部雜家類。
〔註113〕張蓓蓓：《漢晉人物品鑒研究》，頁147。

扼要、開誠布公的文辭往來中，維持著吏部恭謹卻不失立場的語氣。」〔註114〕
由此可知，《山公啟事》中文句的精簡化、結構化，展現了山濤在書寫時的邏輯
與思維，透過筆法上的改變，照見了人倫品鑑啟文的文體特色，在文字、篇目
結構上，呈現此時期的時代省思，期能發揮「啟乃心，沃朕心」的作用目標。

參、曹魏時期書寫品鑑結果

　　若從檢驗人倫品評的結果來反思書寫的狀況，曹魏時期的書寫著重於選
拔人才的說明與職位安排的應用，以《人物志》、《世要論》、《萬機論》、《才性
四本論》和《才性論》來論，皆以品鑑人才與用人得所的系統描寫為主，較少
實際案例的呈現，故對於品鑑結果是否具備成效，多未著墨，焦點放置於品
鑑方法的書寫上，至多對早期未得要領的行政用人作法，提出君臣駕馭關係
的困境，以及人才辨識的為難，像是《人物志》中即列有〈效難〉篇，並在篇
首云：「蓋知人之效有二難：有難知之難，有知之無由得效之難。」明確點出
檢核人才任用結果之困難，甚至劉劭在文中還試圖以數據的方式，呈現人才
品鑑結果的效用之難：

> 何謂無由得效之難？上材已莫知，或所識在幼賤之中，未達而喪；
> 或所識者，未拔而先沒；或曲高和寡，唱不見讚；或身卑力微，言
> 不見亮；或器非時好，不見信貴；或不在其位，無由得拔；或在其
> 位，以有所屈迫。是以良材識真，萬不一遇也；須識真在位，識百
> 不一有也；以位勢值，可薦致之士，十不一合也。或明足識真，有
> 所妨奪，不欲貢薦；或好貢薦，而不能識真。是故，知與不知，相
> 與分亂於總猥之中；實知者患於不得達效，不知者亦自以為未識。
> 所謂無由得效之難也。

文中以「萬不一遇」、「百不一有」、「十不一合」這樣的層次，表現「得效之
難」也。故他另特立此章來討論人物品鑑的結果、成效，比較可惜的是，用途
性質明確的書籍，反而很難舉出現況的例證加以討論。以蔣濟的《萬機論》
來說，雖有舉吳地二人同評一人之例，其評鑑結果是二人各有各自的評論，
品評結果各執一詞，因此蔣濟提出在品鑑人物時，不僅要聽他的言談，更要
核以行動，循名責實才能有全面而正確的評價，但在文中卻沒有後續的品鑑
例證，亦很難論斷使用系統化的品賞模式，更有助於用人的精準度。故可知

〔註114〕劉苑如：〈從品鑑到借鑑——葉德輝輯刻《山公啟事》與閱讀〉，頁199。

以理論為主的曹魏臣子，對人物品鑑的結果較少以當代的例證作為輔助，以檢驗人物品核的實質成效。

最特別的是山濤的《山公啟事》，啟文是實際上呈給君王的公文，因此人事的建議，更符合當時政局的情境，以文中最經典的例證為焦點，可以見到人物品鑑的結果：

> 吏部郎史曜出，處缺當選。濤薦咸曰：「真素寡欲，深識清濁，萬物
> 不能移也。若在官人之職，必妙絕於時。」詔用陸亮。（頁 591）

上文提及山濤在啟事中的推薦與皇帝最終的決斷不同，而最終陸亮因收賄而被撤職，果如山濤所料，擔任吏部郎一職，需有「真素寡欲」的人格特質。由此可見，《山公啟事》中在官人結果上，是頗具效用的，能幫助皇上任用適當人才，也能針對職務特色，加以評鑑所需的特質，相較於理論的說明，山濤的人物書寫又更具務實性。

第五節　小結

從先秦過渡到曹魏時期，隨著歷史時代的轉變，人民的心理與評價觀也有所不同，如上一章節討論過的《淮南子》，就是西漢以「知人」為核心的作品，它繼承了先秦的雜家的思想脈絡，亦結合了漢初的黃老思想，總結成為人員甄選與管理的作品。「智過萬人者謂之英，千人者謂之俊，百人者謂之傑，十人者謂之豪。」〔註115〕可見「智才」在人物品鑑上的重要性，與現代心理學的智能分類亦頗有呼應之處，這些轉變都是人物品鑑書寫在時間洪流中，透過時代氛圍、價值觀與心理需求，在人物鑑賞上，產生的差異。

其中到了漢末魏初，是人物品鑑書寫十分重要的一個階段，政治環境的變動，加之以人才的需求，讓才性的討論，成了時代的主題，曹魏名臣對於品評與用人的想法，以及劉卲《人物志》的產生，都代表著某一種時代心理的勃發，鄭玉光云：

> 提出了「情之理」的概念，而且闡述了「聰、思、明、辭、捷、
> 守、攻、奪」以及「喜、怒、惡、悅、姻、妒」等一系列心理學的
> 範疇，還提出了運用「悅人之謙」而實現「戰勝而爭不形」的心

〔註115〕何志華、朱國藩：《唐宋類書徵引《淮南子》資料彙編》（香港：中文大學出版社，2005 年），頁 281。

理應用方略。〔註116〕

按所述論及《人物志》在應用層面的跨域結合，心理概念與人物書寫的運用，可以配合時代的需求加以思考，劉劭透過系統化的整理，將品評人物的方法與面向重新詮解，正搭配著執政者用人唯才的政治目標，這樣科學化的品鑑書寫，開啟了不同的人物識鑑文化，西元 1937 年美國心理學家季‧凱‧斯萊奧克（J‧K‧Shyrock）曾把《人物志》編譯出版，譯名為《人類能力的研究》，可見《人物志》的重要性與影響性，這樣的識人之書，亦開啟了知人任官的文化脈絡，透過不同的心理探索，將人才觀的書寫帶向了實用的領域。

到了山濤所撰寫的《山公啟事》，更真實的反映了擔任吏部尚書一職，為朝廷選才任官的職場心理，馬予靜云：

> 這些獲得史家鼎力讚譽的《啟事》，不僅標示了山濤為官三十多年圓
> 通清明、惜守職任的主要政績，同時也代表魏晉時期人物品鑒之風
> 所具有的社會實用性的一個側面。〔註117〕

從上述可見《山公啟事》文字書寫的特色，從呈給皇帝的用人建議，可見山濤試圖藉由遴選人才，來完成他的政治抱負，並顯見自己的才識。曹魏時期的社會局勢大抵如此，群雄混亂與秩序凋敝，都讓有志之士試圖建立新的方向，帶領整個社會呈現出務實向上的氛圍。

這樣時代需求的轉換，自然也影響了接下來魏晉時期的人物品評視角，像是歐陽建（?～300）就提出〈言盡意論〉的主張，〔註118〕更有劉義慶的《世說新語》記載了名士間的言行與生活面貌，故徐復觀云：「人倫鑒識在無形中

〔註116〕鄭玉光：〈劉劭《人物志》所包含的心理學思想淺析〉，《山西師大學報（社會科學版）》，1994 年第 4 期，頁 86。

〔註117〕馬予靜：〈山濤與《山公啟事》〉，《古典文學知識》，2000 年第 4 期，頁 83。

〔註118〕《言盡意論》是為反對荀粲、王弼的「言不盡意」論而寫的。言意之辨讓人重新關注在自身的認識能力，相較於討論本源與本體等離生活較遠的文化傳統，歐陽建的提出的觀點，讓人物的識鑑更落實在日常應用與思考上，如「**言不暢志，則無以相接；名不辯物，則鑑識不顯。鑑識顯而名品殊，言稱接而情志暢。**」提及「鑑識」的概念，表明歐陽建在形而下的概念中，探討有形之域，它肯定了言語對現實社會的反映具一致性，雖然歐陽建的言盡意論，在推斷邏輯上，存在著一些問題，但若從人物品鑑的視角，可以發現他將品鑑務實在形體上，並透過言語、表象等實際方式，來做為成功的鑑識，雖然「鑑識顯」後，名品就能特殊，有提及一些內涵的層次，但大體而言，最重要的仍是透過話語，將外顯而可觀察的人物特徵掌握，才能達成有效鑑識的目的。

由政治地實用性，完成了向藝術的欣賞性的轉換。自此以後，玄學，尤其是莊學，成為鑒識的根柢。」〔註119〕隨著時代的遞進，人文精神的崛起，更體現了品鑑視角在層次與意境上提升與精蘊，魏晉清談之風，亦本於人物品評活動的興盛，林麗真曾云：「各地風土人物論除因『類』、因『時』之不同，而有人物優劣之辯外，魏晉談士亦有因『地』之不同而作人物高下之論者。」〔註120〕不同地域的人物論，有不一樣的風土民情，自有時代品鑑下的優劣之別，在《世說新語・言語72》載：

> 王中郎令伏玄度、習鑿齒論青、楚人物。臨成，以示韓康伯，康伯
> 都無言。王曰：「何故不言？」韓曰：「無可無不可。」

文本中提及青楚人物論，展現了各地方土人物論的品藻之辨，也可見人物鑒識風氣的蓬勃興盛，在此脈絡下，品評活動的紀錄與書寫有了不一樣的審美趣味，吳冠宏云：「品鑒語言中的形象語言便富涵美的興趣，精簡語言則更有理勝的意味，二者俱能顯才，於是品鑒語言成為名士特意經營之處。」〔註121〕書寫筆法的改變與對美感的追求，讓品評人物之優劣漸離實用的人才觀點，進入人物的風貌性情。

〔註119〕徐復觀：《中國藝術精神》（臺北：臺灣學生書局，1992 年 7 月第 11 版），頁 152。

〔註120〕林麗真：《魏晉清談主題之研究》（臺北：花木蘭出版社，2008 年），頁 102。

〔註121〕吳冠宏：《顏子形象與魏晉人物品鑒》（臺北：花木蘭出版社，2009 年），頁 89。

第四章　兩晉時期的品鑑書寫視域

　　在魏晉崇尚玄遠的時代思潮中，藉人物品鑑的精神勃發，而產生了氣度與神韻評賞，今可從記錄魏晉生活雜記的《世說新語》為探察對象，以觀察人物品藻在政經關係緊張對峙時，士人與百姓對品鑑文化的轉變，從〈品藻〉、〈容止〉、〈識鑒〉、〈賞譽〉等篇章的記載，可以看見形、神關係的轉換，亦可見相術脫離形象思維與實用人事的質材釐析，轉向美學與多元評價的精神鑑賞，正式將人倫識鑑由外而內帶至瞻形得神的境地，並由此察知識鑑文化在魏晉社會中扮演的重要地位，從觀人文化的變遷軌跡，可見玄學與政治發展的軸心脈絡。

　　自東漢黨錮之禍到魏武帝的唯才是舉，品鑑文化開始將不同的觸角延伸到新的面向，這些變化在《世說新語》這部反映人物風貌百態之「時代特性」的記錄中，可探其端倪，本章先追蹤影響魏晉品評觀念的背景與成因，再論及其發展脈絡之變遷，對兩晉品鑑文化作一統括性論述。

　　湯用彤云：「由漢至晉，談者由具體事實至抽象原理，由切近人事至玄遠理則，亦時勢所造成也。」〔註1〕由是可知，臧否人物之風與時代氛圍密不可分，主要可就兩個面向來探討，大體而言，在封建時期，政治是左右社會最首要的因素，也是對品鑑文化最深切的影響。首先，是士族崛起帶動玄風大盛，名士階級與皇權的爭鬥爭一直都是歷史重要之關鍵，也是建立品評文化威權之來源，東漢末年的黨錮之禍，表面上雖是名士與宦官的尖銳矛盾，實

〔註1〕湯用彤：《魏晉玄學論稿及其它》，頁13。

際上在宦官背後給予權力的即是皇權,時序來到曹魏政權,曹操也是努力地鞏固皇權,建立識鑑制度,以掌握社會人才,然而,司馬氏篡魏的歷史發展,凸顯了皇權不如名士階級的重要意義,「司馬氏的勝利代表著分權的世家豪族的勝利。」〔註2〕因此司馬政權,不再像曹魏施行名法之政,而是務尚寬簡,〔註3〕標誌著社會的評鑑文化,已從威權與標準落實到由士族掌握。

由是「相」觀念也因此有了轉變,如《世說新語·品藻37》載:

> 桓大司馬下都,問真長曰:「聞會稽王語奇進,爾邪?」劉曰:「極進,然故是第二流中人耳。」桓曰:「第一流復是誰?」劉曰:「正是我輩耳!」

從上文可推,當時玄風之盛,人物等第也藉此有一番不同的視察角度,這正是名士階級依其品評權威所樹立的新標準,從曹魏建國初期,社會由征伐漸趨安定之際,建武唯才是舉的口號,以真才實學為主,不論德行優劣,局勢安定後,曹操依舊照著傳統的任才方針治國,因此,產生了汝穎集團與譙沛集團的競爭衝突,「汝穎集團以士族為主,譙沛集團則以一般豪族(強宗大姓)為主。」〔註4〕士族階級指的是「以族舉德」〔註5〕的權貴階層,在儒家以德為首的標榜下,東漢時即崛起的中流砥柱,司馬氏一派即是屬於汝穎集團;一般豪族指的是因事功而建立的封賞地位,若從德行來評判人才,這些豪族權力的合理性便會受到質疑,所以在正始年間,司馬懿與曹爽關係緊張之初,汝穎集團與譙沛集團人才間相互的競爭日趨激烈,連帶展示著皇權與士族權力如火如荼的攻防。

曹爽為曹真之子、曹操的姪孫,曹真父親因拯救曹操而喪命,將他收為養子,故深究曹爽身分,其血統非正統的士族,加之以其周邊人才何晏、李勝、丁謐皆家世無聞,非士族出身,全憑才幹躍居政壇,為了與汝穎集團手執儒家德行的口號抗衡,注《老》、注《莊》的風氣開始產生,雖然最後的結果是司馬氏的一統天下,但玄學思潮已成為時代的種子,順著士族權力的興

〔註2〕何茲全:《中國古代及中世紀史》(廈門:鷺江出版社,2003年),頁135~136。
〔註3〕余英時〈漢晉之際士之新自覺與新思潮〉一文中指出了這一點,他說:「典午當權,一反曹魏名法之政,務尚寬簡,士大夫固已無需爭取群體之自由。」《中國知識階層史論》,頁205~327。
〔註4〕林童照:《六朝人才觀與文學》(臺北:文津出版社,1995年5月),頁52。
〔註5〕東漢·王符《潛夫論·論榮》載:「今觀俗士之論也,以族舉德,以位命賢。」收錄自編輯部主編:《百子全書》(臺北:黎明文化,1996年),頁1909。

起與皇權的衰落，曹操、曹丕時代用以遏制士族力量的峻法與屯田制，已在力量的消長上產生了矛盾，若從人才品鑑機制的九品官人法，也可見其端倪，原先是中央為了壟斷擇官權力而定下的制度，如今卻成為士族掌握大權的手段，與曹魏初期的想法大相逕庭。在皇權與士族權力交替裡，可見「典午當權，一反曹魏名法之政，務尚寬簡，士大夫固已無需爭取群體之自由。」〔註6〕士族越發自由，玄風更盛，尤其到了東晉，北方士族大舉遷徙南方，為了彰顯其優越感，而大倡玄風，使得從孫吳時代即無從參與玄學的南方，相形見絀，玄學成為北方士族的保護屏障，「於是透過玄學，僑姓士族就證明了自身優越於吳姓士族。這自然也為僑姓士族在僑、吳士族的競爭中，繼續維持優越政治地位的合理性，提出了證明。」〔註7〕因此，以玄學為標準的品鑑文化由是展開，人物品評也日益趨向玄風指向的美學與多元觀點。

　　其次，是社會的殘酷現實，迫使人們重新思考生與死的意義，在春秋早期，相人術興起的社會基礎，是依附於人們對自我的惶惶不安，無法掌握自己命運，卻又充滿渴望的心理需求，是希望與壓迫並存的時代，以魏晉論之，從人的平均壽命不超過三十歲來看，〔註8〕可見其動盪不安，並不遜於春秋早期的頻繁征伐，這其中政治的黑暗、叛亂的頻仍、高平陵之亂的名士折半，都深刻的影響了人們的生命定義，儒家所推崇的三綱與道德層面，在短促的人生中飽受質疑，所以此時，面對生活困境的方式，便是從儒、道轉換到魏武帝時期實用的效能觀點，且最後因強烈失望與保全考量之下，逐步走向如《世說新語・簡傲1》提及阮籍「箕踞嘯歌，酣放自若。」的佯狂，或是如《世說新語・任誕3》記載劉伶「引酒進肉，隗然已醉」的享受當下，因此相較實質的人事任用，在朝不保夕的時序中，會更重視內在的精神情貌，以符合「門閥士族們的貴族氣派」〔註9〕讓風度神貌的講求成為美的標準，亦呼應了兩晉「玄風」的特色，王葆玹云：

　　　　中國古代哲學中的這種抽象往往是形上學的抽象，中國古代形上學
　　　　又往往是一種內省的、直覺體悟的學問，那麼，玄學之「深」當何
　　　　指，便很明白了，這種「深」便是用內省的、思辨的方式，超出形

〔註6〕余英時〈漢晉之際士之新自覺與新思潮〉，《中國知識階層史論》，頁205～327。
〔註7〕林童照：《六朝人才觀與文學》，頁123。
〔註8〕曾忠恕：《中國全史——人口史》（北京：經濟日報出版社，1999年），頁121。
〔註9〕宗白華：《美學散步》（上海：上海人民出版社，1980年），頁84。

上而達到極其抽象的程度。〔註10〕

按所述呈現了玄學的「內省性」，這樣體悟的思維，也成了人物品鑑的指標，玄學之「深」，亦帶動品評的視角，更具抽象精神意蘊，而能從真至美，從外到內，從實到虛，成為帶有兩晉特色的品鑑文化。

美學的概念，也在這個時代活躍於名士的心靈中，吳功正云：「名士風流影響了整個六朝的美學狀貌。六朝的審美主體過著清潤曠達的藝術性的人生生活，從而形成了清輝與靈氣的審美境域。」〔註11〕藝術性的審美精神，不只影響了繪畫、書法等文藝領域，也擴及了人物品鑑的思維與重心，加之以書寫上的美感脈絡，對人物內在精神的描摹，更顯細膩與著重。若細部去探討人物品評與美學的連結，它與曹魏的觀人系統大異其趣，袁濟喜云：

> 作為一種不同於兩漢美學的獨立的意識形態，它同它的載體：士族
> 階層崛起有關。可以這麼說，兩漢美學的主體一儒家的審美觀代表
> 兩漢大一統帝國的專制皇權利益；而六朝美學從某種程度來說，即
> 是六朝士族的美學。〔註12〕

六朝士族的美學，與自我內心的覺醒有關，美學發展既與名士精神息息相關，故在探討人物品鑑時，更需疏理此概念，融入士人的生活與褒貶，在美學的浸染下，評賞人物也成了一種社會現實的審美活動，甚至影響了名士的地位與名聲，這樣審美理想的推崇，讓「美」的概念有了不一樣的視角，形成了一個風神卓然的超逸時期。

對於魏晉品鑑觀念演進的脈絡論之，《世說新語》因跨越的時代從漢朝至兩晉，所以全書即清楚的記載了人倫品評在時間流中演進的面貌，像是〈術解3〉曾載：「人有相羊祜父墓，後應出受命君。祜惡其言，遂倔斷墓後，以壞其勢。相者立視之，曰：『猶應出折臂三公。』俄而祜墜馬折臂，位果至公。」這種對風水地理的傳統相術，恰似春秋時期，術數文化剛成型的型態，它藉祖先墓地的觀察，來推知後人的吉凶禍福，並決定人的任官地位，在神秘力量之外，加入了實用性的色彩，可視為相術發展的初步面貌，置於《世說新語》的文字之中，更增添了縱貫研究的文化價值。

〔註10〕王葆玹：《玄學通論》（臺北：五南圖書出版，1996年），頁28。
〔註11〕吳功正：《六朝美學史》（江蘇：江蘇美術出版社，1994年），頁8。
〔註12〕袁濟喜：《六朝美學》（北京：北京大學出版社，1989年），頁9。

第一節　《世說新語》的「德行」品鑑書寫

　　《世說新語》在篇目編排上以「德行」為首，即展現了其橫跨時代與各家思想的特性，其實，人物品鑑的文化視域本質上就應該有多元視野的傳承與創新，故本節以「德行」為品評人物的核心，而德行的概念頗廣泛，「所涉之『道、德、仁』三字卻是孔子學說中極為重要的中心概念。」〔註13〕本節亦把《世說新語》中呈現的德行觀作一梳理，並分成男女不同的性別角色加以探索，讓人了解魏晉人物品鑑與德行的對話與時代互動。

壹、男性德行品鑑描寫

　　《世說新語》在人物品評上著重於發現人物品質內涵，范子燁指出：「是對人進行從形骨到神明的審美批評和道德判斷。」〔註14〕可知從形骨到精神內涵、道德與審美都是品鑑人物的面向，若從劉義慶在編選《世說新語》的門類安排，「德行篇」列為篇首，也可見其重視，且門類依序為孔門四科：德行、言語、政事、文學的編排原則，可見其受儒家思維影響之深，亦可見《世說新語》一書在時間橫跨脈絡上的演進。就當時的學術思維而言，彭昊云：

> 士人對於儒學的改造，即向玄學的轉變是在儒學的基礎之上完成的，時人並沒有完全拋棄儒學的基本立場，不論是援儒入道或援道入儒，都是在經典之權威已經樹立的情況之下，尋找屬於自己自由的新空間。〔註15〕

由上可知，在風氣改變的魏晉思潮中，探究人物品鑑的書寫，道德層面，終究是無法略而不談的部分，甚或更應該思考道德思維流傳到魏晉，仍被時代讚揚與歌頌的價值體系為何？有何獨特性？藉由《世說新語》一書的德行品評描寫，或能一窺其奧妙。

　　若綜觀《世說新語》中關於男子德行的品鑑，大致可以分成幾個面向，孝順、清廉、情義、友德與儒家道統等觀人視角，在魏晉的時代背景中，碰撞出獨樹一幟的火花，激盪出對人物鑑賞的評鑑角度，以下將分項論之。

　　按孝順是晉代立國的根本，亦是當時維繫社會的重要禮法，張宏慧言：

〔註13〕吳冠宏：《從儒理到玄義——《論語》與《世說新語》之詮釋理路的探索》（臺北：新文豐出版股份有限公司，2017年），頁14。

〔註14〕范子燁：《中古文人生活研究》（濟南：山東教育出版社，2001年），頁3。

〔註15〕彭昊：〈《世說新語》人物品評的儒學淵源〉，《湘潭大學學報（哲學社會科學版）》，頁129。

魏晉南朝時期，重孝尚悌之風遍於社會。「二十四孝」中的「王祥臥冰」、「孟宗哭筍」、「陸績懷桔」、「吳猛飼蚊」等事蹟，就是那個時代孝行孝道的典型。這個時期的史書上， 開始出現「孝義」、「孝友」、「孝感」、「孝行」等標目的類傳，專門記述表彰以孝行名世的人物。〔註16〕

按所言提及了兩晉時代對於「孝」的重視，這樣的德行推崇，亦體現在《世說新語》的人物品鑑上，「孝」的典型，成為一種品評人物的標準，以下舉幾則以孝為德的人物評賞書寫為例，如〈德行26〉、〈德行29〉、〈德行38〉載：

祖光祿少孤貧，性至孝，常自為母炊爨作食。王平北聞其佳名，以兩婢餉之，因取為中郎。有人戲之者曰：「奴價倍婢。」祖云：「百里奚亦何必輕於五羖之皮邪！」〈德行26〉

王長豫為人謹順，事親盡色養之孝。丞相見長豫輒喜，見敬豫輒嗔。長豫與丞相語，恒以慎密為端。丞相還臺，及行，未嘗不送至車後。恒與曹夫人並當箱篋。長豫亡後，丞相還臺，登車後，哭至臺門。曹夫人作簏，封而不忍開。〈德行29〉

范宣年八歲，後園挑菜，誤傷指，大啼。人問：「痛邪？」答曰：「非為痛，身體髮膚，不敢毀傷，是以啼耳。」宣潔行廉約，韓豫章遺絹百匹，不受。減五十匹，復不受。如是減半，遂至一匹，既終不受。韓後與范同載，就車中裂二丈與范，云：「人寧可使婦無惲邪？」范笑而受之。〈德行38〉

文中提及祖光祿「性至孝」、王長豫「為人謹順」且「親盡色養之孝」、范宣強調身體髮膚，不敢毀傷且「潔行廉約」，在文本書寫上，皆重視孝順的重要，可見此時的人物品鑑觀察對於「德行」層面，亦有所揭示。

另在〈德行42〉、〈德行45〉、〈德行46〉、〈德行47〉載：

王僕射在江州，為殷、桓所逐，奔竄豫章，存亡未測。王綏在都，既憂悁在貌，居處飲食，每事有降。時人謂為試守孝子。〈德行42〉

吳郡陳遺，家至孝。母好食鐺底焦飯，遺作郡主簿，恒裝一囊，每煮食，輒貯錄焦飯，歸以遺母。後值孫恩賊出吳郡，袁府君即日便

〔註16〕張宏慧：〈魏晉南朝時期「重孝」文化心態探論〉，《許昌師專學報》，2002年第4期，頁52。

征，遺已聚斂得數斗焦飯，未展歸家，遂帶以從軍。戰於滬瀆，敗，
軍人潰散，逃走山澤，皆多饑死，遺獨以焦飯得活。時人以為純孝
之報也。〈德行45〉

孔僕射為孝武侍中，豫蒙眷接烈宗山陵。孔時為太常，形素羸瘦，
著重服，竟日涕泗流漣，見者以為真孝子。〈德行46〉

吳道助、附子兄弟居在丹陽郡。後遭母童夫人艱，朝夕哭臨。及思
至，賓客吊省，號踊哀絕，路人為之落淚。韓康伯時為丹陽尹，母
殷在郡，每聞二吳之哭，輒為悽惻。語康伯曰：「汝若為選官，當好
料理此人。」康伯亦甚相知。韓後果為吏部尚書。大吳不免哀制，
小吳遂大貴達。〈德行47〉

王僕被時人謂為「試守孝子」、陳遺亦被時人譽為「純孝」、孔僕射讓見者皆
以為「真孝子」、吳道助兄弟喪母，朝夕哭臨，路人為之落淚，這些記載都可
見「孝」的德行在時代中扮演的角色，徐復觀曾言：

在人性論，則是為了達到潛伏著生命根源、道德根源的呈現——而
加（將）內在的精神以處理、操運的，這才可謂之工夫。人性論的
工夫，可以說是人首先對自己生理作用加以批評、澄汰、擺脫；因
而向生命的內層迫進，以發現、把握、擴充自己的生命根源、道德
根源的，不用手作的工作。〔註17〕

按道德根源亦與人性的外在與內層有關，自然也與人物的批評論息息相關，
故兩晉時期士風異變，對於精神與內在自覺更為深入，但傳統的道德意蘊，
作為觀察人性的根源，「孝」亦是兩晉時期關注的要點。

《世說新語》中關於「孝」的讚揚文本數量很多，也常以「孝」作為衡量
人物品格，甚至是為官的關鍵，魯迅曾對「孝」變成魏晉時期人物褒貶標準
的原因，有一番評論：「因為天位從禪讓，即巧取豪奪而來，若主張以忠治天
下，他們的立腳點便不穩，辦事便棘手，立論也難了，所以一定要以孝治天
下。」〔註18〕可見「孝」作為魏晉時代中最適合的德行宣導政令，在《世說
新語》中自有不少篇幅著墨，此皆是對人物孝行的推崇。

若從從政的角度來看，為官清廉，以國家政局為重，個人私利為輕，乃

〔註17〕徐復觀：《中國人性論史》（臺北：商務印書館，1987年），頁460。
〔註18〕魯迅：《魯迅全集·魏晉風度及文章與藥及酒之關係》（北京：人民文學出版
社，1973年），頁501。

是有品有格的行政官員，在《世說新語》中，對於為政者的品德十分重視，以東晉著名政治家謝安為例，可以發現「謝安在 114 則故事中出現，占《世說》所有條目（1130 則）的 10.09%，是《世說》描寫次數最多的一位，且遠遠超過其他名士。」〔註19〕他是《世說新語》刻劃最頻繁、出場次數最多的人物，亦是東晉名士風範的代表者。唐代李翰《蒙求》曾載：「王戎簡要，裴楷清通。孔明臥龍，呂望非熊。楊震關西，丁寬易東。謝安高潔，王導公忠。」〔註20〕謝安的高潔從其生平事蹟，可略見一二。謝安當政時，行事以大局為重，不結黨營私，調和東晉內部矛盾，穩定動盪的政局，在北伐勝利、功成名就之際，謝安還能急流勇退，不戀權位，可見人品之超凡脫俗。無怪乎史傳中稱頌他「君子哉，斯人也！」〔註21〕以下引《世說新語》中幾則對謝安的觀察，作為論述，如〈品藻55〉、〈品藻59〉載：

> 王右軍問許玄度：「卿自言何如安石？」許未答，王因曰：「安石故相為雄，阿萬當裂眼爭邪？」〈品藻55〉

> 孫承公云：「謝公清於無奕，潤於林道。」〈品藻59〉

這兩則的評論者是王羲之與孫承公。王羲之認為謝安會對許玄度稱雄，謝安的弟弟謝萬則會怒目相爭，本則的重點並不在這三個人誰的才能較高，而是在於心性的寬闊與高超上的對比，由王羲之的評賞觀點來看，明顯是謝安更勝一籌。又孫承公評論謝安比無奕更「清」，無奕指的是謝奕，即謝安的哥哥，此清者，意思上指其為人高潔，德行清高之意，正可見其對謝安的人品與德行之賞譽。

除了謝安之外，《世說新語》中亦記載了許多對於從政清廉的品德描寫，以下舉〈德行6〉、〈德行40〉與〈言語9〉三則為例說明：

> 陳太丘詣荀朗陵，貧儉無僕役，乃使元方將車，季方持杖後從。長文尚小，載著車中。既至，荀使叔慈應門，慈明行酒，餘六龍下食。文若亦小，坐著膝前。于時太史奏：「真人東行。」〈德行6〉

> 殷仲堪既為荊州，值水儉，食常五盌盤，外無餘肴；飯粒脫落盤席間，輒拾以啖之。雖欲率物，亦緣其性真素。每語子弟云：「勿以我

〔註19〕林憲亮：〈論《世說新語》中的謝安形象〉，《長江學術》2012 年第 4 期，頁 31。

〔註20〕黃鈞：《全唐詩》（湖南：嶽麓書社，1998 年），頁 777。

〔註21〕唐‧房玄齡等撰，楊家駱編：〈謝安傳〉，《晉書》，頁 2090。

受任方州，云我豁平昔時意，今吾處之不易。貧者士之常，焉得登枝而捐其本！爾曹其存之！」〈德行40〉

南郡龐士元聞司馬德操在穎川，故二千里候之。至，遇德操采桑，士元從車中謂曰：「吾聞丈夫處世，當帶金佩紫，焉有屈洪流之量，而執絲婦之事！」德操曰：「子且下車。子適知邪徑之速，不慮失道之迷。昔伯成耦耕，不慕諸侯之榮；原憲桑樞，不易有官之宅。何有坐則華屋，行則肥馬，侍女數十，然後為奇！此乃許、父所以忼慨，夷、齊所以長歎。雖有竊秦之爵，千駟之富，不足貴也。」士元曰：「僕生出邊垂，寡見大義。若不一叩洪鐘、伐雷鼓，則不識其音響也。」〈言語9〉

從第一則書寫中，描寫了陳太丘為官之清廉，「貧儉無僕役」可見從政時的光風霽月，文中特別寫到了幾個孩子分工去完成僕役之事，藉由孩子也必須勞動，側面烘托出陳太丘勤儉清廉的政治形象。第二則中殷仲堪在面對水災歉收時的節儉作風，更是為官者的表率，苦民所苦，並且還提醒自己的子侄，不要改變樸實的生活風格，「貧者士之常」更道出了官員與做人知本。第三則更以高官顯貴對比隱士儉樸的節操，不羨慕榮華富貴，更重視德行操守，在文中清楚地呈現對於人物優劣的德行品評。

在情義的描寫上，是《世說新語》中十分獨特的德行書寫，一方面展現了道德良知的標準，另一方面也看見了魏晉時期，除了禮法之外，亦有對內心情義的認同。李榮明辨析德行之真諦言：「履行義務與其他任何行為的性質一樣，必須基於人性的內在需要，而不是基於體制的與交往的需要。」〔註22〕因此在情義面向的德行展現，是此時期重視人性內在的需要，像是在《世說新語・德行9》中人物品鑑的書寫即呈現了此項特色：

荀巨伯遠看友人疾，值胡賊攻郡，友人語巨伯曰：「吾今死矣，子可去！」巨伯曰：「遠來相視，子令吾去；敗義以求生，豈荀巨伯所行邪！」賊既至，謂巨伯曰：「大軍至，一郡盡空，汝何男子，而敢獨止？」巨伯曰：「友人有疾，不忍委之，寧以我身代友人命。」賊相謂曰：「我輩無義之人，而入有義之國！」遂班軍而還，一郡並獲全。

文中提及荀巨伯在生死交關之時，不棄朋友而去，「友人有疾，不忍委之，寧

〔註22〕李榮明：〈《世說新語》的德性觀念〉，《中山大學學報（社會科學版）》，2002年第6期，頁41。

以我身代友人命。」願以自己的生命去換朋友性命的情義，讓無義的胡賊都深受感動，撤軍而還，這樣的德行與傳統不同，乃更回歸人性內心的情感描寫。此則的情義，更涉及友道之義，《世說新語》中對於友情間的情感，朋友間的德行知賞，亦有載寫，如〈德行11〉、〈識鑒3〉：

> 管寧、華歆共園中鋤菜，見地有片金，管揮鋤與瓦石不異，華捉而擲去之。又嘗同席讀書，有乘軒冕過門者，寧讀如故，歆廢書出看。寧割席分坐曰：「子非吾友也。」〈德行11〉

> 何晏、鄧颺、夏侯玄並求傅嘏交，而嘏終不許。諸人乃因荀粲說合之。謂嘏曰：「夏侯太初一時之傑士，虛心於子，而卿意懷不可，交合則好成，不合則致隙。二賢若穆，則國之休，此藺相如所以下廉頗也。」傅曰：「夏侯太初，志大心勞，能合虛譽，誠所謂利口覆國之人。何晏、鄧颺，有為而躁，博而寡要，外好利而內無關籥，貴同惡異，多言而妬前。多言多釁，妬前無親。以吾觀之：此三賢者，皆敗德之人耳！遠之猶恐羅禍，況可親之邪！」後皆如其言。〈識鑒3〉

上述對於朋友情感的品鑑描寫，多是在交友上透過品德的觀察，決定與對方的交往程度，在第一則中，管寧從華歆「廢書」的行為，看見他讀書的心志不堅，進而連結到他內心對於德行與學問追求的不足，故拒絕與之為伍。第二則中，傅嘏始終不願意答應何晏、鄧颺、夏侯玄的交友邀請，荀粲來說服他，希望國家中的豪傑之士，能互相合作，但傅嘏的一番分析，道出了他對這三個人的識鑑，且主要是從德行操守來看，「此三賢者，皆敗德之人耳」故不願與他們交往，一方面看見了傅嘏對於德行的推崇，另一方面也看見他觀人之審。〔註23〕

　　最後，在儒家道統的部分，魏晉時期玄學雖然興盛，但儒家思想並沒有消失在時代中，王仲犖云：「因為儒家思想對鞏固封建社會的倫常秩序來講，最是適合統治階級的需要的，他既沒有玄學思想帶有的那種消極因素，又不像佛教一樣存在著分割民戶影響國家租調收入和兵源的危險，所以統治階級還

〔註23〕　在余嘉錫的箋疏中提及此條目，蓋此亦涉及黨際關係，夏侯玄本與傅嘏善，然兩者各行其志，嘏為司馬氏之死黨，而玄則司馬師之讎敵也，因此兩人後不相交；又按何晏、鄧颺雖有浮華之過，但二人並為一時名士，傅嘏不與之結交的原因，還是在於兩人限於曹爽之黨，為司馬氏不容所故。

是要發展儒家思想的。」〔註24〕可知儒家對當政者來說，仍有著穩定社會的效果，此在《世說新語》中仍可見以儒家品性為準則的人物品鑑書寫。

據《世說新語·德行13》載：

> 華歆、王朗俱乘船避難，有一人欲依附，歆輒難之。朗曰：「幸尚寬，何為不可？」後賊追至，王欲舍所攜人。歆曰：「本所以疑，正為此耳。既已納其自托，寧可以急相棄邪？」遂攜拯如初。世以此定華、王之優劣。

此則強調許諾守約的重要，君子言行須一致，不可在利害交關之際，背信棄義，這是君子的風範，體現了儒家一諾千金的人格精神。

據《世說新語·言語7》載：

> 荀慈明與汝南袁閬相見，問潁川人士，慈明先及諸兄。閬笑曰：「士但可因親舊而已乎？」慈明曰：「足下相難，依據者何經？」閬曰「方問國士，而及諸兄，是以尤之耳！」慈明曰：「昔者祁奚內舉不失其子，外舉不失其讎，以為至公。公旦《文王》之詩，不論堯、舜之德而頌文、武者，親親之義也。《春秋》之義，內其國而外諸夏。且不愛其親而愛他人者，不為悖德乎？」

此則提及內舉不避親的用人原則，更直接與品鑑人物連結，在任用職務時，秉持公正的原則，亦是一種儒家精神的展現。

另《世說新語·方正2》載：

> 南陽宗世林，魏武同時，而甚薄其為人，不與之交。及魏武作司空，總朝政，從容問宗曰：「可以交未？」答曰：「松柏之志猶存。」世林既以忤旨見疏，位不配德。文帝兄弟每造其門，皆獨拜床下。其見禮如此。

此則以德行與權位作為對比，強調了內在品格的重要，透過文本的敘述，表現了儒家精神與功利主義的高低權衡。

又《世說新語·品藻1》載：

> 汝南陳仲舉、潁川李元禮二人，共論其功德，不能定先後。蔡伯喈評之曰：「陳仲舉彊於犯上，李元禮嚴於攝下。犯上難，攝下易。」仲舉遂在三君之下，元禮居八俊之上。

此則描寫人們談論德行高低的比較，透過蔡伯喈的評論，可見當時名士亦對

人物的品德有所重視。

綜上所論，儒家體系的精神意蘊，深刻地影響人物品鑑的書寫脈絡，亦展現了德行的典型價值，吳冠宏云：「儒家由內而外，將個人、家庭、社會、國家、民族、文化、自然、宇宙各層級皆化涵人文精神，王道一貫，成己成物，仁心周流不已的創生。」〔註25〕體現儒家人文內涵擴及的領域，因此品評活動亦是一種文化風尚。

貳、女性德行品鑑描寫

若從女性的視角來看德行，在《世說新語》中出現的女性角色大抵為妻子與母親，還是不脫家庭與父權中心的社會思維，在《晉書・列女傳》云「一操可稱，一藝可紀，咸皆撰錄，為之傳云」，〔註26〕可見節操與才藝是當時魏晉社會稱讚女子的兩個標準，而在本小節即聚焦以探討女性的節操與德行的層面，並分成妻子與母親兩種身分角色來探討人物品鑑的書寫。

以篇幅來說母親的書寫較妻子為多，但這兩者其實在身分上也頗為相關，女子可能同時是妻子，亦同時為母親，在《世說新語・賢媛15》中曾記載了王汝南娶了美貌賢淑的郝氏，後「生東海，遂為王氏母儀。」文中對她「母儀」的觀察闡述為「令茲淑德」、「舉動容止不失常」，這與《後漢書》中對於婦人德行的描寫：「清閑貞靜，守節整齊，行己有恥，動靜有法，是謂婦德。」〔註27〕可以相互呼應，都可以視為對當代女性的品鑑標準，王汝南因為看重郝氏行為舉止的貞靜與法度，而娶之為妻，其後果為賢母，這亦可看出當時代對於母親德行的要求。

錢穆在《國史大綱》中曾提到：「當時（魏晉時期）極重家教門風，孝弟婦德，皆從兩漢儒學傳來，堪稱中國史上第一、第二流人物者，亦復多有。」〔註28〕其中，在〈賢媛〉篇中最具婦人德行的母親，非陶侃母莫屬，余嘉錫云：「有晉一代，唯陶母能教子，為有母儀。」雖然魏晉婦女不似漢代男尊女卑的女性角色塑造，在時代風氣下，讓女性有著更多才藝發展的空間，日常互動也較為活潑真情，但是漢代以來，所強調的貞順與德行傳統，亦能夠在《世說新語》母親身分的扮演中看見賢德的傳承。在《世說新語・賢媛19》、

〔註25〕吳冠宏：《顏子形象與魏晉人物品鑒》，頁101～102。
〔註26〕唐・房玄齡等撰，楊家駱編：〈列女傳〉，《晉書》，頁2507。
〔註27〕劉宋・范曄撰，唐・李賢等注，楊家駱編：〈列女傳〉，《後漢書》，頁2789。
〔註28〕錢穆：《國史大綱》（北京：商務印書館，1996年），頁309～310。

《世說新語・賢媛20》中，與陶侃母相關的記載共有兩則：

> 陶公少有大志，家酷貧，與母湛氏同居。同郡范逵素知名，舉孝廉，投侃宿。于時冰雪積日，侃室如懸磬，而逵馬僕甚多。侃母湛氏語侃曰：「汝但出外留客，吾自為計。」湛頭髮委地，下為二髢，賣得數斛米，斫諸屋柱，悉割半為薪，剉諸薦以為馬草。日夕，遂設精食，從者皆無所乏。逵既歎其才辯，又深愧其厚意。明旦去，侃追送不已，且百里許。逵曰：「路已遠，君宜還。」侃猶不返，逵曰：「卿可去矣！至洛陽，當相為美談。」侃迺返。逵及洛，遂稱之於羊晫、顧榮諸人，大獲美譽。〈賢媛19〉

> 陶公少時，作魚梁吏，嘗以坩鮓餉母。母封鮓付使，反書責侃曰：「汝為吏，以官物見餉，非唯不益，乃增吾憂也。」〈賢媛20〉

陶侃母剪下頭髮，幫忙款待兒子的朋友，並且在拮据中，有條不紊地把柴火、馬草，甚至連隨從的飲食都準備妥貼，可以看出她善於持家，而且能在重要的時機適時地幫助兒子，更加凸顯了母親角色的賢德，也看出了母親對兒子的影響，《晉書・列女傳》中亦載：「逵聞之，歎息曰：『非此母不生此子！』侃竟以功名顯。」〔註29〕可知陶侃母以賢德之名，為兒子鋪展功名之路。另外，在陶侃為官後，孝順的他送了一罐醃魚給母親，明明只是微不足道的小禮物，對於德行有所堅持的陶侃母親，卻認為以惡小而為之的行為感到不安，因此，以身作則地將東西退回，並告誡兒子不可假公濟私，可知陶侃母的家教甚嚴，使得母德與母教、母儀有了連結，後陶侃果然有為有守，成為令人稱頌的軍事與政治家，從《世說新語・賢媛》中收錄兩則陶母事蹟，可見編者對於女性德行的認同，這樣的品評視角，展現了魏晉時期對母德的重視與稱頌。王永平指出：「其子多品學兼優，其中原因固然非止一端，但顯然與其母親高尚品格的薰陶和母愛的情感滋潤密切相關。」〔註30〕如此，都顯見了母親角色在德行上對孩子的示範與引導作用，亦可見魏晉婦人在德行上的傳承與演進。

　　然而《世說新語》中對於女德的描述，較無「守貞」等節烈的形樣刻描繪，反而多著重在品格的潛移默化上，像是在《世說新語・賢媛27》中載：

〔註29〕唐・房玄齡等撰，楊家駱編：《晉書・列女傳》，頁2512。

〔註30〕王永平：〈魏晉南朝士族社會之女教與「母教」——從一個側面看中古士族文化之傳承〉，《河北學刊》，2016年第2期，頁63。

「韓康伯母，隱古几毀壞，卜鞠見几惡，欲易之。答曰：『我若不隱此，汝何以得見古物？』」卜鞠是韓母的外孫，生活奢靡，平時所用器物，力求新異，常「以富貴驕人」，韓母以此言諷刺他的豪奢，雖不是自己的孩子，但對於晚輩的不妥當的行為，韓母仍真實的表達了自己的想法，也從中展現她節儉持家的品德，相較於劉向《列女傳》對於「毀容守貞」的推崇，林素娟云：「士人讚許的烈婦集中在守寡的事件上，守寡的專貞、不貳嫁，甚至以極激烈之法成德、殉德，成為關注焦點。」〔註31〕《世說新語》中對於女性德行的描寫，反而集中於日常生活中的言行舉止、品行修養，像是在《世說新語·賢媛22》中載：「庾玉臺，希之弟也。希誅，將戮玉臺。玉臺子婦，宣武弟桓豁女也，徒跣求進，闔禁不內。女厲聲曰：『是何小人！我伯父門，不聽我前！』因突入，號泣請曰：『庾玉臺常因人腳短三寸，當復能作賊不？』宣武笑曰：「壻故自急。」遂原玉臺一門。」玉臺子婦為了拯救自己的丈夫，不惜光著腳衝去向桓溫求情，最終赦免了庾玉臺一門，可見玉臺子婦為了丈夫一門，誓死守護的決心，其中雖與《列女傳》著重的面向稍有不同，但亦是對於婦女德行的一種刻劃與讚揚。

第二節　《世說新語》的「才性」品鑑書寫

　　魏晉六朝的人才鑑賞觀念，強調德才兼備的士族風骨，故本節探討《世說新語》中「才性」的人物描寫，林童照云：「這時代的任官理論，著重在由人的外顯風姿，以判定其人材質的觀點，使得士族的所謂『士大夫風操』，有著重大的意義，對於士族子弟的踵繼任官，有著極為顯著的說服力。」〔註32〕由此可見，判定其人材質的觀點在魏晉品鑑書寫上，亦是十分重要的觀看重點，故本節亦從男女兩種身分視角，著重「才性」的品鑑書寫，照見《世說新語》繼承《人物志》材質概念的人才觀。

壹、男性才性品鑑描寫

　　魏晉時期著重士人之「才」，據阮忠勇指出：「《世說新語》中，與『才』有關的詞語大量出現，　出現的次數大約有 70 多次，諸如『天才』、『大才』、

〔註31〕林素娟：《美好與醜惡的文化論述——先秦兩漢觀人、論相中的禮儀、性別與身體觀》（臺北：臺灣學生，2011 年），頁 207。
〔註32〕林童照：《六朝人才觀與文學》，頁 63。

『英才』、『俊才』、『長才』、『清才』、『異才』、『高才』、『滯才』、『才情』、『才智』、『才藻』等等，由此足見魏晉是一個極其崇尚才智的時代。」〔註33〕「才」在《世說新語》中出現的比重很高，也代表著對於人物才識的重視，在〈賞譽28〉即載「太傅府有三才：劉慶孫長才，潘陽仲大才，裴景聲清才。」可見「才」對當時的人物識鑑頗為重要，若細分《世說新語》中呈現的人物之才，就男性而言，大抵可以分成政治之才、清談之才、識鑑之才與文采之才等面向。

一、《世說新語》中男子政治之才的品鑑描寫

時代紛亂的魏晉時期，政治與名士的家族、仕途乃至生命息息相關，故在《世說新語》中描述了許多富有政治才幹的典型人物，像是東晉時期的謝安，若從政治視角來看他的一生，可用40歲作為分水嶺，〔註34〕前半生寄情山水，遠離塵世喧囂，出則與朋友遊山玩水，把酒言歡，居家則清談吟詩，撰寫文章；後半生則入仕為官，為家國分憂，官至宰相。在政治上，他挫敗桓溫篡位，指揮晉軍在淝水之戰中以少勝多，取得關鍵勝利，為東晉帶來幾十年的寧靜和平。在他身上既有文士寄情山水的隱逸傾向，又有政治家的遠見卓識。若從官人「才性」的角度來看，他的政治成就，是識鑑活動的重要聚焦點，以下引《世說新語》中三則事蹟，來討論品評者對謝安從政之才的觀點，據〈識鑑21〉、〈賞譽102〉、〈品藻45〉載：

> 謝公在東山畜妓，簡文曰：「安石必出。既與人同樂，亦不得不與人同憂。〈識鑑21〉

> 謝公作宣武司馬，屬門生數十人於田曹中郎趙悅子。悅子以告宣武，宣武云：「且為用半。」趙俄而悉用之，曰：「昔安石在東山，縉紳敦逼，恐不豫人事；況今自鄉選，反違之邪？」〈賞譽102〉

> 桓公問孔西陽「安石何如仲文？」孔思未對，反問公曰「『何如？』」答曰：「安石居然不可陵踐其處，故乃勝也。」〈品藻45〉

上述幾則的評論者分別為簡文帝、趙悅子與桓溫，三者在政壇皆有權力地位。以簡文帝來說，他卻對隱居東山的謝安掛懷。謝安的前半生，雖遠離世俗，

〔註33〕阮忠勇：〈從《世說新語》看魏晉士人之重才〉，《浙江海洋學院學報（人文科學版）》，2004年第2期，頁20。

〔註34〕昇平四年（360年），時謝安40歲，謝萬兵敗，被廢為庶人，陳郡謝氏一族再無重要的人物在朝。謝安不得不「東山再起」，入桓溫幕府為司馬。

沒有出來做官，但他的名氣卻比當時擔任西中侍郎的弟弟謝萬還高，是故連簡文帝司馬昱都對他十分關注。「畜妓」的行為對高尚的名士來說，並不值得推崇，何況是個追求超世理想的隱逸之士，然簡文帝並沒有著眼於謝安德行有虧的層面，反而專注在他能不能出來為官的可能性上，也分析謝安「憂以天下」的襟懷。由此，可以推知簡文帝對其政治才能的看重，皇帝手下的臣子何其多，一個尚未出仕的謝安，能引起簡文帝的關注與觀察，亦是對其才情的肯定。

趙悅子曾任大司馬參軍、左衛將軍，在任官上有一定的經驗值曾參與三次北伐，掌握朝政並操縱廢立，更有意奪取帝位，具有權傾一時的政治影響力，卻選擇對謝安所屬門生「悉用之」，可見其對謝安在政治人事上百分之百的信任。至於桓溫更是東晉重要的將領、權臣及軍事家，官至大司馬、錄尚書事，曾北伐中原，一時政治領袖。這樣引領時代風潮的人，卻給謝安很高的評價，認為他的決斷力高，處事妥切，更勝自己的女婿殷仲文。

綜合以上幾點，發現觀者對謝安在政治的才能，都給予肯定，並認為他在任用人才與處事上，皆有超絕的判斷力，可預見其在政局上的權謀。以當時的局勢來說，桓溫的權勢地位，高可震主，又有篡逆之心，是十分棘手的政治危機，謝安在應對桓溫的篡位企圖上，極見謝安之權謀運用能力，能巧妙處理複雜的政治問題，像是桓溫病重時，謝安以退為進，巧妙地運用拖延之法，讓桓溫最終夢碎而逝，比起有勇無謀的抗衡，自不可同日而語，此除凸顯謝安的智慧，更可見他在政治上具術家之才。

除了謝安之外，另一個在《世說新語》中多所著墨者為山濤，這在第三章中的《山公啟事》已有提及，不再重複，以下幾則亦是對人物政治之才的描寫，如《世說新語・識鑒2》載：

> 曹公問裴潛曰：「卿昔與劉備共在荊州，卿以備才如何？」潛曰：「使居中國，能亂人，不能為治。若乘邊守險，足為一方之主。」

此則評論劉備的政治之才，認為他具有成為「一方之主」的才能，文中的書寫皆著重在「才能」觀看，可見在亂世中，對人物才性的重視。

另《世說新語・識鑒20》載：

> 桓公將伐蜀，在事諸賢咸以李勢在蜀既久，承藉累葉，且形據上流，三峽未易可克。唯劉尹云：「伊必能克蜀。觀其蒲博，不必得，則不為。」

此則提及桓溫的軍事才幹，哪怕是難以攻陷的蜀地，劉真長亦認為他有把能力克敵軍，透過觀察其平時博戲的風格，以其好勝又有謀略，對於桓溫性格中的果猛有所認識。

又《世說新語・賞譽6》載：

> 王濬沖、裴叔則二人，總角詣鍾士季，須臾去後，客問鍾曰：「向二童何如？」鍾曰：「裴楷清通，王戎簡要。後二十年，此二賢當為吏部尚書。冀爾時天下無滯才。」

按預言了王戎、裴楷未來的政治發展，鍾士季以「吏部尚書」作為讚揚他們政治之才的準則，亦可見官人材質的，須具備清通、簡要之性。

據《世說新語・賞譽58》載：

> 王大將軍與丞相書，稱楊朗曰：「世彥識器理致，才隱明斷。既為國器，且是楊侯淮之子，位望殊為陵遲。卿亦足與之處。」

此則中提及楊朗的國器之才，認為他「識器理致，才隱明斷」，是國家的政治棟樑。從此番言論記載，亦可見當代名士在政治才幹上的鋪陳品評。

又《世說新語・賞譽63》載：

> 世目楊朗：「沉審經斷。」蔡司徒云：「若使中朝不亂，楊氏作公方未已。」謝公云：「朗是大才。」

最後一則，可以與前一則相互呼應，亦是品鑑楊朗的書寫，文中以「大才」讚揚其政治才幹，並認定他有擔任三公的能力，此皆是對人物政才的褒揚。

綜上所述，《世說新語》在觀察人物優劣的面向上，常與政治局勢相關，也因魏晉政權更替頻仍，故政治之才成了國家存亡的關鍵，亦是品鑑人物的重點指標。

二、《世說新語》中男子清談之才的品鑑描寫

李澤厚說：「《世說新語》，津津有味地論述著那麼多的神情笑貌、傳聞逸事，其中並不都是功臣名將們的赫赫戰功或忠臣義士的烈烈操守，相反，更多倒是手執拂塵，口吐玄言，捫虱而談，辯才無礙。」〔註35〕此「手執拂塵，口吐玄言」的清談，在《世說新語》的整個篇幅中，佔有重要的比例，玄學清談、品評人物，都是當時士人社交的主要活動，這種貴族式的聚會，經常在

〔註35〕李澤厚：《美的歷程》，《美學三書》（合肥：安徽文藝出版社，1999 年），頁96。

名士家中舉行，常常是通宵達旦，逞才鬥智，主客樂此不疲。因此，在男性人物的品鑑書寫上，「清談」活動成了臧否人物的重要環節，亦是成為當代名士的必要條件之一。據〈賞譽76〉、〈賞譽101〉、〈品藻62〉載：

> 謝太傅未冠，始出西，詣王長史，清言良久。去後，苟子（王修小字）問曰：「向客何如尊？」長史曰：「向客亹亹，為來逼人。」〈賞譽76〉

> 謝太傅為桓公司馬，桓詣謝，值謝梳頭，遽取衣幘，桓公云：「何煩此。」因下共語至暝。既去，謂左右曰：「頗曾見如此人不？」〈賞譽101〉

> 郗嘉賓（為郗超小字）道謝公：「造勁雖不深徹，而纏綿綸至。」又曰：「右軍詣嘉賓。」嘉賓聞之云：「不得稱詣，政得謂之朋耳！」謝公以嘉賓言為得。〈品藻62〉

除了一對一的清談品鑑，上述文本中，記載了當時名士在清談語言間的優劣之別，這三則的品評者分為王濛、桓溫、郗嘉賓，三者聚焦的重點皆在於謝安清談的能力，不管是「向客亹亹，為來逼人」或是徹夜長談，共語至暝，抑或「纏綿綸至」，都展現謝安高妙的口才與清談能力，這也是謝安在鑑賞者心中，重要的觀察特質。

另〈賞譽116〉、〈賞譽129〉、〈賞譽133〉載：

> 謝公云：「劉尹語審細。」〈賞譽116〉

> 謝公云：「司州造勝遍決。」〈賞譽129〉

> 謝公云：「長史語甚不多，可謂有令音。」〈賞譽133〉

此三則是謝安針對三個人物言語的品評，「語審細」、「造勝遍決」、「謂有令音」都是對於被觀者的肯定與讚賞，「語審細」是形容劉惔語言上的細緻精密、言必珠玉，而「造勝遍決」則是用來評論王胡之談玄時的境界，造勝，指清談的層次能深入妙境；遍決，則指能全面排除疑難。至於「謂有令音」是說有優美的言辭，於此評論王濛，話雖簡練，卻格外美好。從下列〈品藻67〉、〈品藻73〉、〈品藻76〉、〈品藻82〉所載言談之才：

> 郗嘉賓問謝太傅曰：「林公談何如嵇公？」謝云：「嵇公勤著腳，裁可得去耳。」又問：「殷何如支？」謝曰：「正爾有超拔，支乃過殷。然亹亹論辯，恐口欲制支。」〈品藻67〉

> 謝太傅謂王孝伯：「劉尹亦奇自知，然不言勝長史。」〈品藻 73〉
>
> 王孝伯問謝太傅：「林公何如長史？」太傅曰：「長史韶興。」問：「何如劉尹？」謝曰：「噫！劉尹秀。」王曰：「若如公言，並不如此二人邪？」謝云：「身意正爾也。」〈品藻 76〉
>
> 王子敬問謝公：「嘉賓何如道季？」答曰：「道季誠復鈔撮清悟，嘉賓故自上。」〈品藻 82〉

按四則皆同時評論兩、三個人，以分別優劣，見其高下，甚至更細膩地討論不同人物在言談上的風格特色，像是郗嘉賓以嵇康、殷浩來的清談與支道林相比，希望謝安點評，從謝安的評論可知，嵇康要「勤著腳，裁可得去耳」意謂著要用努力才能趕得上支道林，兩人高下之別，由此立判。又談及支道林與殷浩的差別，支道林的清談，較超拔脫俗，而殷浩則可以娓娓不倦的辯論，各有不同；劉尹雖了解自己，但是在言語的技術上，卻比不上王濛。由這樣的對話可知，在謝安的心中，單論及言談的能力，劉尹仍是略遜一籌，當以不言為佳。而在下一則，謝安又直指支道林的清談比不上王濛的韶音令辭，也不如劉尹的才能秀出，婉轉地誇讚二人，凸顯其對支道林的貶低，看出其對支道林的不欣賞。最後一則，分判郗嘉賓與庾道季清談的程度，道季的清談集中他人的清虛善悟，可見其學習能力高，能將他人的優點轉為自己所用，而嘉賓卻是本來就能力出眾、資質過人，故在謝安的心中，論清談的才能，郗嘉賓是勝過庾道季，以其天生的資質才能更適合於言談上發展。

由《世說新語》中對於清談之才的評論，可見時人對於清談才能的重視，反映了社會對才智美的欣賞。若深論此項人物品鑑興盛之因，阮忠勇認為：

> 原因主要有三：對士人的角色進行考察，魏晉正是社會政治黑暗而士人個體意識大解放的時期，士人的個體自覺形成了當時的「重才」風尚；從中國人物審美的進程來看，魏晉的人物品藻恰好發展到了「重才輕德」的階段；從魏晉士人所從事的最重要的文化活動—清談來看，它極其關注人的才情智慧，因此它也有力地推動了當時的「重才」傾向。〔註36〕

不管是政局或社會對於言語、清談之才的需求，還是名士的個體自覺，以形成才氣為重的風尚，甚或是人物品鑑的時代書寫漸漸延伸到重才輕德的面向，

〔註36〕阮忠勇：〈從《世說新語》看魏晉士人之重才〉，頁 21。

都讓《世說新語》中對於「才」的描寫更為著重，透過當時主要的文化活動——「清談」，凸顯出魏晉人物不同的才能與風神。

三、《世說新語》中男子識鑑之才的品鑑描寫

劉邵曾言：「故一流之人，能識一流之善；二流之人，能識二流之美。」〔註37〕故能慧眼獨具，亦是一種才能，於此，鄭毓瑜有云：「《世說新語》裡對人物早就有『一見奇之』、『見而異焉』、『一見改觀』等『見貌』『即形』而『知性』『徵神』的品鑒例證。」〔註38〕故可知識鑑文化在魏晉時期，是名士重要的能力指標，在《世說新語》的人物描寫中，亦有許多篇幅與此相關，展現名士間的知人之明，以下舉〈識鑒13〉、〈識鑒16〉、〈識鑒24〉、〈輕詆24〉、〈品藻3〉例證加以說明：

> 王大將軍始下，楊朗苦諫不從，遂為王致力，乘「中鳴雲露車」徑前曰：「聽下官鼓音，一進而捷。」王先把其手曰：「事克，當相用為荊州。」既而忘之，以為南郡。王敗後，明帝收朗，欲殺之。帝尋崩，得免。後兼三公，署數十人為官屬。此諸人當時並無名，後皆被知遇，于時稱其知人。〈識鑒13〉

> 武昌孟嘉作庾太尉州從事，已知名。褚太傅有知人鑒，罷豫章還，過武昌，問庾曰：「聞孟從事佳，今在此不？」庾云：「卿自求之。」褚眄睞良久，指嘉曰：「此君小異，得無是乎？」庾大笑曰：「然。」于時既歎褚之默識，又欣嘉之見賞。〈識鑒16〉

> 褚期生少時，謝公甚知之，恆云：「褚期生若不佳者，僕不復相士。」〈識鑒24〉

> 謝安目支道林如九方皋之相馬，略其玄黃，取其俊逸。〈輕詆24〉

> 顧邵嘗與龐士元宿語，問曰：「聞子名知人，吾與足下孰愈？」曰：「陶冶世俗，與時浮沉，吾不如子；論王霸之餘策，覽倚仗之要害，吾似有一日之長。」邵亦安其言。〈品藻3〉

按第一則提及楊朗的知人能力，第二則亦書寫了褚裒有知人鑒，都可見識鑑之才對名士的重要性，第三、四則可以看出謝安在識鑑活動的活躍，從謝安

〔註37〕魏・劉邵著，陳喬楚註譯：〈接識〉，《人物志今註今譯》（臺北：臺灣商務印書館，1996年），頁169。

〔註38〕鄭毓瑜：《六朝情境美學綜論》（臺北：臺北學生書局，1996年），頁124。

篤定的話語「褚期生若不佳者，僕不復相士。」可見他對自己觀人上的自信；又從謝安「目」支道林的描述，不注重外表的「玄黃」，而是看重精神的「俊逸」，既可以相應《世說新語》中識鑑層次的深化，亦可發現品評人物是謝安生活社交上不可或缺的活動之一。最後，從顧劭話中所言的「名知人」，可知觀人的能力，已形成一種社會評論的氛圍，亦是品藻名士的關鍵指標。

貳、女性才性品鑑描寫

據《晉書・列女傳》所載，節操與才藝是當時社會上讚賞女子的兩個標準，故接續德行書寫之後，從才藝的視角，來觀看魏晉女性角色的特色與樣貌。

謝無量在《中國婦女文學史》中說：「晉世婦人嗜尚，頗與其時風氣相協。自漢季標榜節概，士秉禮教，以人倫風鑒，臧否人物，晉世婦人亦有化之者。又好書畫美藝，習持名理清談，皆當時男子所以相誇者也。」〔註39〕可知魏晉婦人的風尚神采亦著意於「臧否人物」，對於有知鑑才能的女子大加讚賞，李杰言：「在《世說新語》中，有才之女比比皆是，打破了中國傳統『女子無才便是德』的禮教要求，亦如花木蘭說『誰說女子不如男』，呈現出魏晉婦德的新氣象。」〔註40〕這樣的女性風貌自然與時代特色有關，其中，就《世說新語》中女性角色的視角來觀察，在舉手投足間，重新定義女才，並瞭解當時對女才的推崇與影響，以下就分兩個部分，在文本敘述下，展現的女子之才。

一、《世說新語》中女子政治之才的品鑑描寫

就傳統女性角色的扮演，多為著重在家務的打理上，但是若仔細地從母子的互動來探析，能發現《世說新語》中的女性身分有著更多之的開展，鄭雅如指出：「能藉由母對子的權威，左右子在公領域的行事，母命難違，母子關係成為突破公領域的一道隱形橋梁，母親的權力在兒子身上作用，影響力便隨之擴散，延伸至家庭以外的各個領域。」〔註41〕此在《世說新語》中可

〔註39〕謝無量：《中國婦女文學史：第二編》（上海：上海書店出版社，1904年），頁4。
〔註40〕李杰：〈從《世說新語》看魏晉女性對傳統「婦德」的轉變〉，《天水師範學院學報》，2009年第4期，頁81。
〔註41〕鄭雅如：《情感與制度：魏晉時代的母子關係》（臺北：臺大出版中心，2001年），頁182。

見母親對於政局的見解與判斷，透過母子關係的延伸，能讓母親的力量擴及公共領域，一方面能顯現母親的才能，另一方面反映了女才在當時社會的活躍與追求。

魏晉時期的女性，在精神狀態的追求上，有著比前代更深度的超越與發揚，甚至在強調女性美與才之風氣下，以家庭領域為主的活動領域，早已無法全然侷限她們，而作為母親的角色，給了她們更多的參與性，能間接對政局的變化有所施展。所以，在《世說新語》中便有幾則與此相關的敘述，甚至被表彰為「賢媛」予以肯定，在《世說新語·賢媛10》中對王經母有此記載：

> 王經少貧苦，仕至二千石，母語之曰：「汝本寒家子，仕至二千石，此可以止乎！」經不能用。為尚書，助魏，不忠於晉，被收。涕泣辭母曰：「不從母敕，以至今日！」母都無感容，語之曰：「為子則孝，為臣則忠。有孝有忠，何負吾邪？」

由王母之言，可知其見識之高，一般母親總是期許自己的孩子有所成就，能飛黃騰達，很少見有母親能瞭解孩子的高度與侷限，勸諫他宜適可而止。這與魏晉社會的動盪不安有所關聯，當時的政治黑暗、動亂頻仍，因此，王母所求，不在藉由孩子的平步青雲，以達母憑子貴的身分抬升，而是，單純的為人母的擔憂，希望孩子能在亂離的時代中，保全生命，平安過日。但是王經母並非僅是傳統主內的婦女，她對於政局的判斷精準，試圖透過母親角色的力量，幫助兒子在這個戰亂頻仍的時代中，明哲保身。可惜的是，「經不能用」，最後果然「為尚書，助魏，不忠於晉，被收」，政局的發展真如其母所預料，也難怪王經不禁後悔自己不從母敕，以致如此下場。黃鳳玲論及：

> 晉人以自身的風度、辯才無礙的思想、智慧來確證自己的存在和價值，這是它作為一個歷史時代的顯著標誌，同時也是魏晉女性在家庭中地位和角色變化的重要原因。〔註42〕

母親的智慧，擴及政局，以幫助自己的孩子在紛亂的局勢裡，能洞燭先機，有為有守，或全身全節。

二、《世說新語》中女子清談之才的品鑑描寫

《世說新語》中的女性形象，光彩照人，與傳統三從四德的傳統枷鎖不

〔註42〕黃鳳玲：〈從《世說新語》看魏晉女性的家庭角色和地位〉，《雙語學習》，2007年4期，頁106。

同，楊瑞指出：

> 這一時期，崇尚玄談，人們常依玄理開展辯論。當時謝安、支遁、
> 許洵皆為清談領袖，在他們帶動下，整個社會談風日盛。女性亦以
> 「理」、「辯」來做為立身於社會最適當也最有力的武器。〔註43〕

可知清談之能，本見諸男士，而泛染所及，女流亦是能言善辯，其見清談之
才成為魏晉時期品評女性的一個重要標的，如《世說新語・賢媛30》載：

> 謝遏絕重其姊，張玄常稱其妹，欲以敵之。有濟尼者，並游張、謝
> 二家。人問其優劣？答曰：「王夫人神情散朗，故有林下風氣。顧家
> 婦清心玉映，自是閨房之秀。」

所謂「林下之風」意指竹林名士，其有超凡脫俗的氣質，與世俗閨房之秀的
婦女不同，展現魏晉女性嶄新的精神風貌，而謝道韞之才，在清談與言語上，
甚至超過一般庸俗的男子，著名的「詠絮之才」典故，即由此出，據《世說新
語・言語71》載：

> 謝太傅寒雪日內集，與兒女講論文義。俄而雪驟，公欣然曰：「白雪
> 紛紛何所似？」兄子胡兒曰：「撒鹽空中差可擬。」兄女曰：「未若
> 柳絮因風起。」公大笑樂。即公大兄無奕女，左將軍王凝之妻也。

從上述文本書寫，描寫了謝道韞異於一般男子的才氣與語言能力，透過謝安
的「大笑樂」，也可見其對謝道韞言語形容的讚許，這正是女性在文辭、清談
上的能力展現，亦是品鑑女性的魏晉新指標。除此之外，章學誠亦評魏晉女
性曰：

> 晉人崇尚玄風，任情作達，丈夫則糟粕六藝，婦女亦雅尚清言。步
> 障解圍之談，新婦參軍之戲，雖大節未失，而名教蕩然。〔註44〕

按所及「步障解圍之談」指得就是謝道韞為小叔子王獻之談玄解圍之事，甚
至還奚落過謝遏才思不進，另在《晉書・王凝之妻謝氏傳》亦載謝道韞與太
守劉柳清談之事：

> 太守劉柳聞其名，請與談議。道韞素知柳名，亦不自阻，乃簪髻素
> 褥坐於帳中，柳束脩整帶造於別榻。道韞風韻高邁，敘致清雅，先

〔註43〕楊瑞：〈從《世說新語》看魏晉士風對女性生活的影響〉，《欽州師範高等專科
　　　　學校學報》，2004 年第 1 期，頁 79。

〔註44〕清・章學誠著、葉瑛校注：《文史通義校注》（北京：中華書局，1985 年），頁
　　　　533。

> 及家事，慷慨流漣，徐酬問旨，詞理無滯。柳退而歎曰：「實頃所未
> 見，瞻察言氣，使人心形俱服。」道韞亦云：「親從凋亡，始遇此士，
> 聽其所問，殊開人胸府。」〔註45〕

透過謝道韞與太守劉柳的言談互動，具見其清談之天分，為世所譽。劉柳甚
至退而歎曰「心形俱服」足見其才氣過人，亦可見魏晉女性的自覺與參與性
都與傳統名教束縛下的道統不同，風采迷人，在當代已有人對此持讚許與肯
定的態度。

三、《世說新語》中女子識鑑之才的品鑑描寫

　　人倫識鑑之風，從漢末起，至兩晉復興，在《世說新語》中可看見許多
人物品評的記載，其中，最具特色的是這些人物臧否，並不只限定於男性士
人，女性角色在時代風氣的影響下，也多具備了觀人的能力，以此幫助自己
的孩子在任官、交友與婚嫁上，都能有真知灼見，甚至能很理性的分析自己
孩子的資質，為他安排最適切的道路，這些充滿智慧的女子，在《世說新語》
的文本敘述中，更生動自然地呈現了婦人才藝的面貌，也為女性角色增添了
不同的特質。

　　在《世說新語·夙惠5》中書寫了母親評賞自己的孩子：

> 韓康伯數歲，家酷貧，至大寒，止得襦。母殷夫人自成之，令康伯
> 捉熨斗，謂康伯曰：「且箸襦，尋作複惲。」兒云：「已足，不須複
> 惲也。」母問其故？答曰：「火在熨斗中而柄熱，今既箸襦，下亦當
> 煖，故不須耳。」母甚異之，知為國器。

「國器」一詞指的是「國體」之才，劉邵《人物志》云：「兼有三材，三材皆
備，其德足以屬風俗，其法足以正天下，其術足以謀廟勝，是謂國體，伊尹、
呂望是也。」〔註46〕三材乃意謂此人德、法、術兼備，能言能行，是眾材之
雋，在朝廷中能為所用，具有行政之才。而韓康伯母「甚異之，知為國器」，
敘寫母親從日常生活的觀察視角，去探究自己孩子的能力，並依此判斷其材
質與未來發展。韓康伯母之異，在於看見了他的推理邏輯，以及體諒家境清
苦，願意分勞的良善，這樣細微的觀察，大概也只有母親能最清楚知曉孩子
生活上的點滴。如此，從本則來看，不得不佩服魏晉時期女性的多元能力，

〔註45〕唐·房玄齡等撰，楊家駱編：《晉書·王凝之妻謝氏傳》，頁2516～2517。
〔註46〕魏·劉邵著，陳喬楚註譯：〈流業〉，《人物志今註今譯》，頁73。

亦可知道母職在魏晉時期，有著指引孩子、輔導方向的作用。

除了觀察自己的孩子外，《世說新語》中有更多的例子是識鑑旁人，並適時給予孩子識人上的幫助，像是上述提及的韓康伯母另有兩則與她相關的記載，其中一則是吳道助兄弟因母喪，早晚哭弔，韓母識此二人之良善，向兒子提出「汝若為選官，當好料理此人」果然影響了韓康伯的交友，以及他任吏部尚書後，在任用人才時的考量，可見母親在識鑑上的作用，已擴及孩子在選派官員的人選，前已有引用，此不重複，另一則出現在《世說新語・賢媛32》載：

> 韓康伯母殷，隨孫繪之之衡陽，於闔廬洲中逢桓南郡。卞鞠是其外孫，時來問訊。謂鞠曰：「我不死，見此豎二世作賊！」在衡陽數年，繪之遇桓景真之難也，殷撫屍哭曰：「汝父昔罷豫章，徵書朝至夕發。汝去郡邑數年，為物不得動，遂及於難，夫復何言？」

此則從「我不死，見此豎二世作賊！」可見韓康伯母對於桓溫、桓玄兩人的評論，桓溫和溫玄父子久有篡奪之志，最後，桓溫事未成而先死了；而桓玄則在西元 398 年起兵反叛，西元 402 年東下建康，掌管朝政，韓母的外孫卞鞠當時即任桓玄的長史，為他出謀劃策。故韓母才會對卞鞠說起桓氏父子的狼子野心，也證明韓母識人精準，甚至連卞鞠的性格亦看得分明，知道他與兩人沆瀣一氣，才刻意當他的面以「賊」字稱呼桓氏父子，雖然最終無法在叛亂中救下自己的孩子，從她痛哭的話語中，都可見其識鑑人物之能。另在〈任誕 17〉載：

> 劉道真少時，常漁草澤，善歌嘯，聞者莫不留連。有一老嫗，識其非常人，甚樂其歌嘯，乃殺豚進之。道真食豚盡，了不謝。嫗見不飽，又進一豚，食半餘半，迺還之。後為吏部郎，嫗兒為小令史，道真超用之。不知所由，問母；母告之。於是齎牛酒詣道真，道真曰：「去！去！無可復用相報。」

在這則敘述中，看見母親如何運用她的識鑑能力，巧妙地幫助兒子認識未來擔任吏部郎的劉道真，「有一老嫗，識其非常人」正可看出魏晉婦人的慧眼獨具，更重要的是她將精準的識人眼光發揮在兒子的仕途路上，看準劉道真的發展性，奇貨可居地「進豚」投資，果然，他「後為吏部郎，嫗兒為小令史，道真超用之」，看見了為人母的成功籌謀，與傳統主內強調貞順的形象不同，而更有活力、也更具智慧。

另在〈賢媛 12〉篇中與母親品鑑人物有關的文本敘述，則關於子女嫁娶：

> 王渾妻鍾氏生女令淑，武子為妹求簡美對而未得。有兵家子，有俊
> 才，欲以妹妻之，乃白母，曰：「誠是才者，其地可遺，然要令我見。」
> 武子乃令兵兒與群小雜處，使母帷中察之。既而，母謂武子曰：「如
> 此衣形者，是汝所擬者非邪？」武子曰：「是也。」母曰：「此才足
> 以拔萃，然地寒，不有長年，不得申其才用。觀其形骨，必不壽，
> 不可與婚。」武子從之。兵兒數年果亡。

本則中的鍾氏為女兒尋覓適合的歸宿，便運用了她觀察人物以及論及吉凶的
相人術，來幫助女兒找匹配的對象，從「觀其形骨，必不壽，不可與婚」到後
來果如其預言的「兵兒數年果亡」，都可見鍾氏對於識鑒的精到，也由她干涉
女兒的嫁娶對象，可見母親對兒女的關切與影響。

如此從母親角色在識鑑人物上的活躍，可以印證鄭雅如所言：

> 可想當時上層士族眼中之「賢媛」其實並非婦德貞順，節義剛烈之
> 女子，而是洞見世事，聰明智慧，言辭雅致者。究其原因，蓋為魏
> 晉時期清談、品評人物的風氣影響到上層士族家庭中女子，所以《晉
> 書》及《世說新語》中所記女子多為有才辯、才識、識鑒、識量者。
> 〔註 47〕

母親的觀人之才，實是當時社會中，獨具特色且重要的一環，也為母子之間
的互動，增添了許多的親密性與影響力，並且讓人能從此一視角去探析魏晉
婦女之才能，並照見其對孩子的實質幫助。

前述提及的謝道韞，除了玄風、清談之才外，亦展現了其識鑑之能，以
下舉《世說新語・賢媛 26》中的文本加以討論：

> 王凝之謝夫人既往王氏，大薄凝之。既還謝家，意大不說。太傅慰
> 釋之曰：「王郎，逸少之子，人材亦不惡，汝何以恨乃爾？」答曰：
> 「一門叔父，則有阿大、中郎。群從兄弟，則有封、胡、遏、末。
> 不意天壤之中，乃有王郎！」

此則提及謝道韞對自己丈夫王凝之的評論，從「大薄凝之」可見她品鑑人物
的才能，甚至跨越了傳統性別的枷鎖，有勇氣與信心去點評男性，甚至對自
己的丈夫給出負評，「不意天壤之中，乃有王郎！」以天壤王郎道出心中對於
王凝之的鄙夷，也可見其識鑑人物的才情。

〔註 47〕鄭雅如：《情感與制度：魏晉時代的母子關係》，頁 182。

第三節　《世說新語》的「神韻」品鑑書寫

客觀人物品鑑系統的突破，象徵著兩晉品藻有其獨樹一幟的時代風貌，王戎曾云：「聖人忘情，最下不及情。情之所鍾，正在我輩。」〔註48〕，貼切的形容了動盪不安的年代中，情感的碰撞勃發，從「才」入「情」，才可能由實入虛、由外入內，達至神韻之美的境界，方碧玉即言：「魏晉欣賞人物，是重人物內在的『才』、『情』，而品鑒的關鍵就在於人物的『形』及『神』。」〔註49〕可見《世說新語》中，實用才幹與神情美學的結合，兩晉時期品評人物，一方面既傳承《人物志》實用任人的觀點，一方面又由才轉向情、神，從外至內、具體至玄虛，產生「區別臧否，瞻形得神」〔註50〕的鑑賞層次，有了新的突破與拓展。

隨著思潮的不同，在品評人物的觀點上，自然有著突破與超越，因此，「形神觀」也成了此時代的美學品藻重點，袁濟喜云：「顧愷之『傳神寫照』的美學觀，應該說同他吸取佛教的形神觀是有關的。」〔註51〕其中《世說新語》最大的特色，就是以審美取代功利的實用目的，產生美的自覺。一如羅中鋒所言：

> 傳統士人對於個人生命價值的自覺意識，使其永遠地，或暫時地放棄了人生的社會功利目的與社會責任，轉而關注於超功利的人生美感，並表現出以審美行動與藝術修養來體現其內心自覺意識的群體身分認同。〔註52〕

羅中鋒一語道出了魏晉士人因生命自覺，超脫了世俗功利價值的束縛，轉而回歸自己的內心審視，不再強調進官加爵的重要，而是著重於對於精神意蘊與美感的自省，這是魏晉時期藝術精神勃發的一大特色。謝安固一時之名士，自有讓人嘆絕的氣度與神采，而這些絕不是傳統識鑑可以涵蓋。以下舉《世說新語》評價謝安的資料，以見魏晉儒道思想融合落實於生命情調上，而特見其風神。據《世說新語‧賞譽105》載：

〔註48〕南朝宋‧劉義慶編，余嘉錫箋：《世說新語箋疏》，頁638。

〔註49〕方碧玉：《魏晉人物品評風——以《世說新語》為例》，《中國學術思想研究輯刊》（臺北：花木蘭出版社，2010年3月），頁83。

〔註50〕晉‧葛洪著，楊明照箋：《抱朴子‧清鑒》，《抱朴子外篇校箋》上冊（北京：中華書局，1991年），頁512。

〔註51〕袁濟喜：《六朝美學》，頁185。

〔註52〕羅中峰：《中國傳統文人審美生活方式之研究》，頁7。

　　桓大司馬病。謝公往省病，從東門入。桓公遙望，嘆曰：「吾門中久
　　不見如此人！」

　　又《世說新語·賞譽148》載：

　　王子敬語謝公：「公故蕭灑。」謝曰：「身不蕭灑。君道身最得，身
　　正自調暢。」

　　《世說新語·品藻87》亦載：

　　桓玄問劉太常曰：「我何如謝太傅？」劉答曰：「公高，太傅深。」
　　又曰：「何如賢舅子敬？」答曰：「樝、梨、橘、柚，各有其美。」

這幾則的鑑賞者分別是桓溫、王子敬、劉瑾，從他們對謝安評論的用語，可
以發現魏晉士人在虛實辯證中，昇華其日常生活方式，希冀成就生命境界，
以達至精神超越的審美姿態。故在品評的話語上，會有「吾門中久不見如此
人」、「蕭灑」、「太傅深」等鑑賞評論語言。桓溫說「久不見如此人」，可知在
他心中，謝安與一般常人不同，他的誇讚並沒有落實到具體的特質，反而以
庸俗和超凡作為對比，可知「久不見如此人」是形容一種精神境界；而王子
敬所言的「蕭灑」，即是風度上的自得，而謝安配合他的評論而自言「身正自
調暢」，指的也是襟懷的舒暢。可知賞譽的關鍵仍著重在內在情態，劉瑾評論
的「深」字，更屬神韻的境界，「深」是用於形容心靈的層次，而非僅是實用
表象的觀人。可知以上三則評賞重點，皆著眼於謝安的情態與神韻，已超出
《人物志·流業》傳統量能授官的功用，是品鑑活動的昇華。

壹、「神韻」品鑑書寫技巧：美

　　魏晉品鑑書寫與「美」的深度連結，是一個時代發展進程與思想文化創
發之標的，《世說新語·德行16》中曾載：「王戎云：『與嵇康居二十年，未嘗
見其喜慍之色。』」嵇康是竹林名士的重要代表，從引文可知，他喜怒不顯於
顏、不形於色，故若要從傳統面相的思考觀點去探察，則儀容表象彰顯的外
在思維已漸失評判效用，在魏晉品鑑文化背景中，所能體現地便是「美」的
足跡在人們心中所印刻的精神層次，故嵇康雖無喜慍之色，卻有一栩栩的精
神氣質，那是相者在生命情態中，捕捉的形上面貌，所以「嵇中散臨刑東市，
神氣不變。」〔註53〕沒有特別的表情形容，然透過其對人物神韻的賞鑑與美
的分析，欲傳達的內涵與識人的向度卻更為寬廣，品鑑文化不再只是侷限於

〔註53〕南朝宋·劉義慶編，余嘉錫箋：《世說新語箋疏》，頁344。

表徵的察探，美的深度是整個魏晉社會一連串重要變遷與轉化的全新方向，若綜觀六朝美學的研究，基本上可以分為「人的覺醒」與「文的覺醒」兩方面，〔註54〕《世說新語》中，主要是藉由它「大量的具體、生動的材料，反映了魏晉時代士大夫的審美趣味和審美風尚」〔註55〕，在時代推移中，人物品鑑側重神韻表現面向，都含蘊美的書寫技巧，將人格美展現出來。在魏晉玄學語境裡，士人們心目中的人格美是人本質的美，是人的「神」為主導的個性、情感、品質等內在的美的綜合體現。〔註56〕因此，透過美學來呈現品鑑中較難量化的精神層次，是《世說新語》在寫作上著重的方法。

貳、「神韻」品鑑書寫技巧：虛

從「虛」的筆法論之，品鑑不只是一種對命理推演或對現象表述的觀察動作，其社會互動與人本思維的結合，都使其發展更貼近時代的脈動，魏晉六朝之神韻，是出於玄風影響，其中品鑑書寫的觀念也漸漸從漢末的繁瑣與實用中，進入靈智虛玄的層次，由《世說新語‧輕詆27》載：

> 殷覬、庾恆並是謝鎮西外孫。殷少而率悟，庾每不推。嘗俱詣謝公，
> 謝公熟視殷，曰：「阿巢故似鎮西。」於是庾下聲語曰：「定何似？」
> 謝公續復云：「巢頰似鎮西。」庾復云：「頰似，足作健不？」

可見末句「頰似，足作健不？」的否定意味，說明了魏晉以形骸為末的價值觀，玄學是品鑑文化轉變的靈魂，其「得意忘言」的命題與「越名教任自然」的口號，都在無形中潛移了人們對品評的視角，使得從言→象→意的表現思維，在人物品鑑的融入下注入更深刻的內在層次，這個由實轉虛的過程，讓品評不只侷限在有形可見的事物，榮梅指出：「虛靜是審美體驗的前提，是主體營構審美期待視野和特定審美心境的基本心理活動。」〔註57〕在玄學的推演裡，偏重外部形制表現的範疇，已漸漸為內在含蘊的示意性所轉化，玄學給人概念的超越，也使得形體之於識鑑，能在觀照中捕捉到剎那間的清虛深遠，突破有限物相的束縛，達至精神的境界。《世說新語》中玄學與「虛」的

〔註54〕如李澤厚《美的歷程》一章即分由「人的主題」、「文的自覺」來談。（臺北：元山書局，1986年），頁85～101。
〔註55〕劉如仲、李澤奉：《中國美學史》（臺北：文津出版社，1996年1月），頁111。
〔註56〕鄔錫鑫：《魏晉玄學與美學》（貴陽：貴州教育出版社，2006月5月），頁96。
〔註57〕榮梅：〈《世說新語》審美體驗思想摭論〉，《巢湖學院學報》，2008年第4期，頁59。

筆法層層照應，讓品鑑的書寫更具內涵，像是在《世說新語・輕詆 22》：「孫長樂作王長史誄云：『余與夫子，交非勢利；心猶澄水，同此玄味。』王孝伯見曰：『才士不遜，亡祖何至與此人周旋！』」從此「玄味」的評論，可見其在人物品評上虛化轉變。另虛靜除了展現玄學的精神上，亦可以從自然欣賞，連結至清除心中私慾，開闊胸襟，淡泊世俗外在拘束，鄔錫鑫言：

> 《世說新語》的「虛靜說」，強調在欣賞自然山水及藝術創作中，審美主體應具有淡泊的胸懷，澄明的心境，雖然還不夠完備，但在「虛靜說」的發展、演變過程中起了較為重要的作用。〔註58〕

由上敘述可知，「虛」的品鑑概念亦可以與自然的描寫結合，在《世說新語》中，如〈賞譽8〉載：「見山巨源，如登山臨下，幽然深遠。」登山是走入自然，幽然深遠則是一種心靈的感受，把對山巨源的人物評價，類比成登山臨下，既展現了對山濤人格的推崇，也可以看見「自然」在此時代表著人格的幽深玄遠，更照見了精神器識之超凡。又〈賞譽16〉載：「王戎云：『太尉神姿高徹，如瑤林瓊樹，自然是風塵外物。』」利用自然物（瑤林瓊樹）比擬王衍的神姿高徹，神姿就是玄虛而非具體的人格特質，此處透過自然，展現了王衍的風格境界，是高妙而非世俗的，故有風塵物外之語。由「玄」而「虛」而「靈」，而無限的精神內涵亦由之展開。

參、「神韻」品鑑書寫技巧：真

從「真」的筆法論之，在歷史延展的過程中，突破物相劃限的魏晉生命個體，鄔錫鑫云：「將任隨自然作為自己的人格理想，因此，本性之真必然受到格外的尊重。」〔註59〕其所展現的一代人物之美，便「炫示著個體生命的價值，在人格的獨立中折射出以『體自然』、『任自然』為內核的審美意識。」〔註60〕故「掇皮皆真」〔註61〕一語便點出了魏晉品鑑的核心方向，從形來看，外在的表相成了他們表達真性情的載體，所以「仁祖企腳北窗下彈琵琶，故自有天際真人想。」〔註62〕在北窗下踮著腳彈琴的旁若無人、怡然自在，讓

〔註58〕榮梅：〈《世說新語》審美體驗思想摭論〉，頁60。
〔註59〕鄔錫鑫：《魏晉玄學與美學》，頁91。
〔註60〕鄔錫鑫：《魏晉玄學與美學》，頁91。
〔註61〕《世說新語・賞譽78》載：「謝公稱藍田：『掇皮皆真。』」，參余嘉錫《世說新語箋疏》，頁466。
〔註62〕南朝宋・劉義慶編，余嘉錫箋：《世說新語箋疏》，頁623。

其面目形相成了真情自性的表徵；若從內在層面談起，以簡文道王懷祖的一段話：「直以真率少許，便足對人多多許。」〔註63〕「真率」此一內在層次與品鑑息息相關，繁文縟節與外表形骸的多方觀照，總不如真自然的率性氣度，唐代皎然在《詩式》中說：「但見情性，不覩文字，蓋詩道之極也。」〔註64〕援此以觀人，也有著異曲同工之妙，要見其真情性，不睹形相，真者，便是由內形諸於外，透過身形這一媒體，由莊子「法添貴真」移於人物品鑑，探索其絕假任真的生命樣態。

　　人格的「真」來自於心性本體，心性本體合於自然即為「真」，真性真情必然體現生命質感的神韻。《世說新語・識鑒16》載：

> 武昌孟嘉作庾太尉州從事，已知名。褚太傅有知人鑒，罷豫章，還
> 過武昌，問庾曰：「聞孟從事佳，今在此不？」庾曰：「卿自求之。」
> 褚眄睞良久，指嘉曰：「此君小異，得無是乎？」庾大笑曰：「然。」
> 於時既歎褚之默識，又欣嘉之見賞。」

在眾賓客中，要能「觀」得生人，除觀者的功夫精煉外，品鑑人物的方向與被相者的「小異」也是十分重要的，其異者實是由神至形，如德國哲學家黑格爾所言：「把每一個形象的看得見的外表上的每一點都化成眼睛或靈魂的住所，使它把心靈顯現出來。」〔註65〕所以觀者，正是透過人的自然形態的「形」去表現人的「神」，故有「傳神寫照，正在阿堵中。」〔註66〕之語，可知魏晉的品鑑文化從玄而生，以天地任自然而求真，並因真而總歸於「神」，湯用彤曾言：「神形分殊本玄學之立足點。」由此即推演出品評發展之脈絡，玄→真→神，三者環環相扣，並以神為相人之最終標的，同嵇康《養生論》中「精神之於形骸，猶國之有君。」〔註67〕的觀點。據《世說新語・排調43》：

> 王子猷詣謝萬，林公先在坐，瞻矚甚高。王曰：「若林公鬚髮並全，
> 神情當復勝此不？」謝曰：「脣齒相須，不可以偏亡。鬚髮何關於神
> 明！」林公意甚惡，曰：「七尺之軀，今日委君二賢。」

從支道林對話的態度，可知瞻者，重形體之神，而非七尺之軀，相人觀點之

〔註63〕南朝宋・劉義慶編，余嘉錫箋：《世說新語箋疏》，頁472。

〔註64〕唐・皎然：《詩式》，《叢書初編集成》（北京：中華書局，1985年），頁5。

〔註65〕黑格爾：《美學》第一卷（上海：人民出版社，1958年），頁193。

〔註66〕南朝宋・劉義慶編，余嘉錫箋：《世說新語箋疏》，頁722。

〔註67〕魏・嵇康著、戴明揚校注：《嵇康集校注》（北京：人民文學出版社，1962年），卷3，頁146。

變動，連帶相術文化亦隨之而改，以相馬為例，在《世說新語‧輕詆24》的士人對話中，論及相馬：「謝安目支道林如九方臯之相馬，略其玄黃，取其俊逸。」可知「相」文化的思維已在深度美學的滲入中，產生了本質的改變，馬的毛色同人的面相，已非品評之重點，「神氣融散」〔註68〕才是相人者目之著眼，故可明白此時期面相與美學的核心，不在形質而在精神，以玄遠為本，昇華了品鑑人物的根本。而真、虛、和、美之品藻特色，實蕩漾著莊生之玄旨。

第四節　從《世說新語》中的「世論」探其跨越時代的多元品鑑書寫

在《世說新語》的筆法中，「時論」是十分特殊的一環，透過「時論」特殊體例的考察，能更深刻了解某一人物的言行評價，在時代中的意義與價值，吳冠宏指出：「若探其源頭，『時論』存在的意義頗類史籍中的『論贊』形式，如《左傳》即常常在文章結尾引詩來評論人事，而冠以『君子曰』或『仲尼曰』，可視為史書論贊之前身，綜觀中國史籍，『論贊』實具有寓春秋褒貶、總結史筆論見與補綴史料之功。」〔註69〕可見時論中具有褒貶人物的意涵，故其與人物品鑑文化可謂息息相關，更是探討描述筆法的重要方向。

壹、《世說新語》中「世論」筆法的寫作背景

《世說新語》一書乃最能反映魏晉時代社會風情者，清代劉熙載曾指出：「文章蹊徑好尚，自《莊》、《列》出而一變，佛書入中國又一變，《世說新語》成書又一變。」〔註70〕可知《世說新語》的書寫視角有著不一樣的轉變，它並不是生硬的理論作品，也非制式的正史紀錄，而是記載當代重要人物言行舉止的小品文字，從中可以更真實地觀察漢末到魏晉間的歷史風貌、社會風俗，不囿於官方文書的框架，生動而鮮明地刻劃魏晉名士的言行舉止、風情勝韻，誠如宋末元初之際，《世說新語》點評家劉應登所作的序文所云：

〔註68〕《世說新語‧賞譽42》載：「庾公目中郎：『神氣融散，差如得上。』」，參余嘉錫《世說新語箋疏》，頁445。
〔註69〕吳冠宏：《從儒理到玄義——《論語》與《世說新語》之詮釋理路的探索》，頁312。
〔註70〕清‧劉熙載：《藝概‧文概》（臺北：華正書局，1988年），頁9。

晉人樂曠多奇情，故其言語文章別是一色，《世說》可覩已。《說》
為晉作，及于漢、魏者，其餘耳。雖典雅不如《左氏》、《國語》，鉶
鷟不如諸《國策》，而清微簡遠，居然玄勝！概舉如衛虎渡江，安石
教兒，機鋒似沈滑稽，又冷類入人夢思，有味有情，嚥之愈多，嚼
之不見。蓋于時諸公刲以一言半句為終身之目，未若後來人士俛焉
下筆，始定名價。臨川善述，更自高簡有法。反正之評，庋實之載，
豈不或有？亦當頌之，使與諸書並行也。〔註71〕

由上述序文可知，《世說新語》的敘述筆法別具特色，揉蘊了魏晉時期的社會
風貌，將「清微簡遠」與「玄勝」之情，表現在文本敘事中，加之以筆記小說
的體例，自然有別於其他作品。其中劉應登還提及「蓋于時諸公刲以一言半
句為終身之目，未若後來人士俛焉下筆，始定名價。」將《世說新語》中與人
物品評加以連結，可以見出《世說新語》書寫筆法之特出，其實也深受漢末
魏晉之際盛行的品鑑文化影響，蓋人倫品鑑是魏晉時期的社會特色，也是文
化藝術的重要脈絡，張嘉純即指出：

自東漢桓靈時期以來，隨著政治社會的需求，人物品鑒專家不但大
量湧現，且其中佼佼者更居士人群體之首。為了指稱這群社會新貴，
史書出現大量辭彙：「議主」、「名知人」、「有知人鑒」、「善人倫」、
「臧否得中」、「才照人物」、「篤於物類」、「題目品藻，曲有條貫」、
「以人倫自任」……等，豐富的辭彙，顯示士人群體已分化數量可
觀的知人專家，且生命情態頗為多元，故有所謂漢魏人物品鑒蔚為
風氣之說。〔註72〕

《世說新語》承襲著漢魏人物品鑒的風氣，作為志人小說，字裡行間含蘊著
人物品評的特色與風格，加之以《世說新語》的內容年代涵蓋漢末到魏晉六
朝，〔註73〕時間軸線的延伸，正可以與人倫識鑑的轉折相互呼應，不只影響
了《世說新語》的書寫面向與評判價值，另一方面也改變了它的敘事方式，
熊國華言：

〔註71〕宋・劉應登：原刊宋、元間坊肆增刊評語本，見臺北：國家圖書館善本書室
　　　　藏。
〔註72〕張嘉純：《蜀漢知人群體研究》，臺北：國立臺灣大學中文系博士論文，2014
　　　　年，頁7。
〔註73〕《世說新語》共一千一百三十則，以漢末到兩晉為主，另秦漢之際、漢、南
　　　　朝宋，只數條耳，此僅可稱為特例。

人物品評，往往用一個或幾個字去概括人物的特點，鑒別人才的優
劣，即所謂「品題」、「題目」或「目」，其語言「言約旨遠」，優美
凝練，這對《世說》的敘事語言也產生了直接影響。〔註74〕

品鑑文化充斥於整部《世說新語》之中，品藻、鑑賞更是劉義慶費心著墨之
處，既為品評，「觀者」與「被觀者」的視角互動，也成了全書的焦點，其中，
「時論」的形式猶值得考察，梅家玲云：

這一類言詞，也都是正文之外的補充說明，只是它出之以「時論」
形式，顯示出這是當時一般人的公論，其中還隱涵了價值判斷的問
題；附述於後，所發揮的作用就不僅是加強讀者印象而已，而是對
於當時價值觀念、流行風尚，做出正面提示。〔註75〕

梅家玲在探討「時論」特色時，較著重於它對正文的補充，以加強《世說新
語》全文的敘述藝術，但是在上文中仍有提及其中隱藏的「價值判斷的問題」，
它可說是品鑑文化中頗為獨特的一環，「時論」的觀者為整體社會，甚至包含
《世說新語》中「退隱」的作者。劉強指出：

在《世說》中不是沒有對優劣、賢愚、美醜、雅俗的判斷，但這些
判斷並非出諸敘述者，而是來自當時品藻清談的輿論。〔註76〕

在寫作筆法上，《世說新語》透過「時論」的形式，巧妙地隱藏了作者的評賞，
給予讀者更多的空間去查照，進而創造出獨樹一幟的審美效果。劉強又言：

由於作者的「退場」，便在《世說》的作者與人物、作者與讀者、人
物與讀者這個「三邊關係」中，造成了一種極具審美功能與價值的
「間離」效果。〔註77〕

這樣的寫作特色，加之以「時論」揭示的社會價值觀與流行風尚，都饒富趣
味，有著探索的價值，能讓人另闢一判讀人事、品評人物的眼光。

故本節將以《世說新語》中的「時論」為核心，討論其在魏晉品鑑視角
下的行文特色與風格，觀察學界目前對「時論」作深入探析者，仍可待著墨，
無人將《世說新語》的寫作筆法放置於品鑑文化的脈絡下，探究其對書寫上

〔註74〕熊國華：〈人物品評與《世說新語》的敘事結構〉，《西南師範大學學報（人文
社會科學版）》，2004 年第 4 期，頁 165。
〔註75〕梅家玲：《世說新語的語言藝術》（臺北：李仁書局，2004 年），頁 233。
〔註76〕劉強：〈試論《世說新語》文體的戲劇性特徵〉，《上海師範大學學報（社會科
學版）》，2002 年第 5 期，頁 81。
〔註77〕劉強：〈試論《世說新語》文體的戲劇性特徵〉，頁 81。

的影響，另吳冠宏雖提出了《世說新語》中「時論」的特色，但在「時論」的書寫形式與人物品評相互連結部分，仍可以再深入發揮，故本章節將以此為焦點，探究《世說新語》中「時論」的書寫特色以及品鑑文化對其產生的烘托效果。

貳、《世說新語》「時論」的寫作特色

《世說新語》全書分成三十六門，在分類中其實就帶有品評的價值判斷，寧稼雨曾言：「劉義慶《世說新語》與以前的分類體書籍（包括小說）的分類初衷之所以不同，是因為他把魏晉文人的精神靈魂作為集中的表現對象，所以他的類目設定完全是從如何表現魏晉文人的精神世界入手的。」〔註78〕可知透過《世說新語》的分類，能照見魏晉社會文化精神的體現，漢魏之際最為蓬勃的品鑑思潮，自是其中一個重要的環節，更特別的是本文要探討的「時論」，在全書的布局中，散落於不同的類別裡，雖有某些門類比重較高的狀況，但並不局限於特定的分類下，細數《世說新語》「時論」的分布，共有 16 個門類出現這樣的書寫筆法，〔註79〕涵蓋正負評價，面向頗為多元，若從點的角度來看，每一則『時論』僅代表著對於該人物的褒貶，但「時論」本身就是社會整體意見的匯集，若僅就每一則、每一點去觀看，就顯得稍微狹隘，王能憲言：「(《世說新語》)內容又被分成若干門類，串珠綴玉，既靈活運用，又綱舉目張。……如果把分散在各門類中的某一人物的語言行為集中到一起，又能獲得對該人物的完整印象。」〔註80〕可知如果以面的角度去檢視「時論」，則能夠完整的看見「時論」貫串在整部《世說新語》中，凸顯出品鑑文化對文本書寫的影響，以及其彰顯地多元面向與時代風貌。底下將《世說新語》中「時論」涉及的品評內容分成三個部分，將逐一討論其書寫上的特點與方式。

一、「時論」中德行面向

德行是《世說新語》中的第一個門類，呼應著孔門四科以德行為首的編排方式，這其實也反映了劉義慶在編纂過程中揉和的思想元素，德行的內容

〔註78〕寧稼雨：《魏晉世人人格精神——《世說新語》的士人精神史研究》（天津：南開大學出版社，2003 年），頁 62。

〔註79〕筆者統計《世說新語》中出現「時論」或「世論」之語者，共分布在全書 16 個門類：德行、言語、文學、方正、雅量、識鑒、賞譽、品藻、容止、棲逸、術解、任誕、輕詆、黜免、忿狷、紕漏。

〔註80〕王能憲：《世說新語研究》（南京：江蘇古籍出版社，1992 年），頁 179。

相較於全書中描繪的魏晉玄風，仍保留了先秦以來，不斷傳承的儒家色彩，呈現了漢代重德的評賞特色，像是〈德行42〉與〈德行45〉皆推崇了儒家精神中的「孝道」：

> 王僕射在江州，為殷。桓所逐，奔竄豫章，存亡未測。王綏在都，既憂戚在貌，居處飲食，每事有降。時人謂為試守孝子。〈德行42〉
> 吳郡陳遺，家至孝。母好食鐺底焦飯，遺作郡主簿，恒裝一囊，每煮食，輒貯錄焦飯，歸以遺母。後值孫恩賊出吳郡，袁府君即日便征。遺已聚斂得數斗焦飯，未展歸家，遂帶以從軍。戰於滬瀆，敗，軍人潰散，逃走山澤，皆多饑死，遺獨以焦飯得活。時人以為純孝之報也。〈德行45〉

《世說新語》藉由王綏因擔心父親生死未卜，面色憂慮、飲食減少，來展現他的孝心，以「時人謂為試守孝子」來評價他的德行，「試守」指的是見習之意，原用於官吏正式任命前，先試其能，在此是因為王綏在其父親存亡未果時，便先做出居喪的樣子，所以「時論」模仿職官稱謂，稱他為試守孝子。在對陳遺的敘述中，透過陳遺為母親積纂的鍋巴，而在戰爭中存活下來，乃有「時人以為純孝之報也」的「時論」，可知劉義慶對陳遺孝順之行的肯定。這些以孝為首的德行書寫，反映了《世說新語》文本中，傳承漢代儒家思想的面向。

　　不過，在書寫烘托上，《世說新語》「時論」中的「德行」，仍在時代氛圍的感染下，有了變化，王維玉指出：「這裡的『行』相對於儒家積極入世、社會參與的行而言，更側重於個人的行為。」〔註81〕在傳統儒家德行面向上，加上了魏晉的時代風采，比起入世從政的儒家，《世說新語》「時論」寫作的書寫，更側重於人物行為的描述，透過言行舉止的描繪，顯現出人物品格的高低，如〈德行22〉載：「劉道真嘗為徒，扶風王駿以五百匹布贖之；既而用為從事中郎。當時以為美事。」以司馬駿用五百匹布為劉道真贖罪的行為，呈現出其品行之高潔，能助人於危難之中，文中透過「當時以為美事」表面上是稱頌其行為，實際上是對司馬駿人格的品鑑，內容上雖是著重於助人的美德，但已與儒家傳統的準則不太相同，文字著重於兩個人之間的互動，照見司馬駿性格的美好，呼應了魏晉對「人」的看重，側重於個人內在性格的

〔註81〕王維玉：〈魏晉風流與《世說新語》的門類設置〉，《宜賓學院學報》，2009年第2期，頁8。

描繪，無關乎整體社會的道德準綱，這是《世說新語》在德行面向上的書寫特色。在〈德行41〉、〈方正15〉中又更清楚的顯現這樣的風格：

> 初桓南郡、楊廣共說殷荊州，宜奪殷覬南蠻以自樹。覬亦即曉其旨，嘗因行散，率爾去下舍，便不復還。內外無預知者，意色蕭然，遠同門生之無慍。時論以此多之。〈德行41〉

> 山公大兒著短帢，車中倚。武帝欲見之，山公不敢辭，問兒，兒不肯行。時論乃云勝山公。〈方正15〉

在〈德行41〉中描寫殷覬自行放棄主管的南蠻地區，神態悠閒，瀟灑地離開權位，從「時論以此多之」表示社會輿論讚揚其不慕榮利的節操，這樣的品德其實已加入了魏晉玄風的色彩，傳統儒者以經世濟民為己任，與「時論」中之見機而退、自在不爭，多有不同。另在〈方正15〉中，描寫山濤兒子拒絕晉武帝的召見，顯現其並不願做官的意志，「時論乃云勝山公」把山濤與兒子進行對比，並認為兒子勝出，這樣的品鑑視角一樣是根源於不為權力蒙蔽雙眼的高尚情操，山濤為竹林七賢一員，卻是入世最深、官位最高者，若從儒家的角度來看，貢獻己才、報效國家，並無不妥，但身在魏晉的時局裡，仕途多險且社會風氣不變，都讓「德行」的標準有了轉變，比起積極入世，更側重於士人內在的光風霽月，這都是「時論」獨特的書寫色彩。

在德行面向的寫作上，《世說新語》中的「時論」，還具有將片段以故事描繪成「永恆畫面」的敘事特色，這種將時間聚焦於某一情境，劃開時空，專注於描寫當下的人物神情與行為差異，最後以故事或是對話的方式呈現，將片刻化為永恆，讓畫面感存於讀者心中，像是〈德行13〉、〈忿狷5〉中的「時論」書寫，即著力於片段時間的描繪，讓故事充滿畫面感，延長讀者閱讀的感受。

> 華歆、王朗俱乘船避難，有一人欲依附，歆輒難之。朗曰：「幸尚寬，何為不可？」後賊追至，王欲舍所攜人。歆曰：『本所以疑，正為此耳。既已納其自託，寧可以急相棄邪！」遂攜拯如初。世以此定華、王之優劣。〈德行13〉

> 謝無奕性麤彊。以事不相得，自往數王藍田，肆言極罵。王正色面壁不敢動，半日。謝去良久，轉頭問左右小吏曰：「去未？」答云：「已去。」然後復坐。時人歎其性急而能有所容。〈忿狷5〉

在〈德行13〉中將故事的時間點限縮在華歆、王朗避難登船的時刻，以一人

欲依附的情境來評價華歆、王朗的優劣，並且透過兩者的對話，將故事的畫面感呈現於讀者眼前，雖是評判兩人德行，但《世說新語》中的「時論」，會以片段狀態的描繪，烘托兩者性格上的差異，最後透過「世以此定華、王之優劣」展現立場；另〈忿怨5〉也是將事件中的片段提取出來，作為謝無奕與王藍田德行上的判斷關鍵，文字的形容生動鮮明，畫面感強烈，最後以「時人歎其性急而能有所容」表達「時論」評賞的視角，是《世說新語》書寫上的特點。

二、「時論」中才性面向

才性是漢末到魏初流行的思想面向，從東漢王充〈論衡〉即云：「故夫臨事知愚，操行清濁，性與才也。」〔註82〕提出了才性的觀點，到了東漢末年，曹操頒布了「唯才是舉」令，聲言：「……二三子其佐我明揚仄陋，唯才是舉，吾得而用之。」〔註83〕把「才」提到了重要的地位，成為衡量人的標準，在劉邵《人物志》中對才性的發揮更為鮮明：『若量其材質，稽諸五物；五物之徵，亦各著於厥體矣。」〔註84〕清楚地以才為觀察視角，並做為君王用人的基準，展現實用的評賞觀點。故《世說新語》在「時論」的書寫上，也有著才性面向的著墨，且分成了許多不同的士人之才，底下將分別討論政事之才、清談之才，以及文學之才。

（一）政事之才

在「時論」中，關於才性部分的描寫，以政事之才的敘述最為豐富，可見《世說新語》深受漢末品鑑思想中實用觀的影響，強調人物的才能與政治官位的連結，這樣的思維也連帶影響了文本書寫的方式，形成獨特的寫作筆法。其中最常出現的型態是預言，透過人物在某一政治事件中的判斷與應對，展現出其勝於一般人的先知卓見，只是「時論」去除掉了鬼神命定的元素，更著重在讚揚人物透過自己的才能準確預測政事局勢的變遷。由婧涵曾言：

> 感性預言是人們在日常生活中對社會各類現象進行經驗性總結，進
> 而形成的一種經驗判定。古人將這種經驗總結當作一種預言，實質

〔註82〕漢・王充：〈命祿〉，《論衡》，收錄自張元濟編：《四部叢刊初編》（上海：上海書店，2015年），據景上海涵芬樓藏明通津草堂刊本，頁8。

〔註83〕西晉・陳壽：〈武帝紀〉，《三國志》引自劉琳譯注：《三國志選譯》（蘭州：蘭州大學出版社，1989年），頁35。

〔註84〕魏・劉邵：《人物志》、陳喬楚註譯：〈九徵〉，《人物志今註今譯》，頁18。

上體現了一定的邏輯聯繫。〔註85〕

《世說新語》透過對政治局勢的預言成功，後以「時論」作為驗證與評價，展現了人物之能，而在文本敘事中的預言，其實更貼近於一種經驗與邏輯能力的判斷，與鬼神降靈的術數面向不同，預言只是作為品鑑人物的判定方式，加強「時論」的說服力。在〈識鑒 4〉、〈識鑒 10〉、〈識鑒 13〉、〈識鑒 22〉等篇章皆是以預言的書寫方式，呼應「時論」品鑑人物的觀點：

> 晉武帝講武於宣武場，帝欲偃武修文，親自臨幸，悉召群臣。山公謂不宜爾，因與諸尚書言孫、吳用兵本意。遂究論，舉坐無不咨嗟。皆曰：「山少傅乃天下名言。」後諸王驕汰，輕遘禍難，於是寇盜處處蟻合，郡國多以無備，不能制服，遂漸熾盛，皆如公言。時人以謂山濤不學孫、吳，而闇與之理會。王夷甫亦歎云：「公闇與道合。」〈識鑒 4〉

> 張季鷹辟齊王東曹掾，在洛見秋風起，因思吳中菰菜羹、鱸魚膾，曰：「人生貴得適意爾，何能羈宦數千里以要名爵！」遂命駕便歸。俄而齊王敗，時人皆謂為見機。〈識鑒 10〉

> 王大將軍始下，楊朗苦諫不從，遂為王致力，乘「中鳴雲露車」逕前曰：「聽下官鼓音，一進而捷。」王先把其手曰：「事克，當相用為荊州。」既而忘之，以為南郡。王敗後，明帝收朗，欲殺之。帝尋崩，得免。後兼三公，署數十人為官屬。此諸人當時並無名，後皆被知遇，于時稱其知人。〈識鑒 13〉

> 郗超與謝玄不善。符堅將問晉鼎，既已狼噬梁、岐，又虎視淮陰矣。于時朝議遣玄北討，人間頗有異同之論。唯超曰：「是必濟事。吾昔嘗與共在桓宣武府，見使才皆盡，雖履屐之間，亦得其任。以此推之，容必能立勳。」元功既舉，時人咸歎超之先覺，又重其不以愛憎匿善。〈識鑒 22〉

〈識鑒 4〉中欲描寫山濤卓越的政治才幹，便透過預言的方式，呈現了他對政局精準的判斷與掌握，「皆如公言」一句，以他政治預言的成功，帶出「時論」的評價：「時人以謂山濤不學孫、吳，而闇與之理會。」認為山濤擁有孫武、

〔註85〕由婧涵：〈試論預言在《左傳》敘事中的作用〉，《語文建設》，2017 年 21 期，頁 43。

吳起的軍事謀略，而稱頌其才幹。在〈識鑒 10〉中，張季鷹在齊王敗亡前，就先辭官南歸，文中以「俄而齊王敗」的結果驗證了張季鷹辭官的判斷，一樣透過先知的形象塑造，呼應「時論」中「時人皆謂為見機」的評價。〈識鑒 13〉中描述的政治之才更為多元，除了能洞悉朝政局勢變化，還有著任用人才的知人之明，寫作路線依舊是順應著預言的脈絡來凸顯「時論」的評賞，本則一開始，即透過楊朗勸諫王敦進軍京都，為王敦的敗亡留下伏筆與合理的解釋，文中除了透過王敦的戰敗，強化楊朗對政局發展的敏銳度外，更細膩的描寫了戰場上的情景，以「聽下官鼓音，一進而捷」展現楊朗的軍事才能，最後以他擔任三公尚書時，選用沒有名氣的人才，引出「時論」的說法：「于時稱其知人」讚揚其官人之能。〈識鑒 22〉描寫郗超放下個人成見，以公允客觀的視角認同謝玄的軍事才能與朝廷的人事任用，作為謝玄成功完成任務的預言，由此呼應時論中的評價：「時人咸歎超之先覺，又重其不以愛憎匿善」，先覺一詞即肯定他的軍事判斷與識人之才，而不以愛憎匿善還涉及了德行的誇讚。

除了預言式的書寫筆法，《世說新語》在處理政事相關的「時論」，亦常以對比的方式烘托出另一個人的能力，透過兩人的比較，能讓讀者更清楚看見差異以及該人物的特出處，對比書寫能化繁為簡，更容易呈現人物的優點，不過《世說新語》中的比較不單純僅是兩者高低的競爭，還有以當時知名或屬害的人物為喻，肯定被品鑑者的政事之才，這樣的寫作形式在〈品藻 18〉、〈品藻 83〉、〈賞譽 99〉巧妙運用著：

> 王丞相二弟不過江，曰穎，曰敞。時論以穎比鄧伯道，敞比溫忠武。〈品藻 18〉

> 王珣疾，臨困，問王武岡曰：「世論以我家領軍比誰？」武岡曰：「世以比王北中郎。」東亭轉臥向壁，歎曰：『人固不可以無年！』〈品藻 83〉

> 殷淵源在墓所幾十年。于時朝野以擬管、葛，起不起，以卜江左興亡。〈賞譽 99〉

在〈品藻 18〉中，王導的兩個弟弟，被放在「時論」中討論，除了是兩人的對比外，更把把王穎和鄧伯道並列，把王敞和溫忠武並列。鄧伯道即鄧攸，曾任太子中庶子、吳郡太守、侍中、吏部尚書、護軍將軍、會稽太守、太常、尚書左僕射等職，且為官清廉，深受百姓愛戴，「時論」把王穎與鄧伯道並列，

稱頌其執政之能。溫忠武曾先後參與平定王敦、蘇峻的叛亂，官至驃騎將軍、江州刺史，皆為顯職，「時論」中將王敞與溫嶠並列，以此稱頌其政治與軍事才能。在〈品藻83〉中，透過「世論」將王洽與王坦之並稱，王洽的兒子王珣頗不以為然，他以「人固不可以無年」認為父親在社會輿論的評價上，僅與王坦之並列，是因為他早死之故，若王洽的壽命延長，其才幹必勝於王坦之，從本則可見明顯的對比關係，以及「時論」與王珣個人評論的差異。在〈賞譽99〉中，透過「時論」列舉管仲、諸葛亮與殷浩對比，提高了殷浩的身價，也以兩位古代名相，肯定了他的政治才幹。這樣透過不同人物的比較與比擬，描繪出識鑑人物的政事之才，此乃《世說新語》中「時論」對才性面向的書寫特色。

（二）清談之才

《世說新語》中與清談相關的「時論」條目僅有 3 則而已，其中又有 2 則都出於「文學」中，這是因為《世說新語》中的「文學」類目與現今認知的「文學」並不相同，這裡的「文學」指文章與文學活動，內容包括辭章創作、學識淵博，以及很多的清談活動，屬於廣義的文學觀。辭章創作可以與文中的文學之才相互呼應，而在此僅論及清談的才能，其在〈文學18〉、〈文學38〉中可看見其書寫形式：

> 阮宣子有令聞，太尉王夷甫見而問曰：「老、莊與聖教同異？」對曰：「將無同？」太尉善其言，辟之為掾。世謂「三語掾」。衛玠嘲之曰：「一言可辟，何假於三？」宣子曰：「苟是天下人望，亦可無言而辟，復何假一？」遂相與為友。〈文學18〉

> 許掾年少時，人以比王苟子，許大不平。時諸人士及支法師並在會稽西寺講，王亦在焉。許意甚忿，便往西寺與王論理，共決優劣。苦相析挫，王遂大屈。許復執王理，王執許理，更相覆疏，王復屈。許謂支法師曰：「弟子向語何似？」支從容曰：「君語佳則佳矣，何至相苦邪？豈是求理中之談哉！」〈文學38〉

描述清談才能的「時論」中有著善用對話與玄學化的傾向，這樣的書寫方式，皆與清談的特色有關，清談著重於論者的口辯與玄理的邏輯思辯，對於玄理的闡述、對答的機敏，皆十分看重，為了呈現對答的機敏，對話體成了書寫形式，對於玄學的闡述，也使得條目中有了玄化的色彩，在〈文學18〉中雖不是一個正式的清談場合，但是兩人的唇槍舌戰，已具有清談的特色，從「三

語掾」到衛玠對阮宣子假三、假一的質詢，其中的巧妙與機智皆是清談的風貌，透過對話方式栩栩如生地呈現讀者眼前，另在文本中出現老子、莊子與儒家聖教的討論，這樣玄學化的意涵，也是一大寫作特色。在〈文學38〉呈現地就是正式的清談活動，文中透過許詢與王苟子的反覆激辯，展現出清談來回詰問的樣貌，並以「人以比王苟子」表現「時論」的公論，除了對話的使用外，支道林所說的「求理中之談」展現了玄學化的觀點，把清談的勝負拋開，更著重在探求學問真理之上。

（三）文學之才

上一小節講到《世說新語》「文學」門類的特色，除了描寫清談之外，亦包含辭章創作與文章的鑑賞能力，在品鑑人物的寫作才能上，「時論」常會以他的代表作為評賞重點，或是透過旁人的言辭或生動的行為，展現作者的文采與才思，像是在〈文學67〉、〈文學70〉、〈文學78〉皆可見文學之才的描繪：

> 魏朝封晉文王為公，備禮九錫。文王固讓不受。公卿將校當詣府敦喻，司空鄭沖馳遣信就阮籍求文。籍時在袁孝尼家，宿醉扶起，書劄為之，無所點定，乃寫付使。時人以為神筆。〈文學67〉

> 樂令善於清言，而不長於手筆。將讓河南尹，請潘岳為表。潘云：「可作耳，要當得君意。」樂為述己所以為讓，標位二百許語。潘直取錯綜，便成名筆。時人咸云：『若樂不假潘之文，潘不取樂之旨，則無以成斯矣。」〈文學70〉

> 孫興公作〈庾公誄〉，袁羊曰：「見此張緩。」于時以為名賞。〈文學78〉

在〈文學67〉中，以阮籍宿醉書寫、文章無所改動等描述，將他文思泉湧、倚馬可待的才情，生動刻畫，凸顯阮籍的妙筆生花。而在〈文學70〉中，透過「時論」凸顯樂廣善於清談、潘岳善於書寫，兩者相互輝映，成名筆、名言，而透過兩者各取己長的合作，相互陪襯，各自展現清談之才與文學之才。最後在〈文學78〉中，透過袁羊評論，烘托了孫興公〈庾公誄〉的文學成就，另一方面，以「時論」肯定了袁羊在文藝作品的鑑賞能力。

三、「時論」中神韻面向

「瞻形得神」是魏晉品鑑人物十分重要的視角，《世說新語》作為一部當時士人自我寫照的小說，「風神」自然是其書寫的一大特色，其獨立的人格精

神與美學情韻，亦是「時論」寫作上的重點，宗白華在〈論世說新語和晉人的美〉中提及：

> 晉人之美，美在神韻。神韻可說是「事外有遠致」，不沾滯於物的自由精神，這是一種心靈的美，或哲學的美。這種美的力量，擴而大之可以使人超然於死生禍福之外，發揮出一種鎮定的大無畏的精神來。〔註86〕

由上可知，魏晉時期品鑑名士的視角，以精神為一切依歸，他們所追求的美，超出了一般的外在形式，更講求風韻、格調等內在意蘊的精神之美。在《世說新語》「時論」的書寫中，神韻更是描繪的重點，可以分成兩個面向來討論。

（一）人格內涵

精神內涵的描寫，在寫作上一直是高層次的書寫技巧，如何在精簡的文字中，烘托出人物的風骨，並不容易，且神韻的面向，較為玄虛，白描手法也難以精準呈現，故在《世說新語》的「時論」中，形容人物人格內涵，大多採用襯托對比的方式，以表達其風神之美，相關的篇章有〈雅量20〉、〈雅量36〉、〈賞譽69〉、〈賞譽70〉、〈賞譽137〉、〈品藻25〉、〈任誕20〉、〈任誕43〉等篇章，以下透過表格將原文呈現，並呈顯其烘托比擬的寫作方式。

表十七　「時論」中的人格內涵描寫

原　文	品鑑的人物	比擬的人物	評　價
過江初，拜官，輿飾供饌。羊曼拜丹陽尹，客來蚤者，並得佳設。日晏漸罄，不復及精，隨客早晚，不問貴賤。羊固拜臨海，竟日皆美供。雖晚至，亦獲盛饌。時論以固之豐華，不如曼之真率。〈雅量20〉	羊曼	羊固	羊曼高於羊固：直率
王子猷、子敬曾俱坐一室，上忽發火。子猷遽走避，不惶取屐；子敬神色恬然，徐喚左右，扶憑而出，不異平常。世以此定二王神宇。〈雅量36〉	王子敬	王子猷	王子敬高於王子猷：從容
世稱「庾文康為豐年玉，稚恭為荒年穀」。庾家論云是文康稱「恭為荒年穀，庾長仁為豐年玉。」〈賞譽69〉	庾文康	庾稚恭	兩者沒有高低 庾文康：治世雍容 庾稚恭：亂世扶危、雪中送炭

世目「杜弘治標鮮，季野穆少」。〈賞譽 70〉	杜弘治	褚季野	兩者沒有高低 杜弘治：風采俊秀 褚季野：溫和淡泊
世稱：「荀子秀出，阿興清和。」〈賞譽 137〉	王脩	王蘊	兩者沒有高低 王脩：優美傑出 王蘊：清靜平和
世論溫太真，是過江第二流之高者。時名輩共說人物，第一將盡之閒，溫常失色。〈品藻 25〉	溫太真	第一等人物	溫太真遜於第一等人物
張季鷹縱任不拘，時人號為江東步兵。或謂之曰：「卿乃可縱適一時，獨不為身後名邪？」答曰：「使我有身後名，不如即時一桮酒！」〈任誕 20〉	張季鷹	江東步兵：阮籍	以阮籍的任誕，誇讚張季鷹不拘禮俗
張湛好於齋前種松柏。時袁山松出遊，每好令左右作挽歌。時人謂「張屋下陳屍，袁道上行殯」。〈任誕 43〉	張湛	袁山松	兩者沒有高低，誇讚其任誕自然之性

從上述表格中，可知「時論」描寫人物性格的篇章頗多，在對比的形式下，透過另一方襯托出被品鑑者的精神內涵，文字精煉簡潔，不需要太多冗贅的字詞，若觀察其評價內容，帶有著玄學化的色彩，像是對直率、從容、風采、淡泊、清靜、任誕等特質的讚揚，都是魏晉風度的展現，李澤厚曾云：

> 玄學的關鍵和興趣並不在於去重新探索宇宙的本源秩序、自然的客觀規則，而在於如何從變動紛亂的人世、自然中去抓住根本和要害，這個根本與要害歸根結蒂是要樹立一個最高統治者的『本體』形象。〔註 87〕

又云：

> 人（我）的自覺成為魏晉思想的獨特精神，而對人格作本體建構，正是魏晉玄學的主要成就。〔註 88〕

可知玄學與士人的精神內涵息息相關，故《世說新語》中的「時論」，透過玄學化的色彩，較能深刻描繪名士的性格層次，將不容易實體描寫的內涵，藉由玄學所代表的人格精神表達出來。

（二）外貌神采

《世說新語》記載了魏晉士人的美學生活，在篇章中對於容貌的描寫，

〔註 87〕李澤厚：《中國古代思想史論》（北京：人民出版社，1985 年），頁 195。
〔註 88〕李澤厚：《中國古代思想史論》，頁 193。

十分豐富，且美姿容的品鑑意識，也反映了魏晉中神韻的美學觀點，其中，在「時論」的書寫上，展現了兩種寫作技巧。第一是譬喻手法的使用，魏晉透過對了對人的欣賞，延伸向外發現了自然，也就是說自然山水其實代表著一種理想人格的企盼，故《世說新語》「時論」中喜歡以自然景物來喻人，藉以呈現魏晉士人內心對於相人文化的昇華，底下以表格呈顯譬喻手法的寫作公式。

表十八　「時論」中外貌神采的譬喻手法

原　文	喻　體	喻　詞	喻　依
世目李元禮：「謖謖如勁松下風。」〈賞譽2〉	李元禮	如	松下風
世目周侯：嶷如斷山。〈賞譽56〉	周顗	如	斷山
魏明帝使后弟毛曾與夏侯玄共坐，時人謂「蒹葭倚玉樹」。〈容止3〉	毛曾 夏侯玄	省略	蒹葭 玉樹
時人目「夏侯太初朗朗如日月之入懷，李安國頹唐如玉山之將崩」。〈容止4〉	夏侯玄 李安國	如	日月入懷 玉山將崩
潘安仁、夏侯湛並有美容，喜同行，時人謂之「連璧」。〈容止9〉	潘安仁 夏侯湛	省略	連璧
裴令公有俊容儀，脫冠冕，麤服亂頭皆好。時人以為「玉人」。見者曰：「見裴叔則如玉山上行，光映照人。」〈容止12〉	裴叔則	以為	玉

　　從上表可知時人在「目」名士時，其品鑑視角多以物來比喻外貌之下的神韻風采，若仔細的觀察譬喻的事物，可以發現此處有別於政事之才的描述，會出現具體的官位或能力，而多為虛化的自然景物或意象，以美學的視角呈現人物的面容神態，像是使用玉樹、日月、連璧等喻依，照見其內在光彩又清明的特質，李清筠云：「這樣清逸高舉的神仙之姿，最能表現玄學浸潤下的時代風貌——是一種擺脫儒家道德規範之後，所呈現的活潑、生動、具藝術性、倍顯人間逸氣的形象。」〔註89〕如此形象透過譬喻的手法，能巧妙強化名士在形貌之下，彰顯其氣韻、格調。

　　第二，《世說新語》「時論」在描寫外貌神采上，使用的另外一種技巧，即空間描寫。所謂「空間書寫」，就是利用對空間或環境的描述，做為抒發某種心境或情境表達的媒介，以小指大，雖然主要寫的是空間，但只將「空間」

〔註89〕李清筠：《魏晉名士人格研究》（臺北：文津出版社，2000年），頁71。

作為引子,從空間的形成,空間好、壞的敘述中,融入自己的想法,並在最後做出結論,這樣的寫作方法,能透過空間的拉大,表現出人格精神的延展,透過自然的描摹,帶出空間的立體性,也藉此展現人物的特色,像前在〈賞譽 56〉中即可見這樣的書寫特色,「嵬」乃高峻魁武之意,表面上是用來形容斷山之空間感,實質上,是用來描寫周伯仁的人格特質,既是自然空間書寫,也運用於人物品鑑;又像是〈容止 4〉透過「日月入懷」跟「玉山將崩」的敘述,以拉入懷中的日月和即將崩頹的玉山,將空間的視覺感擴大,用來象徵人物的精神風貌,並將其刻度加以美化。

不管是譬喻手法或是空間書寫,可以觀察到此部分的用字十分精簡,屬於小品性質,且用詞遣字帶有美感,具詩意效果,這是因為精神層次的描寫,乃強調讀者意會,故描寫無須鉅細靡遺,更著重於文字的洗鍊與美感。

參、品鑑視角在《世說新語》「時論」書寫上的異同

從上一小節可知,《世說新語》「時論」的寫作面向十分多元,涉及的層次也大不相同,包含德行、才性與神韻,而這些對於人物品鑑的文字書寫,在寫作筆法上,有其異同,這些改變也代表著漢末到魏晉「人倫識鑑」觀點的轉換,以下將各類品鑑視角的「時論」的書寫方式,加以歸納釐析,探討其筆法技巧上的異同。

一、品鑑視角在「時論」寫作上的相似處

綜觀《世說新語》中「時論」的品鑑面向,在寫作技巧上有一些共性,像是故事性的運用,以及對比性的呈現,雖是在描繪不同的識鑑向度,但《世說新語》在整體「時論」的書寫方式,以及品評人物的慣性公式,有著相似筆法的展現,由此可見「時論」與人物品鑑上寫作特色的抉發,有助於了解其敘述模式。

(一)故事性

《世說新語》為志人小說的代表,故「時論」的書寫以故事性呈現,並不意外,在德行與才性中,有許多的篇章,皆是利用故事的敘寫,來帶出當時輿論的導向,故事化相較於平鋪直敘,更能生動地描繪人物的情態,從品鑑人物的觀點來看,這樣的寫作方式,能細膩的去觀看名士的生活,對讀者而言,較具說服力,也能增添文字的文學性。不過,在德行與才性的面向上,雖然都有採用故事的寫作手法,但兩者的故事書寫仍稍有不同,在德行的部

分，著重於片段故事的描寫，常將時間限縮在某一點，透過剎那的決定，判斷人物德行的高低；在才性的面向上，則較常運用預言式的故事寫法，透過預言政局的未來發展，表現出見微知著的政治才能，這是與德行較不一樣的故事敘寫，因為才性，不像德行可以憑藉著內化或感受來呈現，才性需要一定程度的驗證，才能展現識人之效，故兩者雖同為故事筆法，仍稍有不同。

（二）對比性

將程度相當的兩個人物，放在一起對比烘托，也是《世說新語》「時論」中，常出現的寫作筆法，深究其原因，乃與品鑑人物的特色有關，「時論」既為當代輿論品評人物的視角，其識鑑範疇就比個人的觀人來得寬闊，因「時論」帶有著時代與社會的判斷性，故在評價人物之際，會融入當代名人或是前代代表人物作為比擬，以呈現品評面向觀照的廣度，故在才性與神韻的品鑑視角中，都有對比性的運用，不管是人物高低的對照或是烘托比襯的型態，都展現了「時論」在識鑑人物上的樣態。

二、品鑑視角在「時論」寫作上的相異處

《世說新語》「時論」的品鑑視角，總共分成德行、才性、神韻三個面向，三者的差異頗大，性質也不盡相同，且這三個面向，其實也代表著漢末到魏晉品鑒人物的思想變化，故探討「時論」書寫之異，有著以小見大的價值。

（一）品鑑思潮的遞嬗

漢代在品鑑人物上，著重於鄉論，其中「月旦評」即是一種著名的鄉論模式，是汝南地區每月初一進行臧否人物的一項活動，由汝南名士許劭與其族兄許靖共同主持。在《後漢書・許劭傳》中記載：「初，劭與靖具有高名，好共覈論鄉黨人物，每月輒更其品題，故汝南俗有『月旦評』焉。」〔註90〕這項活動在汝南一帶因參與者眾，因此影響也大，其後，「月旦評」就成了士人品評的代名詞，且我們由記載發現月旦評的品鑑方式更為細膩，並不只是一般鄉論無標準的泛泛之說，從其每月更換題目以及有組織的人物品鑑會議，都可以發現它對於品鑑文化有著更周全、系統性的建立，而在舉孝廉盛行的漢代，可知德行是其品評人物的主要視角。

三國至兩晉乃人物評鑑文化的分水嶺，觀看人物的視角，由實用轉化至

〔註90〕劉宋・范曄撰，唐・李賢等注，楊家駱編：〈許劭傳〉，《後漢書》，頁2234～2235。

審美，從劉劭《人物志》的「徵質」運作思維可知，劉劭藉由外觀之「形」以知內觀之「質」，又由「性」而見「能」，終為世所任用而有不同流業，此乃《人物志》所持之探究方法，亦如勞思光所言：「品評人物，每每亦斷其成就大小，甚至涉及政治之成敗問題。」〔註91〕具有了實用內涵，以「量能授官」為最高評價準則。迨東晉偏安高門貴族崇尚閒雅，清言雅語，且優遊山水，浸淫書畫、藝文，其於人物品鑑更重視神韻，由瞻形到神采的直擊，不僅是容貌徵微，而是精神的細膩契悟，可發現評價人物的轉變，不再關注「形骸」，而有「神明」的精神審美，由是可知品鑑文化在魏晉由實用轉至審美的重要轉折。

湯用彤曾言：「由漢至晉，談者尤具體事實至抽象原理，由切近人事至玄遠理則，亦時勢所造也。」〔註92〕由此可知正始前後，觀人之風不同，談論殊異，故從記載於正始前的《人物志》及名法家之辨才任官、才德孰優等，實際的人事品鑑實用觀。不只是《人物志》等保留了當時實用思維的人物品評痕跡，在跨越長時的《世說新語》中，也找得到「實用」觀點的品核方式，故在「時論」中才會出現才性的面向，其中的政治之才，更可以與《人物志》相互呼應。

正始之後的兩晉審美觀，則是將氣化為神，產生了形—氣—神的美感意象，故在「時論」中出現了以神韻為面向的內容，這種寫照傳神、瞻形得神的品鑑文化思維，著重於整飾其形體之容止風度，進而襯顯內在精神層次的風神與情性，此已與實用觀點大相逕庭，實用者著眼於知人任官層面，雖有利於政事，卻失於深度，其後，尤其晉室南渡，玄風普遍，傳神的意境，已影響了人物的評賞，故從此可清楚的看見漢至兩晉，從實用思維轉至審美思維的發展脈絡。

故《世說新語》「時論」中對於德行、才性與神韻的描寫，正可以做為品鑑思潮從漢代重視德行、漢末魏初重視才性，最後到兩晉重視神韻的呼應與對照。

（二）文字的敘述性到詩意性

《世說新語》「時論」中，在德行、才性到神韻面向，從用字與字數上，

〔註91〕勞思光：《新編中國哲學史》，頁149。
〔註92〕湯用彤：《魏晉玄學論稿及其它》，頁13。

可見明顯的差異。首先，在德行與才性的描述上，較常使用故事性的敘述，故字數上也會較多，且為了凸顯人物的德行或是才能上的特點，寫作上較常採用具體的描摹或事件的書寫，來呈現品鑑視角，故文字偏重敘述性；至於神韻面向的書寫，可以發現其用字上較為精簡，且用詞較為玄化，描述多為內在意蘊，故寫作上帶有詩意性，這種詩性的文字筆法，與意象的使用相關，在神韻面向中，出現了許多自然景物的喻依，楊義先生在《中國古典小說史論》中提到松、竹、鶴之類的象徵性意象，〔註93〕都讓文字的書寫與德行、才性的敘事方式不同，更具象徵性的美學意涵。

第五節　《世說新語》品鑑書寫對社會文化的影響

　　探討品鑑意象轉變的社會影響，大體而言可區分為「品鑑的環境網絡」與「品鑑的人文互動」來說明，此二者可謂構成社會與生活的重要主導內容，先以「品鑑的環境網絡」作闡述，以瞭解羅中峰所言：「凡是由同一優勢價值所引導，且性質相近的諸多單元行動」〔註94〕如何進行歸納與建構所形成的「品鑑」網絡；再者，以「品鑑的人文互動」承接上述，對於觀人行動開展出的不同向度，讓我們能更加掌握與理解觀者與被觀者在品鑑架構下，所展現的生命境界，首先就先從時間流轉，來談環境變遷對人物品鑑的影響。

壹、品鑑環境脈絡概述

　　從春秋戰國時代說起，相人術的發展記載著一段希望與黑暗並存的時代側面，祝平一言：「相人術的使用，貴族們所要找的繼承人不只是一位能幹的繼嗣，他們同時還盼望繼嗣能依憑福份，護佑全族的生存與地位。」〔註95〕春秋的社會環境給了相人術發展的社會基礎，它破壞早期奴隸社會血緣決定人身分地位、未來方向，給人們決定自我的一線曙光。戰國改革變法，一方面刺激人們預測命運並掌握未來的欲求；一方面伴隨宿命論的餘緒，在這個勝者為王、敗者為寇的現實時代，繼承人與人才的選用，都將是在這個競爭激烈的環境中，保護地位與擴張權力的最佳途徑，而鬼神思想與宿命的緊密

〔註93〕楊義：《中國古典小說史論》（北京：人民出版社，1998年），頁156～157。
〔註94〕羅中峰：《中國傳統文人審美生活方式之研究》，頁49。
〔註95〕祝平一：《漢代相人術》，頁37。

結合，從布子卿所說：「天所授，雖賤必貴。」〔註96〕可知此時超自然的神秘力量與政治權位相互依存，故春秋時期相人術的行動脈絡，便藉其神秘的命理觀點去建構當時的社會風貌與人才廢立，劉子〈命相〉云：「人之命相，賢愚貴賤，脩短吉凶。」〔註97〕可知瞻其吉凶乃是春秋時代「相」文化所發展的環境網絡。

到了三國時代，君主以尋覓人才為優先，入朝為官者，成了才幹與地位的象徵，於是品鑑在皇權的導向下，上行下效形成了一套完整的官人系統，品階的高低，也就是人物所代表的品評差異，羅中峰云：「行動場域的界限，往往在『社會導向』與『個人導向』兩極之間，彈性地游移調整。」〔註98〕人物品鑑的行動場域，也就是指其環境網絡，也可從社會導向與個人導向去作察視，曹氏皇權唯才是舉的政策方向，左右了觀人發展的立足之處。從東漢末年察舉辟召，使鄉論謠諺盛行，品評成為社會上極為重要的風尚，其中月旦評的流行即是一例。在此風氣之下，觀人對名聲的激揚、仕途的順遂起了一定作用，形成了魏初的品鑑環境發展型態，加之以身處魏、蜀、吳三國鼎立的年代，各方面對勢力的消長無不兢兢業業，更加深品鑑成為左右國家發展方向之關鍵，因此，各國君主無不致力於觀人機制的建立，以制度化的方式，希冀透過社會環境網絡之運作規則，將品評串連、組構，使之具有相對的穩定性，以維持社會分工，於是人才網羅的品鑑系統，掌握於中央，更使觀人的環境風氣由德行趨向才性，使品評成為支配體系並使社會規律運轉的重要活動。

若論「品鑑」的環境主體從皇權移轉到名士身上，也就是「個人導向」之中，從正始到兩晉，皇權與士族的利害交關，始終未曾停歇，徐復觀先生認為「人倫鑒識」中的「鑒識」，指出品題者須具玄學的修養，以得到美的觀照能力。〔註99〕可知玄學的產生與品鑑書寫的發展環境息息相關，也可視為「個人導向」的核心內涵，魏晉玄學發源於曹魏，卻大盛於江左，此空間的變化，都影響了對人物形象的評判，先從其發源地論之，有研究者指出：曹魏地處中原，擁有發達的文化優勢，更重要的是，曹魏當時的政治實力最強，但政治又最不穩定。〔註100〕文化與政治乃是玄學產生的契機之一，其中曹氏

〔註96〕西漢・司馬遷撰：《史記・趙世家》，卷43，頁1789。
〔註97〕江建俊校注：《新編劉子新論》（臺北：台灣古籍出版社，2001年），頁257。
〔註98〕羅中峰：《中國傳統文人審美生活方式之研究》，頁49。
〔註99〕徐復觀：《中國藝術精神》，頁153。
〔註100〕參看任繼愈主編：《中國哲學發展史（魏晉南北朝）》（北京：人民出版社，1988年），頁59～60。

皇權與司馬氏的傾軋，更是重要的社會背景，魏初早期，曹氏權力龐大，採用法術、刑名，以鞏固政事，然在司馬氏崛起而曹氏衰微的變化之際，憑藉著儒學大族身分而起的司馬政權，不再嚴格的採用系統化的相人觀點，而是依士族階級為品評的內涵重新定義，玄學的融攝便是名士展現其優越性的時代選擇，於是觀人文化的網絡變革便成為「『制度化』與『解構』等兩種社會力量交織的過程」〔註101〕故虛玄的神韻，遠勝於實質的仕途，相者藉由這樣的社會環境，而獲取精神資源的回饋，達至延續生命層次的目的。

貳、品鑑的人文互動脈絡

　　論及品鑑的人文互動，羅中峰指出：「於各種行動場域之間的內在關係，即可以歸結出某種特定的生活組織原則。」〔註102〕也就是說，我們從上述「品鑑的環境網絡」即可以觀察出因應此種情境的脈絡，而採用品藻的價值選擇模式以為日常生活之重心原則，以先秦與兩漢的相術來說，相者與被相者的關係皆掌握在貴族手中，非民間流動的技藝，而是知識階級的權力象徵，故相者與被相者的生活方式自然不離政治與仕祿的考量。直至漢代相術的繁榮與社會的變遷，使相術成為專門職業，為身分低微者的方技，相者地位衰弱，尚未自神祕層次中昇華，要到魏晉品鑑的流行，才又與知識份子同行，運用在人物品評上，使觀者與被觀者的往來，另開新氣象。

　　魏初觀人用於經世致用上，君主以尋覓人才為優先，《人物志》所呈現的品鑑活動偏重於以經濟與政治作為生活的核心，羅中峰云：

> 積極投入社會生活的職業編製，追求權力、名利等世俗功業，並汲汲於鑽營向上社會流動的機會，則將促使行動者的生活方式，成為社會運行機制的有機環節。〔註103〕

故《人物志》中品鑑的視角，便著重於其個人特質與職業的相互呼應，分別從體別到流業，將人的生活從「體五行而著形」到「十二材而各得其任」與師氏之任、司寇之任、司空之任等官職緊密相連，並從材性歸納出「善在恭謹，失在多疑」等任官上優缺得失，將人格特質融入官場文化中，給予如「可與保全，難與立節」等的關係模式，可知人物品鑑到了漢末至魏初，已成為制

〔註101〕羅中峰：《中國傳統文人審美生活方式之研究》，頁49。
〔註102〕羅中峰：《中國傳統文人審美生活方式之研究》，頁53。
〔註103〕羅中峰：《中國傳統文人審美生活方式之研究》，頁56。

度化的管道，探其官場上的任事與關係網絡，將觀人所帶出的面向，侷限於授官與任職的政治與經濟運用模式。

「品鑑」的主體從權勢移轉到知識份子身上，直到正始之後才產生，觀者與被觀者在政治或經濟生活模式中，創造出了一個精神生活模式，再加之以考量觀者間的生活網絡，即可以瞭解品鑑文化在此時代中扮演的重要地位，方碧玉指出：「考察《世說新語》中人物品評關係，大抵可分為兩大類，一為親屬關係；一為交遊關係。」〔註104〕若以此兩種關係脈絡加之以傳神的形體觀探討，即可闡論這種因相與被相而連結起來的牽繫關係，如何整合入社會的整體意義脈絡之中，在此先就親屬的識鑑關係而述。

魏晉觀人從德行→才性→神情的轉變，在前面諸節已備述，然於此品鑑書寫關係的分析，更可見其社會風尚之開闊與灑脫。儒家的輩份關係強調「君君，臣臣，父父，子子」的等差親疏，其中更有著尊卑之傳統，不得輕易僭越，但不論是親疏，抑或是尊卑，在魏晉的品鑑文化中卻是毫無顧忌，茲以表格來說明風神品鑒之建構：

表十九　《世說新語》中的人物品鑑與社會關係

「品鑑」生活意涵	「品鑑」關係書寫	觀　者	被觀者	品鑑內容
無尊卑	下品鑑上	陳諶	陳寔	客有問陳季方：「足下家君太丘，有何功德，而荷天下重名？」季方曰：「吾家君譬如桂樹生泰山之阿，上有萬仞之高，下有不測之深；上為甘露所沾，下為淵泉所潤。當斯之時，桂樹焉知泰山之高，淵泉之深？不知有功德與無也。」〈德行7〉
		陳紀	陳寔	潁川太守髡陳仲弓。客有問元方：「府君如何？」元方曰：「高明之君也。」「足下家君如何？」曰：「忠臣孝子也。」客曰：「易稱：『二人同心，其利斷金；同心之言，其臭如蘭。』何有高明之君，而刑忠臣孝子者乎？」元方曰：「足下言何其謬也！故不相答。」客曰：「足下但因儽為恭而不能答。」元方曰：「昔高宗放孝子孝己，尹吉甫放孝子伯奇，董仲舒放孝子符起。唯此三君，高明之君；唯此三子，忠臣孝子。」客慚而退。〈言語6〉

〔註104〕方碧玉：《魏晉人物品評風尚探究——以《世說新語》為例》，《中國學術思想研究輯刊》，頁31。

荀慈明	諸兄	荀慈明與汝南袁閬相見，問穎川人士，慈明先及諸兄。閬笑曰：「士但可因親舊而已乎？」慈明曰：「足下相難，依據者何經？」閬曰：「方問國士，而及諸兄，是以尤之耳。」慈明曰：「昔者祁奚內舉不失其子，外舉不失其讎，以為至公。公旦文王之詩，不論堯、舜之德而頌文、武者，親親之義也。春秋之義，內其國而外諸夏。且不愛其親而愛他人者，不為悖德乎？」〈言語7〉
王衍	王戎	諸名士共至洛水戲，還，樂令問王夷甫曰：「今日戲樂乎？」王曰：「裴僕射善談名理，混混有雅緻；張茂先論史、漢，靡靡可聽；我與王安豐說延陵、子房，亦超超玄著。」〈言語23〉
王敦	王含	王含作廬江郡，貪濁狼藉。王敦護其兄，故於眾坐稱：「家兄在郡定佳，廬江人士咸稱之！」時何充為敦主簿，在坐，正色曰：「充即廬江人，所聞異於此！」敦默然。旁人為之反側，充晏然，神意自若。〈方正28〉
王爽	王恭	孝武問王爽：「卿何如卿兄？」王答曰：「風流秀出，臣不如恭，忠孝亦何可以假人！」〈方正64〉
周嵩	周顗	周伯仁母冬至舉酒賜三子曰：「吾本謂度江托足無所，爾家有相，爾等並羅列吾前，復何憂？」周嵩起，長跪而泣曰：「不如阿母言。伯仁為人志大而才短，名重而識暗，好乘人之弊，此非自全之道；嵩性狼抗，亦不容於世；唯阿奴碌碌，當在阿母目下耳。」〈識鑒14〉
王應	王彬	王大將軍既亡，王應欲投世儒，世儒為江州；王含欲投王舒，舒為荊州。含語應曰：「大將軍平素與江州云何，而汝欲歸之？」應曰：「此乃所以宜往也。江州當人強盛時，能抗同異，此非常人所行。及睹衰厄，必興愍惻。荊州守文，豈能作意表行事？」含不從，遂共投舒。舒果沈含父子於江。彬聞應當來，密具船以待之。竟不得來，深以為恨。〈識鑒15〉
	王舒	
王濟	王湛	王汝南既除生服，遂停墓所。兄子濟每來拜墓，略不過叔，叔亦不候。濟脫時過，止寒溫而已。後聊試問近事，答對甚有音辭，出濟意外，濟極惋愕；仍與語，轉造精微。濟先略無子姪之敬，既聞其言，不覺懍然，心形俱肅。遂留共語，彌日累夜。濟雖俊爽，自視缺然，乃喟然歎曰：「家有名士三十年而不知！」濟去，叔送至門。濟從騎有一馬絕難乘，少能騎

				者。濟聊問叔：「好騎乘不？」曰：「亦好爾。」濟又使騎難乘馬，叔姿形既妙，回策如縈，名騎無以過之。濟益歎其難測，非復一事。既還，渾問濟：「何以暫行累日？」濟曰：「始得一叔。」渾問其故，濟具歎述如此。渾曰：「何如我？」濟曰：「濟以上人。」武帝每見濟，輒以湛調之，曰：「卿家癡叔死未？」濟常無以答。既而得叔，後武帝又問如前，濟曰：「臣叔不癡。」稱其實美。帝曰：「誰比？」濟曰：「山濤以下，魏舒以上。」於是顯名，年二十八始宦。〈賞譽 17〉
		王澄	王衍	王平子目太尉：「阿兄形似道，而神鋒太俊。」太尉答曰：「誠不如卿落落穆穆。」〈賞譽 27〉
		庾亮	庾敳	庾太尉目於中郎：「家從談談之許。」〈賞譽 41〉
		庾亮	庾敳	庾公目中郎：「神氣融散，差如得上。」〈賞譽 42〉
		卞壼	叔向	卞令目叔向：「朗朗如百間屋。」〈賞譽 50〉
		王獻之	王徽之	子敬與子猷書，道「兄伯蕭索寡會，遇酒則酣暢忘反，乃自可矜。」〈賞譽 151〉
		殷仲文	殷仲堪	殷仲堪喪後，桓玄問仲文：「卿家仲堪，定是何似人？」仲文曰：「雖不能休明一世，足以映徹九泉。」〈賞譽 156〉
		王楨之	王獻之	桓玄為太傅，大會，朝臣畢集，坐裁竟，問王楨之曰：「我何如卿第七叔？」於時賓客為之嚥氣。王徐徐答曰：「亡叔是一時之標，公是千載之英。」一坐歡然。〈品藻 86〉
去親疏	姻親之「品鑑」	王衍 女婿	裴遐 岳父	裴散騎娶王太尉女，婚後三日，諸婿大會，當時名士、王、裴子弟悉集。郭子玄在坐，挑與裴談。子玄才甚豐贍，始數交，未快；郭陳張甚盛，裴徐理前語，理致甚微，四坐咨嗟稱快，王亦以為奇，謂語諸人曰：「君輩勿為爾，將受困寡人女婿。」〈文學 19〉
		羊祜 從舅	王衍	王夷甫父乂，為平北將軍，有公事，使行人論，不得。時夷甫在京師，命駕見僕射羊祜、尚書山濤。夷甫時總角，姿才秀異，敘致既快，事加有理，濤甚奇之。既退，看之不輟，乃歎曰：「生兒不當如王夷甫邪？」羊祜曰：「亂天下者，必此子也！」〈識鑒 5〉
		殷浩 舅	韓康伯 甥	庾中軍道韓太常曰：「康伯少自標置，居然是出群器；及其發言遣辭，往往有情致。」〈賞譽 90〉

		謝安 翁	王珣 婿	謝公領中書監，王東亭有事應同上省。王后至，坐促，王、謝雖不通，太傅猶斂膝容之。王神意閒暢，謝公傾目。還謂劉夫人曰：「向見阿瓜，故自未易有。雖不相關，正是使人不能已已。」〈賞譽147〉
		謝安	劉惔妻兄	謝公云：「劉尹語審細。」〈賞譽116〉
		范甯 妻	王忱 夫	范豫章謂王荊州：「卿風流俊望，真後來之秀。」王曰：「不有此舅，焉有此甥？」〈賞譽150〉
		宋褘 妻	謝尚 夫	宋褘曾為王大將軍妾，後屬謝鎮西。鎮西問褘：「我何如王？」答曰：「王比使君，田捨、貴人耳。」鎮西妖冶故也。〈品藻21〉
		謝安	劉惔妻兄	謝太傅謂王孝伯：「劉尹亦奇自知，然不言勝長史。」〈品藻73〉
		王濟 舅	衛玠 甥	驃騎王武子是衛玠之舅，俊爽有風姿。見玠，輒歎曰：「珠玉在側，覺我形穢。」〈容止14〉
		王廣 夫	王廣婦 妻	王公淵娶諸葛誕女，入室，言語始交，王謂婦曰：「新婦神色卑下，殊不似公休。」婦曰：「大丈夫不能彷彿彥雲，而令婦人比蹤英傑！」〈賢媛9〉
		山濤妻 妻	山濤 夫	山公與嵇、阮一面，契若金蘭。山妻韓氏，覺公與二人異於常交，問公，公曰：「我當年可以為友者，唯此二生耳。」妻曰：「負羈之妻亦親觀狐、趙，意欲窺之，可乎？」他日，二人來，妻勸公止之宿，具酒肉。夜穿墉以視之，達旦忘反。公入曰：「二人何如？」妻曰：「君才致殊不如，正當以識度相友耳。」公曰：「伊輩亦常以我度為勝。」〈賢媛11〉
		謝道蘊 妻	王凝之 夫	王凝之謝夫人既往王氏，大薄凝之。既還謝家，意大不說。太傅慰釋曰：「王郎，逸少之子，人才亦不惡，汝何以恨乃爾？」答曰：「一門叔父，則有阿大、中郎；群從兄弟，則有封、胡、遏、末。不意天壤之中，乃有王郎！」〈賢媛26〉
		孫秀妻 妻	孫秀 夫	孫秀降晉，晉武帝厚存寵之，妻以姨妹蒯氏，室家甚篤。妻嘗妒，乃罵秀為「貉子」，秀大不平，遂不復入。蒯氏大自悔責，請救於帝。時大赦，群臣咸見。既出，帝獨留秀，從容謂曰：「天下曠蕩，蒯夫人可得從其例不？」秀免冠而謝，遂為夫婦如初。〈惑溺4〉

　　從輩份的「品鑑」關係來看，可以發現表格中特別列出下對上的觀人代表，雖然下對上的識鑑，大多是讚揚多於惡評，不過，褒貶意義並非我們在觀察人物品評與生活方式交錯影響的軸心，觀者與被觀者彼此自由的網絡交流，帶動魏晉活潑的社會風氣，亦映證了儒家規範的尊卑有序等德行與禮教的傳統，早已不合於重神韻的時代氛圍，余英時先生也曾說過，此時的人倫關係講究的是「親至」而不是「尊卑」〔註105〕也正是情之所鍾的真性情，動搖了三綱五常禮教規範的生活方式，從「品鑑」活潑的親屬交織中，可見「品鑑」文化對社會的影響之活躍性，亦可見社會對識人變革的運作互動。

　　在談親疏的「品鑑」網絡前，其中觀者與被觀者為夫妻身份者，是一個十分有趣的牽繫，在表格中我將此類關係歸類於親疏來談，主要是因為夫妻倆者非具有血緣關聯，而屬姻親的相交網絡，且在表格引文中王廣「觀」其夫人，是在「入室，言語始交」後，立即直言，且針鋒相對，可知魏晉人的生活相處並不是儒家「禮尚往來」的見面三分情，「越名教而任自然」的縱情任性之觀人態度，才是識鑑文化與生活交融後行住坐臥的指標，故從親疏談夫妻的「品評」互動，亦是一個察考方向。不過，在漢代董仲舒提出了三綱五常的觀念後，夫妻之間，並不只是親疏之別了，「夫為妻綱」成了夫妻相處時之規範，然而我們從魏晉的品評中，可以發現三從四德的規範已開始動搖，所謂「夫不御婦，則威儀廢缺；婦不事夫，則義理墮闕。」的觀念備受時代檢視，〔註106〕其中許多有才能的女子，紛紛展現其識鑑本領，觀其丈夫，並給予賞鑒，表格所列山濤妻便是一例，她不僅「夜穿墉以視之」，甚至「達旦忘反」大膽自由之作風，可見一般，又視其「相」的結果，「君才致殊不如」此種逆耳之言，若放於漢代之前，絕無此番大膽的言論，然置之魏晉，則對其時代風尚之闡釋極為精到。若再從其他翁婿與舅甥等諸則資料作「品鑑」關係的觀察，可知親疏之別在魏晉可說十分淡薄，但在品鑑活動上亦能見魏晉「興宗」的概念，如羊祜曰：「亂天下者，必此子也！」由此評論，可見族中長老對晚輩之評語，與家族相關的人物品鑑，無不希望能能做到提醒與褒揚的功用，以幫助家族名譽更為提升。到了彼此關係緊張的王謝二家，便徹底的排除了親疏與利害的考量，王謝二家雖不交善，然在強調品評是個人心靈

〔註105〕　余英時：〈名教危機與魏晉士風的演變〉，收入《中國知識階層史論（古代篇）》，頁343。
〔註106〕　劉宋・范曄撰，唐・李賢等注，楊家駱編：〈曹世叔妻傳〉，《後漢書》，頁2788。

的反思與再造之時代氛圍下，謝安依舊憑心中之情曰：「正是使人不能已已。」讓人看見了魏晉不同於前期相術，在關係網絡與生活模式中產生的深遠再造。

其次，再由交遊關係思考，生活方式其實是名士們展現「品鑑」核心價值的一種外顯形式，交遊關係並無血緣之羈絆，是更自由擴展交際圈的網絡建立，故由名士在相互啟發與欣賞的志同道合之中，我們可見其認同意識在「品鑑」與社會環境中磨合的結果，其中《呂氏春秋·仲春紀·情欲》中提及的「萬物之形雖異，其情一體也。」〔註107〕就是觀者與被觀者在往來互動裡，所秉持的最首要精神，以竹林七賢的兩則資料為例：

> 嵇、阮、山、劉在竹林酣飲，王戎後往。步兵曰：「俗物已復來敗人意！」王笑曰：「卿輩意，亦復可敗邪？」

> 山公舉阮咸為吏部郎，目曰：「清真寡欲，萬物不能移也。」

第一則的觀人者是阮籍，被觀者為王戎，其以「俗物」為評，可以看出名士們欲藉由可見之形去深探純任超越的心靈境界，也就是「傳神」的精義，「行動者對其『形而下』的生活方式所賦與的統整秩序，使得『形而上』的生命境界有所依託，並能依循確定的價值方向朗現。」〔註108〕故「品鑑」促使他們藉由形體的觀照，開顯出超越世俗存在的精神向度，所以王戎巧言妙語的反評，更讓我們看見了彼此志氣相投的一面；第二則從山濤「品評」阮咸亦可見彼此契神的形態交流，故眼中所見皆是「清真寡欲」的風姿神貌。然若逢道不同，不相為謀者，其觀人態度亦是依循著其生命情調，超越了德行與政治的實用標準，轉換為一種內在的涵養層次，如《世說新語·簡傲4》：「嵇康與呂安善，每一相思千里命駕。安後來，值康不在，喜出戶延之，不入，題門上作『鳳』字而去。喜不覺，猶以為欣，故作。『鳳』字，凡鳥也。」可知其品評人物的高低，並不著眼於功名利祿，而是循其情性而論，〔註109〕可以是出家的山人，也可以是不慕功名的竹林七賢，非有身分地位的限制，而是心靈厚度的深淺，在精神交流上，反映了魏晉門第社會之外，開闊的性靈交會。

由上可知，個人的容貌會與社會環境展生連結與溝通，從竹林七賢這些任達自在的名士來看，七賢交遊是本著「相」神的概念著眼，在欣然神契的

〔註107〕秦·呂不韋著、朱永嘉、蕭木注譯：《新譯呂氏春秋》（臺北：三民書局，1995年），頁77。

〔註108〕羅中峰：《中國傳統文人審美生活方式之研究》，頁65。

〔註109〕此有鄙禮法之士及涉情禮之爭，甚至政治黨際之別。

相識之情中，成為緊密的相者與被相者的網絡，然若細探「竹林七賢」之名，則又與社會息息相關，《世說新語・任誕1》載：「陳留阮籍、譙國嵇康、河內山濤三人年皆相比，康年少亞之。預此契者，沛國劉伶、陳留阮咸、河內向秀、琅邪王戎。七人常集於竹林之下，肆意酣暢，故世謂『竹林七賢』。」由此「世謂」可知在「品鑑」的文化上，有所謂「公評、時人論，此為當時人對某一人物的共同看法。」〔註110〕可從魏晉世論之影響力與豐富性來看，照見此社會豐富多元的文化流動與接受度，更可證明「品鑑」在此時代中的普遍性，以及對生活選擇上產生的衝擊與影響。

第六節　小結

　　魏晉時期的人物品鑑，在心理上的變化，加入了許多的美感層次，瑞士心理學家、語言學家愛德華・布洛（Edward Bullough，1880～1934）《作為藝術因素與審美原則的「心理距離說」》一書中，提及審美過程中的心理距離，他認為「距離是通過把客體及其吸引力與人的本身分離開來而獲得的，也是通過使客體擺脫了人本身的實際需要與目的而取得的。」〔註111〕若以《世說新語》中的人物審美來論，距離美感的品鑑即表達了品藻過程中要屏除一切世俗的欲求與利益考量，跳脫個人名利，開啟新的審美境界，故魏晉時期的文本書寫以與曹魏時期的實用觀點以有了層次上的超越，「賦予『距離』以新的內涵，指向對精神自由和人格超越的追求。」〔註112〕因此，在《世說新語》中，可見「美感距離」在人物身上的演變與社會評價的轉換，加之以本書橫跨的書寫時間較長，故能夠看見不同時間與面向的品評視角，綜合了魏晉名士在思潮變動中的審美心理與精神追求，本章節在探討角度上，便分成了德行、才性、神韻的品鑑筆法分述，透過文本中種種人物個性的寫照，展現了某一特定歷史時期的價值觀面與褒貶。

　　另外，《世說新語》中有一特殊的品評筆法「世論」，展現了時代風氣的

〔註110〕方碧玉：《魏晉人物品評風尚探究──以《世說新語》為例》，《中國學術思想研究輯刊》，頁40。

〔註111〕〔瑞士〕愛德華・布洛：《作為藝術因素與審美原則的「心理距離說」》，收錄自李澤厚：《美學譯文》（北京：中國社會科學出版社，1982年），頁96。

〔註112〕姚子奇、胡傳志：〈從布洛「心理距離說」看《世說新語》的審美特點及張力〉，《黃山學院學報》，頁2017年第6期，頁36

狀態與整體社會名士的心理感受，段春揚、玉琳亦言：「《世說新語》的史學
價值突出地體現在它真實地再現了魏晉時期的士族文化心理，反映了當時士
族社會精神世界的整體風貌，具備一定的社會實踐品質。」〔註113〕故透過「世
論」的評論整理，讓魏晉時代評鑑人物的視線，帶入社會觀點、風俗與精神，
並透過對士人言行舉止的描述，更全面地認識文化心理與歷史要素。

〔註113〕段春揚、玉琳：〈《世說新語》：士族文化心理的鑒證實錄〉，《齊魯學刊》，2019
　　　　年第 1 期，頁 128。

第五章　結　論

　　人物識鑑之風在歷朝歷代，都是極為重要的論述議題，它不但蘊含著褒
貶臧否，亦牽涉至政治關係、人才領導學、心理學、美學等重要概念，是值得
細細探究比較其脈絡發展的議題，其中，關於人倫識鑑文本的書寫方式與筆
法，更隨著看待人物視角的差異，而有所轉變，故從先秦時代著重外貌與吉
凶的描寫，到了漢魏之際，重視才性的觀點，甚至到了兩晉風神為主，看重
人物精神內蘊等面向的轉換，皆是本論文關注的焦點，筆者期待透過論文的
整理，能照見時代變動下的識人品鑑文化意蘊，透過書寫筆法的轉換，照見
思想與價值觀的超越，誠如江建俊云：「魏晉士人善於推類辨物、設論造說，
勇於突破常理常論，另標新理，其標題或命義都帶著顛覆性，故閃爍著奇光
異采。」〔註1〕因此，在人物品鑑的書寫筆法上，亦可以與時代的顛覆性與突
破性有關，綜論而言，大抵可分成從「形貌」、「徵質」到「傳神」，「預言」、
「實用」到「審美」兩個脈絡探析。

一、人物品鑑書寫：從「形貌」、「徵質」到「傳神」

　　先秦時期最早對人物產生的品評立論，便是相人術，傳統相術以身體形
貌為主，透過觀看人身體特色，而論斷其未來發展，帶有神祕學的色彩，如
相書中所載：「人之始則瘦，此土木之形也；中則粗，是金形也；次而肥，是
水形也；其次厚實，是土形也。」〔註2〕可見其關注焦點皆在形貌與陰陽五行

〔註1〕江建俊：《魏晉「神超形越」的文化底蘊》（臺北：新文豐出版股份有限公司，
　　　2013年），頁11。
〔註2〕古亦真編：《中國古代精準相人術》（臺北：小倉出版社，2010年），頁226。

的連結，「形貌」成為識人的重要元素，另雖至諸子散文的書寫中，品鑑人物的視角已深化至「道」的層次，更具人文哲思，但仍多從「形貌」延伸至內蘊，如孟子之觀看眸子、莊子中亦有透過形貌肉體論美醜，雖引申至內在心靈，卻可見先秦早期對形貌書寫的人物論。

到了漢末之際，人倫識鑑的蓬勃，帶動了品鑑書寫的改變，「才性」之說的興盛，讓觀看思維有了新的突破，《人物志‧七謬》載：「然徵質不明者，信耳而不敢信目。」可知徵質者，乃識鑑之本，徵其陰陽氣素、五物之象，雖體器萬殊，亦可審之，故「徵質審器」乃為劉邵識鑑系統之精義。據《世說新語‧巧藝13》中載：「顧長康畫人，或數年不點目精。人問其故，顧曰：『四體妍蚩，本無關於妙處，傳神寫照，正在阿堵中。』」此傳神寫照，乃明寫照在於傳神，似葛洪《抱朴子‧清鑒》言：「區別臧否，瞻形得神，存乎其人，不可力為。」〔註3〕「瞻形得神」正可為《人物志》到《世說新語》之差別的基點。

《世說新語‧識鑒5》載：

> 王夷甫父乂，為平北將軍，有公事，使行人論，不得。時夷甫在京師，命駕見僕射羊祜、尚書山濤。夷甫時總角，姿才秀異，敘致既快，事加有理，濤甚奇之。既退，看之不輟，乃歎曰：「生兒不當如王夷甫邪？」羊祜曰：「亂天下者，必此子也！」

從山濤與羊祜兩人的觀人角度可見其不同，山濤以神采、精神層面來觀，故予以讚嘆之情，較似魏晉的「緣神」觀點，然羊祜則不同，他所「品鑑」的角度，仍保有《人物志》時期「徵質」的系統模式，故羊祜不觀其風采特出，只著重於相異的角度去探質，並藉由質去推論他的才幹以及天命，所以「亂天下者」就是羊祜從其面相中，溯材質而一言論定。

從徵質到傳神的過渡階段，從《世說新語》中屬形體眼耳之觀到與「風神」連結，看到多元的人物品評觀點，舉如〈識鑒6〉載：

> 潘陽仲見王敦小時，謂曰：「君蜂目已露，但豺聲未振耳。必能食人，亦當為人所食。」

按將容貌的眼耳與精神內涵相比附，與早期《左傳》「且是人也，蜂目而豺聲，

〔註3〕東晉‧葛洪著、楊明照校箋：《抱朴子外篇校箋》上冊，《抱朴子‧清鑒》（北京：中華書局，1991年），卷21，頁512。

忍人也，不可立也。」〔註4〕的記載相近，惟不同者是春秋時期「相」的觀念總不出宿命與政權興衰的視角，「蜂目已露」的面相觀測，雖未完全跳脫宿命預測的「相」觀念，但在這其中已加入了對王敦雄豪的氣質風貌之形容，相較於以往的侷限更加開闊。

另〈容止 26〉、〈容止 37〉、〈巧藝 11〉載：

> 王右軍見杜弘治，歎曰：「面如凝脂，眼如點漆，此神仙中人。」時
> 人有稱王長史形者，蔡公曰：「恨諸人不見杜弘治耳！」〈容止 26〉

> 謝公云：「見林公雙眼黯黯明黑。」孫興公見林公：「稜稜露其爽。」
> 〈容止 37〉

> 顧長康好寫起人形，欲圖殷荊州，殷曰：「我形惡，不煩耳。」顧曰：
> 「明府正為眼爾。但明點童子，飛白拂其上，使如輕雲之蔽日。」
> 〈巧藝 11〉

若從後三者來看，品鑑與神的連繫就更緊密了，「面如凝脂，眼如點漆，此神仙中人」便是一種容止朗暢的寓目，而「黯黯明黑」的雙眼，更是內在氣度的顯性表徵，藉由雙眼的精、氣、神，人格整體的面貌便歷歷在目，最後一個是顧長康畫人，從「我形惡，不煩耳」到「明府正為眼爾」，清楚的體現了形相只是傳神寫照的視角，形惡或形美，都無礙於風神的展現。從《世說新語》中的品鑑書寫，可見其從徵質到傳神的切入視角。

若從「傳神」的書寫重心來看，從《世說新語‧品藻 36》載：

> 撫軍問孫興公：「劉真長何如？」曰：「清蔚簡令。」「王仲祖何如？」
> 曰：「溫潤恬和。」「桓溫何如？」曰：「高爽邁出。」「謝仁祖何如？」
> 曰：「清易令達。」「阮思曠何如？」曰：「弘潤通長。」「袁羊何如？」
> 曰：「洮洮清便。」「殷洪遠何如？」曰：「遠有致思。」「卿自謂何
> 如？」曰：「下官才能所經，悉不如諸賢；至於斟酌時宜，籠罩當世，
> 亦多所不及。然以不才，時復托懷玄勝，遠詠老、莊，蕭條高寄，
> 不與時務經懷，自謂此心無所與讓也。」

此處談及了才與神的命題，可謂「徵質」到「傳神」的一個過渡表徵，「才能所經，悉不如諸賢」其實就是材質不如，若就《人物志》的觀點來看，則高下已分，但是在以「精神」為首的時代，人物識鑑重視個體生命張揚，此種超越

〔註4〕春秋‧左丘明著、楊伯峻編：《春秋左傳注》，魯文公元年，頁 514。

形骸而重神情的觀人深度，從莊子中即可尋其蹤跡。聞一多在《古典新義·莊子》一文中指出，莊子畢生寂寞，一直到漢代，也仍默默無聞，幾乎沒有人理他。但是時序移至魏晉，則風氣為之一轉，「莊子忽然占據了那全時代的身心，他們的生活，思想，文藝，——整個文明的核心是莊子。」〔註5〕因此，我們從莊子的思想勃發，便可以了解其對此時期的「相」文化所產生的深遠影響。《莊子·天地》載：「神全者，聖人之道也。」〔註6〕這裡的「神全」指的就是精神境界充足圓滿的狀態，故可知莊子相人是看重精神的完善而非形體的美醜，〔註7〕可於其寓言中見其端倪：在〈德充符〉裡，提及了「衛有惡人焉，曰哀駘它。」〔註8〕與「闉跂支離無脈說衛靈公。」〔註9〕的故事，莊子以「所愛其母者，非愛其形也，愛使其形者也。」〔註10〕來說明容貌之美醜並非品鑑之重點，精神的含蘊才是形體本質的最高層次；並在下一則寓言中，以魏靈公喜愛一個跛腳、傴背、缺嘴的人，來呈現其以精神力量感染國君的生命內涵，「道與之貌，天與之形，無以好惡內傷其身。」〔註11〕更深刻的闡述了莊子不把身體的傷殘、美醜視為相人的價值判斷，而以精神的超越視為品鑑的根本，此就是顧長康畫人「傳神寫照」的意蘊。

　　另在識鑑中的演變，亦可以從下面例子去探查，據《世說新語·賞譽48》載：

　　　　時人欲題目高坐而未能，桓廷尉以問周侯，周侯曰：「可謂卓朗。」
　　　　桓公曰：「精神淵著。」

按提及時人欲品題而未能得其詞，最後以「卓朗」、「精神淵著」稱之，可明白「神」之於當時的識鑑文化已頗具地位，可說是一種超越世俗眼光，高瞻遠矚的「玄鑒」。

　　另《世說新語·容止38》載：

　　　　庾長仁與諸弟入吳，欲住亭中宿。諸弟先上，見群小滿屋，都無相

〔註5〕朱自清等編：《聞一多全集（二）古典新義》（臺北：里仁書局，1996 年 2 月 20 日），頁 279。
〔註6〕戰國·莊周著、郭慶藩編：〈天地〉，《莊子集釋》頁 436。
〔註7〕莊子〈德充符〉有「才全而德不刑」之說，其哀駘它、支離疏等身殘神全的人物描寫，可見其重精神內涵。
〔註8〕戰國·莊周著、郭慶藩編：〈德充符〉，《莊子集釋》，頁 206。
〔註9〕戰國·莊周著、郭慶藩編：〈德充符〉，《莊子集釋》，頁 216。
〔註10〕戰國·莊周著、郭慶藩編：〈德充符〉，《莊子集釋》，頁 209。
〔註11〕戰國·莊周著、郭慶藩編：〈德充符〉，《莊子集釋》，頁 222。

避意。長仁曰：「我試觀之。」乃策杖將一小兒，始入門，諸客望其

神姿，一時退匿。

按「諸客望其神姿，一時退匿。」可知魏晉士人以「神」作為人格美的內核，並加以推崇，「傳神」成為相人之高格。

又《世說新語·賢媛 30》載：

謝遏絕重其姊，張玄常稱其妹，欲以敵之。有濟尼者，並游張、謝

二家，人問其優劣，答曰：「王夫人神情散朗，故有林下風氣；顧家

婦清心玉映，自是閨房之秀。」

此則見高下之分，王夫人的神情散朗相較於顧家婦的清心玉映，顯然靈性更為具足，林下風氣與閨房之秀，雖兩者的材質略同，但精神內涵卻迥然不同，相者觀照的風神意趣亦是不同。

又《世說新語·巧藝 8》載：

顧長康畫裴叔則，頰上益三毛。人問其故，顧曰：「裴楷俊朗有識具，

正此是其識具。」看畫者尋之，定覺益三毛如有神明，殊勝未安時。

按以顧長康的畫人點出魏晉「以形寫神」的傳神觀念，其「識具」透過「益三毛」而得，說明了魏晉相術充滿活力，達至無限開闊的自在層次，此乃「傳神」思想對品鑑人物意象的深刻影響。

綜合言之，從歷史脈絡來看待人物書寫，品鑑文化有著明顯的轉折，其與時代背景、思考面向的擴展有觀，其中，書寫面向從著重「形貌」到「徵質」，最後轉至「傳神」，便是核心價值中之轉變，也連帶影響下一小節要談的預言、實用與審美的識鑑應用層面，此變革可從《人物志》與《世說新語》二部人物學專著中尋繹，由此能體現觀人意象的流動。

二、人物品鑑書寫：從「預言」、「實用」到「審美」

在春秋時期，對於人物品鑑的書寫方式，多以預言筆法呈現，強調其在觀察視角與未來吉凶的連結，若以如彭林云：

《左傳》預言之作用就《左傳》所載預言統計，總數約在一百三十

餘則以上，其媒介或經分為「經夢寐」、「因卜筮」、「依形相」、「據

機祥」、「藉歌謠」，大體有此五大類型。〔註12〕

按所述提及「依形相」亦是預言的其中一種類型，若反向逆推，形相與觀人

〔註12〕彭林：《經學研究論文選》（上海：海書店出版社，2002 年），頁 290。

相關，可知先秦時期的品鑑筆法，預言是其特色，且透過預言的驗證，能凸顯相術與命運好壞的關聯。

至於，漢末三國至兩晉評價文化的分水嶺，就是由實用轉化至審美，從上一節言及《人物志》的「徵質」運作思維可知，劉卲在人物品鑑書寫上，藉由外觀之「形」以知內在之「質」，由陰陽定剛柔，立性以為所用，而論及《世說新語》也可以根據上一節的「傳神」之說，整理一些載有「神」字者的篇章，以視其品評文化發展，如〈言語32〉：「衛洗馬初欲渡江，形神慘悴。」、〈言語52〉：「王佛大歎言：『三日不飲酒，覺形神不復相親。』」由瞻形到神采的直擊，不管是「形神慘悴」還是「形神不復相親」都不僅是容貌徵微，而是精神的細膩契悟，可發現評價人物的轉變，不再關注「形骸」，而有「神明」的觀審賞美，由是可知人物品鑑書寫，在魏晉由實用轉至審美的重要轉折。

劉卲論旨總不脫知人善任，以治平之要的核心思維，而以材性之不同來分判流業之適宜，由〈材能〉所言可知：「材能既殊，任政亦異。」以政治為依歸，乃是《人物志》「相」文化系統的宗旨，在不離政治人事的名實觀念下，建立一個制度化的官人之法，所以「察人自重考績」〔註13〕、「按之事功，則真相顯」〔註14〕成了他「察人物彰其用」〔註15〕的核心訴求，加之以當時「用人唯才」的政策背景，如徐幹《中論》即云：「名者所以名實也，實立而名從之，非名立而實從之也。」〔註16〕可知實立於名之先更為時代所推重，劉卲《人物志》也在當時思潮相激盪下，而有檢形定名、量材任官之實用觀點。不只是《人物志》保留了當時實用思維的觀人痕跡，跨越長時間的《世說新語》中，也找得到「實用」觀點的品核方式，若將之與東晉後的審美相對照，即可看出觀人意象流動的軌跡，首先，先載下列關於實用任官的篇章敘述，如《世說新語‧識鑒25》載：

> 郗超與傅瑗周旋。瑗見其二子，並總發，超觀之良久，謂瑗曰：「小者才名皆勝，然保卿家者，終當在兄。」即傅亮兄弟也。

按以「才名勝」與「保卿家者」作比較，即是穎異與敦篤的相互對照，可見在郗超的觀察中表面不分上下，而實以保全身家為重，可見實用思維留下對人物品鑑的影響。

〔註13〕湯用彤：《魏晉玄學論稿及其它》，頁11。
〔註14〕湯用彤：《魏晉玄學論稿及其它》，頁11。
〔註15〕湯用彤：《魏晉玄學論稿及其它》，頁11。
〔註16〕蕭登福編：《新編中論》，頁365。

另〈識鑒 27〉、〈賞譽 23〉、〈賞譽 58〉、〈容止 22〉載：

> 車胤父作南平郡功曹，太守王胡之避司馬無忌之難，置郡於酆陰。
> 是時胤十餘歲，胡之每出，嘗於籬中見而異焉。謂胤父曰：「此兒當
> 致高名。」後游集，恆命之。胤長，又為桓宣武所知。清通於多士
> 之世，官至選曹尚書。〈識鑒 27〉
>
> 謝子微見許子將兄弟，曰：「平輿之淵，有二龍焉。」見許子政弱冠
> 之時，歎曰：「若許子政者，有干國之器。正色忠謇，則陳仲舉之匹；
> 伐惡退不肖，范孟博之風。」〈賞譽 23〉
>
> 王大將軍與丞相書，稱楊朗曰：「世彥識器理政，才隱明斷。既為國
> 器，且是楊侯淮之子。位望殊為陵遲，卿亦足與之處。」〈賞譽 58〉
>
> 祖士少見衛君長云：「此人有旄杖下形。」〈容止 22〉

此四則都與「量材授官」的《人物志》核心有關，從第一則來看，其「籬中見
而異焉」是因為「此兒當致高名」，而這名者，就與文末特別提及的「官至選
曹尚書」有關連性，可見材性與官位的官人之法，深入人心；第二則「干國之
器」的說法，干國之器指其有治事理政之大才，以才視人的實用取法；第三
則也同於上一則，以「識器理政」、「國器」來稱揚楊朗之大才，於《人物志》
中大致可歸類於三公、冢宰之任，此皆循名責實的政治實用目的；第四則，
旄者指得是古代用氂牛尾裝飾的旗子，是出征時先驅騎兵所持的旗子，故以
「旄杖下形」喻指掌握兵權，從此則可知品鑑人的核心是由觀其形而得其質，
而具有大將之才乃是視角上偏向實用的人事概念。

　　正始年間，曹氏皇權與司馬氏集團明槍暗箭的權力對峙十分嚴峻，政治
上的戰火波及，常使有志之士望之卻步，名士折半的不安定感，讓士大夫在
懼禍之餘，乃不臧否時政，對於人事、任官等敏感性議題，亦避之不談，反而
從老、莊精義中尋求心靈的安慰，因此玄風大盛，成為名士區別優劣的評判
核心，倡玄的結果，正呼應湯用彤所言：「遂趨於虛無玄遠之途，而鄙薄人事。」
〔註 17〕，另從阮籍〈答伏義書〉中：「徒寄形軀於斯域，何精神之可察。」〔註
18〕以及盧湛〈贈劉琨詩〉中見：「遺其形骸，寄之深識。」〔註 19〕可知**魏晉**

〔註 17〕湯用彤：《魏晉玄學論稿及其它》，頁 13。
〔註 18〕魏・阮籍著、陳伯君校注：《阮籍集校注》（北京：中華書局，1987 年），頁
　　　　70。
〔註 19〕南朝梁・蕭統編：《文選》，卷一（臺北：五南圖書，2009 年），頁 86。

名士在得意忘形骸的精神層次中追尋，遂激盪出美的自覺，嚴中峰云：

> 傳統士人對於個人生命價值的自覺意識，使其永遠地，或暫時地放
> 棄了人生的社會功利目的與社會責任，轉而關注於超功利的人生美
> 感，並表現出以審美行動與藝術修養來體現其內心自覺意識的群體
> 身分認同。〔註20〕

此時以審美取代功利的實用目的，正為魏晉品鑑的重要轉折方向，以下舉《世
說新語》以闡述，魏晉審美思想與士人身心互動的識鑑融通形式，據〈賞譽
145〉載：

> 殷允出西，郗超與袁虎書云：「子思求良朋，託好足下，勿以開美求
> 之。」世目袁為「開美」，故子敬詩曰：「袁生開美度。」

此則的「開美」之說，即可知世人所推崇之美好典型，並非任何的功名身分，
而是一種開闊秀美的風度，陳昌明言：

> 形是生命的外殼，要使形軀長存，神氣才有居住的地方；而神是控
> 制人體生命活動的樞紐，要使精神永在，形軀才能有才能有意志的
> 活動，彼此間互濟互存，形成一種共生的結構。〔註21〕

可知魏晉的審美與「相」的身體觀結合，《人物志》之「徵質」者，是從氣轉
至實用面向，兩晉間的審美觀，則是將氣化為神，產生了形—氣—神的美感
意象。

又〈品藻30〉載：

> 時人道阮思曠：「骨氣不及右軍，簡秀不如真長，韶潤不如仲祖，思
> 致不如淵源，而兼有諸人之美。」（品藻30）

按審美精神更加明朗，雖然阮思曠有了四不如之遜，以實用工具的向度來看，
則高下立判，然若從審美的角度著眼，則「兼有諸人之美」亦是士人向內深
探的心靈運作過程，能重新詮釋自我與外在世界的定位，貼近個人生命情感
的神態，即是美感的一種。

又〈容止21〉載：

> 周侯說王長史父：「形貌既偉，雅懷有概，保而用之，可作諸許物
> 也。」

〔註20〕羅中峰：《中國傳統文人審美生活方式之研究》，頁7。
〔註21〕陳昌明：〈「形—氣—神」——中國人獨特的美學思維〉，收錄於《國文天地》，
1994年3月，頁19。

此則「形貌既偉，雅懷有概」就是一種以形傳神、神超形越的品鑑文化思維，故著重於整飾其形體之容止風度，進而能表內在精神層次的心神與情性，此已與實用觀點大相逕庭。

另〈容止 33〉載：

> 王長史為中書郎，往敬和許。爾時積雪，長史從門外下車，步入尚
> 書，著公服，敬和遙望，歎曰：「此不復似世中人！」

按以「不復似世中人」與「世中人」對比，說明實用與審美的差異，實用者著眼於任官人事等世俗層面，雖有利於政事，但失於深度，「不復世中人」的傳神意境，則呈顯虛靈之美，故從此則可清楚的看見漢至魏晉，漸從實用思維轉至審美思維的發展脈絡。可見魏晉士人在虛實辯證的情境中昇華其日常生活方式，希冀成就生命境界，以達至形體與內在圓融並存，精神超越的審美姿態。

整體而言，從預言、實用到審美，是基於形貌、徵質到傳神的品鑑文化網絡而生，從這些轉變，可見時代背景的不同，人物品鑑的書寫也在暗中相稱。

最後，通盤而論，透過時序與文本的書寫視角，照見了人物品鑑活動的發展與思維的創發，就書寫意蘊的精神而論，先秦時期以最早的形貌肉體為觀察對象，曹魏時期重視材質的人物觀察，到了兩晉時期，以風神為核心的賞譽焦點，皆是描寫重心的轉換與層次的深化。另就思潮言之，觀察人物的活動，從傳統預測禍福吉凶的術數，轉為政治所用的實用目的，更進展至生活之中的美學體現，此為文化脈動的晉升。除此之外，人物品鑑的書寫更涉及心理需求、情緒反應、家族關係、姻親關係、交遊關係、政治外交與個人生活品味等要素，實是認識當時代特色與文學發展的重要審視核心，透過人倫識鑑的書寫掌握，更進一步瞭解品評活動的發展與文化隱微，極具探究之影響力。

引用書目

一、傳世文獻（依作者時代後排序）

1. 春秋・左丘明著、來可泓編輯：《國語直解》，上海：復旦大學出版社，2000 年 6 月。

2. 春秋・左丘明著、楊伯峻編：《春秋左傳注》，高雄：復文圖書出版社，1991 年 9 月。

3. 戰國・荀況，王天海校釋：《荀子校釋》，上海：上海古籍出版社，2005 年。

4. 戰國・荀況著、王先謙注：《荀子新注》，臺北：里仁書局，1983 年 11 月。

5. 戰國・莊周著、郭慶藩編：《莊子集釋》，臺北：華正書局，1987 年 8 月。

6. 秦・呂不韋著、朱永嘉、蕭木注譯：《新譯呂氏春秋》，臺北：三民書局，1995 年。

7. 秦・呂不韋著、王利器注疏：《呂氏春秋注疏》，成都：巴蜀書社，2002 年 1 月。

8. 西漢・司馬遷：《史記》，臺北：鼎文書局，1981 年，據金陵書局本影印。

9. 西漢・戴德著、方向東集解：《大戴禮記彙校集解》，北京：中華書局，2008 年 7 月。

10. 西漢・劉安等編著、高誘注：《淮南子》，上海：上海古籍出版社，1989 年。

11. 東漢‧班固：《漢書》，臺北：鼎文書局，1986 年，據金陵書局本影印。

12. 東漢‧班固：《新校漢書集注》，臺北：世界書局，1973 年 3 月。

13. 東漢‧班固著、施丁主編：《漢書新注》，西安：三秦出版社，1994 年 7 月。

14. 東漢‧王充：《論衡》，收錄自張元濟編：《四部叢刊初編》，上海：上海書店，2015 年，據景上海涵芬樓藏明通津草堂刊本

15. 東漢‧王充：《論衡》，收錄自林慶彰主編：《民國時期哲學思想叢書》，臺中：文听閣圖書，2010 年 5 月。

16. 魏‧王弼等著：《老子四種》，臺北：大安出版社，1999 年 2 月。

17. 魏‧劉劭著，陳喬楚註譯：《人物志今註今譯》，臺北：臺灣商務印書館，1996 年。

18. 魏‧阮籍著、陳伯君校注：《阮籍集校注》，北京：中華書局，1987 年。

19. 魏‧嵇康著、戴明揚校注：《嵇康集校注》，北京：人民文學出版社，1962 年。晉‧葛洪著，楊明照箋：《抱朴子外篇校箋》上冊，北京：中華書局，1991 年。

20. 西晉‧陳壽撰：《三國志》，臺北：鼎文書局，1980 年，據宋紹興本影印。

21. 西晉‧陳壽著、劉琳譯注：《三國志選譯》，蘭州：蘭州大學出版社，1989 年。

22. 東晉‧葛洪著、楊明照校箋：《抱朴子外篇校箋（上、下）》，北京：中華書局，1997 年。

23. 南朝劉宋‧范曄撰，唐‧李賢等注，楊家駱編：《後漢書》，臺北：鼎文書局，1993 年，據宋紹興本。

24. 南朝宋‧劉義慶編，余嘉錫箋：《世說新語箋疏》，臺北：華正書局，1991 年。

25. 南朝梁‧劉勰撰，周振甫注：《文心雕龍注釋》，臺北：里仁書局，1984 年。

26. 南朝梁‧蕭統編：《文選》，臺北：五南圖書，2009 年。

27. 唐‧房玄齡等撰，楊家駱編：《晉書》，臺北：鼎文書局，1993 年，據金陵書局本。

28. 唐・趙蕤著、劉國建注譯:《長短經》,長春:長春出版社,2001 年。

29. 唐・皎然:《詩式》,《叢書初編集成》,北京:中華書局,1985 年。

30. 宋・朱熹:《四書》,臺北:臺灣古籍出版,1996 年。

31. 明・袁柳庄,周宏編輯:《圖解古代人體工程學》,北京:陝西師範大學出版社,2010 年 10 月。

32. 金・張行簡:《人倫大統賦》,臺北:捷幼出版社,1995 年。

33. 清・劉熙載:《藝概・文概》,臺北:華正書局,1988 年。

34. 清・范文園:《神相水鏡集全編》,臺北:聯經出版社,1996 年 4 月。

35. 清・段玉裁:《說文解字(標點本)》,臺北:藝文印書館,2007 年。

36. 清・趙翼:《廿二史箚記》,北京:學苑出版,2005 年。

37. 清・嚴可均輯:《全上古三代秦漢三國六朝文》,北京:中華書局,1958 年。

38. 清・紀昀等編:《文淵閣四庫全書》,臺北:臺灣商務印書館股份有限公司,1986 年。

39. 清・章學誠著、葉瑛校注:《文史通義校注》,北京:中華書局,1985 年。

40. 清・阮元審定、盧宣旬校:《重刊宋本十三經注疏附校勘記》,臺北:藝文印書館,1965 年,據清嘉慶二十年南昌府學刊本影印。

二、近人著作（依作者姓名筆劃排序）

（一）專著

1. 編譯部主編:《百子全書》,臺北:黎明文化事業公司,1996 年。

2. 上海圖書館編:《叢書初編集成》,北京:中華書局,1985 年。

3. 慶祝莆田黃天成先生七秩誕辰論文集編委會編著:《慶祝莆田黃天成先生七秩誕辰論文集》,臺北:文史哲出版社,1999 年。

4. 方碧玉:《魏晉人物品評風——以《世說新語》為例》,《中國學術思想研究輯刊》,臺北:花木蘭出版社,2010 年 3 月。

5. 王玉德:《中華神秘文化》,長沙:湖南出版社,1993 年。

6. 王仲犖:《魏晉南北朝史》,上海:上海人民出版社,1979 年。

7. 王葆玹:《玄學通論》,臺北:五南圖書出版,1996 年。

8. 王能憲:《世說新語研究》,南京:江蘇古籍出版社,1992 年。

9. 田文棠：《魏晉三大思潮論稿》，西安：陝西人民出版社，1988 年 12 月。

10. 石永楙：《論語正》，北京：中華書局，2012 年。

11. 古亦真編：《中國古代精準相人術》，臺北：小倉出版社，2010 年。

12. 牟宗三：《才性與玄理》，臺北：臺灣學生書局，1993 年 2 月。

13. 何茲全：《中國古代及中世紀史》，廈門：鷺江出版社，2003 年。

14. 江建俊：《漢末人倫鑒識之總理則——劉劭人物志研究》，臺北：文史哲出版社，1983 年。

15. 江建俊校注：《新編劉子新論》，臺北：台灣古籍出版社，2001 年。

16. 江宵、泰慎：《太清神鑑、冰鑑、白鶴仙術相法》，臺北：新文豐出版公司，1989 年 10 月。

17. 江建俊：《魏晉「神超形越」的文化底蘊》，臺北：新文豐出版股份有限公司，2013 年。

18. 朱自清等編：《聞一多全集（二）古典新義》，臺北：里仁書局，1996 年。

19. 朱維錚、李國鈞：《傳世藏書》，海南：海南國際新聞出版中心，1995 年。

20. 何志華、朱國藩：《唐宋類書徵引《淮南子》資料彙編》，沙田：中文大學出版社，2005 年。

21. 吳冠宏：《顏子形象與魏晉人物品鑒》，臺北：花木蘭出版社，2009 年。

22. 吳冠宏：《從儒理到玄義——《論語》與《世說新語》之詮釋理路的探索》，臺北：新文豐出版股份有限公司，2017 年。

23. 余英時：《中國知識階層史論（古代篇）》，臺北：聯經出版事業股份有限公司，1993 年 5 月。

24. 李澤厚：《美的歷程》，臺北：三民書局，1996 年 9 月。

25. 李澤厚：《美學三書》，合肥：安徽文藝出版社，1999 年。

26. 李澤厚：《美學譯文》，北京：中國社會科學出版社，1982 年。

27. 李澤厚：《中國古代思想史論》，北京：人民出版社，1985 年。

28. 李清筠：《魏晉名士人格研究》，臺北：文津出版社，2000 年。

29. 任繼愈主編：《中國哲學發展史（魏晉南北朝）》，北京：人民出版社，1988 年。

30. 沈志安：《中華相術》，臺北：文津出版社，1995 年 3 月。

31. 金春峰：《漢代思想史》，北京：中國社會科學出版社，2006 年。

32. 宗白華：《美學散步》，上海：上海人民出版社，1980 年。

33. 林素娟：《美好與醜惡的文化論述——先秦兩漢觀人、論相中的禮儀、性別與身體觀》，臺北：臺灣學生，2011 年。

34. 林童照：《六朝人才觀與文學》，臺北：文津出版社，1995 年 5 月。

35. 林麗真：《魏晉清談主題之研究》，臺北：花木蘭出版社，2008 年。

36. 林慶彰主編：《民國時期哲學思想叢書》第一編，臺中：文听閣圖書股份有限公司，2010 年 5 月。

37. 祝平一：《漢代相人術》，臺北：台灣學生書局，1990 年。

38. 范子燁：《中古文人生活研究》，濟南：山東教育出版社，2001 年。

39. 姚立江、潘春蘭：《人文動物——動物符號與中國文化》，哈爾濱：黑龍江人民出版社，2002 年。

40. 涂金堂：《教育測驗與評量》，臺北：三民書局，2009 年 2 月。

41. 曾忠恕：《中國全史——人口史》，北京：經濟日報出版社，1999 年。

42. 湯用彤：《魏晉玄學論稿及其它》，北京：北京大學出版社，2010 年 10 月。

43. 徐復觀：《中國人性論史》，臺北：商務印書館，1987 年。

44. 徐復觀：《中國藝術精神》，臺北：臺灣學生書局，1992 年。

45. 許抗生、李中華、陳戰國、那薇：《魏晉玄學史·第二章第二節正始玄學概論》，西安：陝西師範大學出版社，1989 年。

46. 唐長孺：《魏晉南北朝史論叢》，北京：三聯書店，1955 年。

47. 勞思光：《新編中國哲學史》，臺北：三民書局，1981 年 1 月。

48. 彭林：《經學研究論文選》，上海：海書店出版社，2002 年。

49. 張蓓蓓：《漢晉人物品鑒研究》，臺北：花木蘭文化出版社，2010 年。

50. 張榮明：《方術與中國傳統文化》，上海：學林出版社，2000 年。

51. 陳正榮：《奇人異相》，臺北：遠流出版事業股份有限公司，2001 年。

52. 陳寅恪：《書世說新語文學類鐘會撰四本論始畢條後》，金明館叢稿初編，北京：三聯出版社，2001 年。

53. 陳興仁：《神秘的相術——中國古代體相法研究與批判》，北京：廣西人民出版社，2004 年 1 月。

54. 梅家玲：《世說新語的語言藝術》，臺北：里仁書局，2004 年。

55. 黃應貴主編：《人觀、意義與社會》，臺北：中央研究院民族學研究所，1993 年。

56. 黃鈞：《全唐詩》，長沙：嶽麓書社，1998 年。

57. 楊義：《中國古典小說史論》，北京：人民出版社，1998 年。

58. 葛紅兵：《身體政治：解讀二十世紀的中國文學》，臺北：新銳文創，2013 年。

59. 虞崇勝：《中國行政史》，臺北：高等教育出版社，1999 年。

60. 蔡仁厚：《中國哲學史》，臺北：臺灣學生書局，2009 年。

61. 謝承：《八家後漢書輯注》，上海：上海古籍出版社，1986 年。

62. 謝無量：《中國婦女文學史：第二編》，上海：上海書店出版社，1904 年。

63. 鄭同點校：《相術》，《古今圖書集成術數叢刊》，北京：華齡出版社，2008 年 1 月。

64. 劉大杰：《魏晉思想論》，臺北：里仁書局，1995 年。

65. 劉師培：《劉申叔遺書》，南京：江蘇古籍出版社，1997 年。

66. 劉如仲、李澤奉：《中國美學史》，臺北：文津出版社，1996 年 1 月。

67. 鄒錫鑫：《魏晉玄學與美學》，貴陽：貴州教育出版社，2006 月 5 月。

68. 魯迅：《魯迅全集·魏晉風度及文章與藥及酒之關係》，北京：人民文學出版社，1973 年。

69. 寧稼雨：《魏晉世人人格精神──《世說新語》的士人精神史研究》，天津：南開大學出版社，2003 年。

70. 鄭雅如：《情感與制度：魏晉時代的母子關係》，臺北：臺大出版中心，2001 年。

71. 鄭毓瑜：《六朝情境美學綜論》，臺北：臺北學生書局，1996 年。

72. 韓格平注譯：《竹林七賢詩文全集譯注》，長春：吉林文史出版社，1997 年。

73. 錢穆：《論語新解》，臺北：東大圖書公司，2004 年。

74. 錢穆：《國史大綱》，北京：商務印書館，1996 年。

75. 蕭艾：《中國古代相術研究與批判》，長沙：岳麓書社，1996 年。

76. 蕭登福編：《新編中論》，臺北：臺灣古籍出版社，2000 年。

77. 羅中峰：《中國傳統文人審美生活方式之研究》，臺北：洪葉文化出版社，

2001 年 1 月。

78. 饒宗頤：《文化之旅》，九龍灣：牛津大學出版社，1997 年。

79. 詹姆斯・施密特（James, Schmidt）著，尚新建、杜麗燕譯：《梅洛龐蒂》，臺北：桂冠圖書公司，1992 年 5 月。

80. 黑格爾：《美學》第一卷，上海：人民出版社，1958 年。

81. 〔法〕愛彌爾・塗爾干著，渠東譯：《實用主義與社會學》，上海：上海人民出版社，2000 年 9 月。

（二）學位論文

1. 王仁祥：《人倫鑒識起源的學術史考察（魏晉以前）》，國立台灣大學歷史研究所博士論文，2005 年。

2. 張嘉純：《蜀漢知人群體研究》，國立臺灣大學中文系博士論文，2014 年。

3. 祝捷：《曹魏之政治格局、士人社會與思想對話——以「正始玄學」為中心》，南開大學博士論文，2012 年。

（三）單篇論文

1. 王永平：〈魏晉南朝士族社會之女教與「母教」——從一個側面看中古士族文化之傳承〉，《河北學刊》，2016 年第 2 期，頁 57～63。

2. 王育婧，耿紀平：〈《史記》「為人」語式人物品評芻議〉，《樂山師範學院學報》，2016 年 2 月，頁 32～37。

3. 王維玉：〈魏晉風流與《世說新語》的門類設置〉，《宜賓學院學報》，2009 年第 2 期，頁 8～10。

4. 王鳳霞：〈儒道兩家對相人術的超越及其文學表現〉，《齊魯學刊》，2003 年 3 期，頁 105～107。

5. 王曉毅：〈《人物志》成書、版本及學術價值〉，《書目季刊》，1995 年第 2 期，頁 13～20。

6. 尤雅姿：〈《世說新語》之篇章結構與敘事話語研究〉，《成大中文學報》，2015 年第 48 期，頁 1～34。

7. 孔毅：〈智德、智能、才性四本——漢魏之際從重智德到尚智能的演變及影響〉，《重慶師范大學學報（哲學社會科學版）》，2010 年第 4 期，頁 36～42。

8. 由婧涵：〈試論預言在《左傳》敘事中的作用〉，《語文建設》，2017 年 21

期，頁 43～44。

9. 李小嵐：〈《莊子》文體特徵與古代文論的批評文體〉，《江漢論壇》，2007
年第 7 期，頁 103～105。

10. 李杰：〈從《世說新語》看魏晉女性對傳統「婦德」的轉變〉，《天水師範
學院學報》，2009 年第 4 期，頁 81～84。

11. 李榮明：〈《世說新語》的德性觀念〉，《中山大學學報（社會科學版）》，
2002 年第 6 期，頁 38～44。

12. 阮忠勇：〈從《世說新語》看魏晉士人之重才〉，《浙江海洋學院學報（人
文科學版）》，2004 年第 2 期，頁 20～23。

13. 邵小萌：〈曹魏「才性四本論」析解〉，《中國歷史博物館館刊》，1994 年
第 1 期，頁 55～61。

14. 安朝輝：〈漢魏之際名臣傳異述論〉，《西部學刊》，2019 年第 1 期，頁 86
～90。

15. 吳冠宏〈玄解以探新——《世說新語》中「時論」之示例的考察與延展〉，
《文與哲》，2011 年第 19 期，頁 61～86。

16. 林慶文：〈看見書寫的條件〉，《臺北城市科技大學通識學報》，2016 年第
5 期，頁 3～33。

17. 林憲亮：〈論《世說新語》中的謝安形象〉，《長江學術》2012 年第 4
期，頁 31～37。

18. 林秀富：〈《人物志》偏材試析〉，《蘭陽學報》，2011 年，頁 88～102。

19. 周蘭桂：〈審美話語與必然話語之間的緊張與默契——兼論文學的審美
本質與話語特徵〉，《武漢科技大學學報（社會科學版）》，2008 年第 3 期，
頁 84～90。

20. 昝風華：〈《國語》觀人記述簡論〉，《貴州文史叢刊》，2012 年第 2 期，
頁 63～68。

21. 昝風華：〈援「道」入「相」：《莊子》相術思想的獨特性〉，《江西社會科
學》，2015 年第 6 期，頁 11～18。

22. 孫董霞：〈論春秋時期人物品評的天人二元模式〉，《井岡山大學學報（社
會科學版）》，2016 年第 6 期，頁 86～92。

23. 段春揚、玉琳：〈《世說新語》：士族文化心理的鑒證實錄〉，《齊魯學刊》，

2019 年第 1 期，頁 128～133。

24. 姚子奇、胡傳志：〈從布洛「心理距離說」看《世說新語》的審美特點及張力〉，《黃山學院學報》，頁 2017 年第 6 期，頁 35～39。

25. 張克明：〈中國相術的文化蘊涵試探〉，《益陽師專學報》，1994 年第 3 期，頁 29～33。

26. 張宏慧：〈魏晉南朝時期「重孝」文化心態探論〉，《許昌師專學報》，2002 年第 4 期，頁 51～53。

27. 馬予靜：〈山濤與《山公啟事》〉，《古典文學知識》，2000 年第 4 期，頁 81～84。

28. 陳昌明：〈「形─氣─神」──中國人獨特的美學思維〉，收錄於《國文天地》，1994 年 3 月，頁 18～22。

29. 彭昊：〈《世說新語》人物品評的儒學淵源〉，《湘潭大學學報（哲學社會科學版）》，頁 129～133。

30. 黃少英：〈試論漢魏之際人才理論的發展〉，《青島大學師範學院學報》，2004 年第 1 期，頁 17～21。

31. 黃鳳玲：〈從《世說新語》看魏晉女性的家庭角色和地位〉，《雙語學習》，2007 年 4 期，頁 103～106。

32. 陽清：〈《論語》人物品評的雙重範式〉，《寧波廣播電視大學學報》，2006 年第 4 期，頁 17～20。

33. 魯文忠：〈先秦儒家審美心理思想初探〉，《湖北社會科學》1987 年第 11 期，頁 37～41。

34. 劉桃良：〈中國民俗中相命文化透視〉，《經濟師》，2007 年第 5 期，頁 46～48。

35. 劉強：〈試論《世說新語》文體的戲劇性特徵〉，《上海師範大學學報(社會科學版)》，2002 年第 5 期，頁 77～84。

36. 寧稼雨：〈從《世說新語》看人物品藻活動內涵變異〉，《文藝理論研究》，2005 年第 6 期，頁 38～47。

37. 楊瑞：〈從《世說新語》看魏晉士風對女性生活的影響〉，《欽州師範高等專科學校學報》，2004 年第 1 期，頁 78～81。

38. 熊國華：〈人物品評與《世說新語》的敘事結構〉，《西南師範大學學報(人

文社會科學版)》，2004 年第 4 期，頁 162～165。

39. 榮梅：〈《世說新語》審美體驗思想摭論〉，《巢湖學院學報》，2008 年第 4
  期，頁 58～62。

40. 燕良軾：〈先秦心理社會思想管窺〉，《心理學報》，1997 年第 2 期，頁 208
  ～214。

41. 鄭玉光：〈劉劭《人物志》所包含的心理學思想淺析〉，《山西師大學報（社
  會科學版）》，1994 年第 4 期，頁 86～88。

42. 劉苑如：〈從品鑑到借鑑──葉德輝輯刻《山公啟事》與閱讀〉，《中國文
  哲研究集》第 38 期，2011 年 3 月，頁 171～213。

43. 潘新和：〈我國先秦時期的寫作觀〉，《淮北媒師院學報（社會科學版）》，
  1990 年第 4 期，頁 92～99。

44. 關英菊：〈魏晉言意之辨的現代詮釋〉，《長白學刊》，1997 年第 3 期，頁
  24～27。

45. 韓國良：〈從《老子》到《論語》──先秦諸子辯議〉，《濟南大學學報》，
  2006 年第 4 期，頁 51～55。